# John Wesley

Une introduction à sa vie et à sa pensée

Timothy J. Crutcher

# John Wesley

## Une introduction à sa vie et à sa pensée

*Éditions Foi et Sainteté*
Lenexa, Kansas (États-Unis)

ISBN 978-1-56344-804-1

Copyright © 2015

Publié par
Éditions Foi et Sainteté
Lenexa, KS 66220 (États-Unis)

Traduit de l'anglais par Vanessa Barreto
*John Wesley: His Life and Thought*
© 2015 Timothy J. Crutcher
Beacon Hill Press of Kansas City
A division of Nazarene Publishing House
Kansas City, Missouri 64109 (EUA)

DIGITAL PRINTING ver150910pod

*Je dédie ce livre à mes étudiants et collègues*
*de la Southern Nazarene University*

# Introduction

John Wesley est une figure théologique de grande envergure pour de nombreuses personnes dans l'église protestante, en particulier pour les dépositaires de l'héritage de son mouvement méthodiste et les membres des diverses dénominations qui en sont issues. Ce livre tentera de donner au lecteur une présentation à la fois de la biographie de John Wesley et des parties les plus représentatives de son héritage théologique. Ce livre se veut une introduction facile à ce personnage complexe et, par conséquent, il s'adresse principalement aux étudiants qui commencent une étude sur Wesley dans le cadre des cours de préparation au ministère ou aux laïcs qui voudraient mieux connaître ce grand penseur et évangéliste. Ce livre est donc plutôt orienté vers l'Église que vers le milieu académique. Toutefois, il peut également servir de passerelle entre les deux en donnant au lecteur des éléments de compréhension suffisants pour aborder des ouvrages plus profonds et plus académiques concernant Wesley.

Dans la première partie de ce livre, nous aborderons la biographie de Wesley en commençant par une vision globale de son contexte historique avant d'étudier son enfance, le début de sa vie d'adulte, les événements qui ont lancé son ministère, les premières décennies du Réveil évangélique auquel il a participé et nous finirons avec deux chapitres sur les dernières réalisations de sa vie. Dans ce bref aperçu biographique, nous tenterons d'établir un équilibre entre les détails personnels de la vie de Wesley et la manière dont sa vie et son ministère s'imbriquent dans le déroulement des grandes controverses et autres défis qu'il a eu à relever.

Dans la deuxième partie du livre, nous explorerons les intuitions fondamentales qui transparaissent constamment dans ses sermons et ses autres écrits. Wesley était ce que nous pourrions appeler un théologien occasionnel ; c'est-à-dire qu'il exerçait sa vocation théologique selon les besoins du moment — un peu ici, un peu là, ici un sermon, là un petit tract. Il n'a jamais, de lui-même, organisé tous ces éléments en théologie systématique. Ainsi, les modèles que nous pourrions utiliser pour organiser sa pensée sont en quelque sorte artificiels. Il nous faut néanmoins organiser notre étude. Nous avons donc choisi de commencer notre présentation de Wesley avec sa méthode théologique et d'explorer ensuite ses conceptions fondamentales concernant Dieu, la création, les êtres humains et le péché. Dans ce contexte, nous nous tournerons vers la description que fait Wesley de l'événement extraordinaire du salut — d'un point de vue général et selon un ordre du salut spécifique — et nous verrons comment ce salut s'intègre dans la vie communautaire de l'Église.

Parce que ce livre se veut une simple introduction, nous devrions noter d'emblée que la vie et la pensée de Wesley sont, en réalité, plus compliquées que ce que nous allons présenter ici. Dans notre tentative de saisir les événements et intuitions majeures de sa vie qui guident sa pensée, nous avons dû ignorer de nombreux aspects et autres nuances. C'est ainsi, bien entendu, qu'il convient de commencer tout apprentissage dans n'importe quel domaine; mais il est toujours utile de le rappeler dès le départ, de peur que le lecteur ne pense que tout ce qui est dit ou affirmé dans ce livre devrait être considéré comme des propos indiscutables. L'objectif de ce livre est de rendre l'image globale aussi claire que possible, c'est pourquoi nous avons ignoré certaines complexités qui auraient autrement entaché cette image. Ainsi, bien que nous pensions que la vision théologique de Wesley est cohérente, nous pouvons admettre que la mise en œuvre de cette vision par Wesley dans ses divers écrits et dans ses activités n'était pas toujours aussi cohérente. Cependant, ces incohérences sont plus faciles à déceler sur la toile de fond dessinée par une vision plus étendue de son œuvre. Et bien que ces incohérences doivent absolument être prises en considération par les historiens et les théologiens systémiques de notre époque, elles peuvent aisément être ignorées par ceux qui entrent dans un premier contact avec Wesley.

Étant donné que cette introduction est proposée comme une première rencontre avec Wesley, nous avons mis un accent plus particulier sur ses propres écrits — en particulier, son *Journal*[1] et ses sermons — que sur ce que d'autres personnes ont pu écrire sur lui. Nous avons choisi de citer très peu de références à des auteurs autres que Wesley; toutes les citations sont de Wesley, sauf mention contraire explicite. En citant Wesley, nous avons essayé de donner suffi-

---

[1] Wesley écrivait de manière codée dans un journal intime destiné à son usage personnel. Par la suite, il édita et publia des extraits de ce journal dans un ouvrage intitulé *Le Journal de John Wesley* afin que les Méthodistes puissent partager son expérience. Bien que le journal public de Wesley ait été imprimé de son vivant, son journal intime ne fut imprimé qu'à la fin du 20ème siècle.

samment d'informations pour permettre au lecteur de trouver la citation dans n'importe quelle édition de son œuvre.[2]

Enfin, il convient de mentionner une particularité de l'utilisation de la langue que certains lecteurs pourraient trouver étrange, à savoir la tentative d'éviter un langage sexiste — en particulier lorsque nous faisons référence à Dieu. Ce qui veut dire que nous n'utiliserons aucun pronom pour désigner Dieu ; nous citerons toujours Dieu en tant que Dieu et ne désignerons pas Dieu par les pronoms « il » ou « lui ». Cela peut sembler anormal, mais le fait d'utiliser le langage humain pour parler de Dieu est déjà en quelque sorte anormal. Peut-être que l'absurdité de parler de ce que Dieu fait pour Dieu ou de ce que Dieu ressent à propos de sa création nous rappellera que Dieu ne s'intègre pas parfaitement dans les catégories prédéfinies de la pensée humaine et du langage humain. Bien entendu, à l'époque de Wesley, une telle préoccupation n'avait pas encore cours dans la manipulation de la langue ; nous n'avons en aucun cas tenté d'adapter les écrits de Wesley à nos sensibilités contemporaines. Il utilise des pronoms masculin pour désigner Dieu ; il utilise les termes « homme » et « il » pour désigner les personnes en général. Certains pourraient être dérangés par cette utilisation du masculin, mais nous conviendrons de pardonner à Wesley et à sa culture cette ignorance. Cette démarche nous semble préférable au fait de constamment attirer l'attention avec des désignations comme « (sic) ».

Voici donc notre feuille de route, une brève orientation vers l'exploration qui s'ouvre devant nous. Néanmoins, les feuilles de route n'ont de véritable importance que si on les suit, alors commençons notre voyage.

---

[2] Sauf indication contraire, les citations des sermons de Wesley sont tirées de *Les sermons de Wesley*, (Lenexa, Kansas : Éditions Foi et Sainteté, 2015) avec la mention de la section et du paragraphe. Dans les autres cas, elles sont traduites de l'ouvrage anglais *The Works of John Wesley Bicentennial Edition* (*Oxford University Press* et *Abingdon Press*, 1980-2013). La numération des sermons est celle de *The Works of John Wesley*, 3ème édition, édité par Thomas Jackson (Kansas City, MO : Beacon Hill Press of Kansas City, 1978) sous la mention « Jackson ». Pour ses dernières lettres, nous utiliserons l'œuvre anglaise *The Letters of the Rev. John Wesley A.M. [Les lettres du Rév. John Wesley]* (édité par John Telford [Londres : Epworth, 1931]) et les citations seront accompagnées de la mention « Telford », avec le numéro du volume et de la page. Dans toutes les citations de Wesley, le lecteur peut considérer que les mises en évidence et les italiques sont de Wesley et apparaissent dans les publications originales.

# I

# Wesley et l'Angleterre du XVIII^ème siècle

Pour comprendre un auteur comme John Wesley — ou tout autre auteur d'une époque précédente d'ailleurs — il est utile de comprendre des éléments de l'environnement dans lequel l'auteur en question vivait et écrivait. Le sens est toujours lié au contexte, nous avons donc souvent besoin de situer les auteurs dans leur contexte historique pour comprendre le sens de leurs écrits — en particulier ceux qui ont vécu des siècles avant notre naissance. Le monde auquel ils se sont adressés était différent du nôtre. Les batailles étaient différentes, les valeurs étaient différentes, de même que les zones d'ombre. La connaissance de ces aspects nous aide à entendre plus clairement ce que ces auteurs exprimaient. Bien entendu, nous concevons le travail de l'histoire avec crainte et tremblement étant donné que nous ne pouvons même pas prétendre que nous comprenons notre propre contexte parfaitement. Si nous ne comprenons pas tous les éléments qui ont façonné notre mode de pensée et d'action d'aujourd'hui, il est peu probable que nous ne commettions aucune erreur concernant une époque qui ne nous est accessible qu'à travers des documents et des objets. Toujours est-il que même nos tentatives imparfaites de comprendre le contexte historique de John Wesley devraient nous permettre d'éviter certaines erreurs que nous pourrions commettre si nous essayions de le lire comme s'il écrivait à notre époque. Quelquefois, c'est notre distance et nos différences par rapport à ces auteurs qui les rendent plus utiles pour nous; et le fait de comprendre cette distance donne à leur œuvre une clarté plus grande.

11

John Wesley vécut en Angleterre de 1703 à 1791. Le pays occupait la moitié sud-ouest de l'île de la Grande-Bretagne. Le XVIII$^{ème}$ siècle était une période de changements significatifs pour l'Angleterre; en effet, les plus anciennes structures de la société qui avaient été héritées de l'ère médiévale commençaient à céder la place à des structures plus modernes. Des changements se produisaient dans la religion, la politique, le climat intellectuel et l'économie. Même le calendrier avait subi des modifications.

Wesley a vécu ces changements et il a réagi à nombre d'entre eux. La manière de concevoir la relation de Wesley avec sa culture reste néanmoins un sujet de débat. Pendant longtemps, de nombreuses personnes — en particulier les descendants méthodistes de Wesley — ont cru qu'il était important de mettre en avant la vie et l'œuvre de Wesley comme une réaction aux tendances corruptives de l'église et de la société britanniques du XVIII$^{ème}$ siècle. Ainsi, certaines particularités de l'époque de Wesley ont été soulignées — telles que le déclin de la fréquentation des églises ou l'augmentation des populations pauvres en milieu urbain — parce que c'étaient là les réalités auxquelles Wesley réagissait avec une grande créativité. D'autres caractéristiques de la réaction de Wesley par rapport à son époque, celles qui montraient ses points communs avec son époque — comme son opposition à la Révolution américaine ou son refus de se retirer officiellement de l'Église d'Angleterre — ont été moins considérées.

Toutefois, durant ces cinquante dernières années, les historiens ont modifié leur regard sur le dix-huitième siècle et de nombreux Chrétiens cherchent à nouveau à se concentrer sur ce qui unit les divers groupes chrétiens et à laisser de côté les causes de division. Les biographes contemporains de Wesley ont à présent tendance à souligner ces choses que Wesley avait en commun avec son époque et avec son église d'origine. En se fondant sur ces points communs, certains Wesleyens vont jusqu'à présenter Wesley comme une richesse pour l'ensemble du christianisme et non uniquement comme le dirigeant et fondateur du protestantisme méthodiste.

Ces deux perspectives ont leurs bons et leurs mauvais côtés mais les lecteurs débutants de l'œuvre de Wesley ne doivent subir aucune pression pour prendre parti dans un tel débat. Comme avec beaucoup d'autres sujets concernant Wesley, il convient d'adopter une approche plutôt inclusive qu'exclusive de la relation de Wesley avec son contexte. Wesley était un produit de son époque mais il représentait également un défi pour cette même époque. Il représentait à la fois une *via media* de l'anglicanisme et une épine dans le pied de l'institution. C'était un homme qui incarnait les idéaux de son époque mais il rappelait aussi à ses auditeurs les nombreuses occasions auxquelles le mode de vie anglais ne s'était pas montré à la hauteur de ses idéaux.

Voici donc quelques caractéristiques cruciales du contexte de Wesley qui tissent une toile de fond très utile pour comprendre sa vie et sa pensée. Même si nous ne pouvons que gratter la surface des questions profondes qui sont en jeu, ces caractéristiques devraient être suffisantes pour donner au lecteur qui ne connaît pas bien l'Angleterre du dix-huitième siècle une bonne compréhension de cette époque. Ces caractéristiques sont : l'église protestante officielle du pays (l'Église d'Angleterre), le bouleversement politique de l'époque, le climat intellectuel et le mode de changement de la société. Dans chaque cas, nous expliquerons les enjeux et nous aborderons rapidement les raisons pour lesquelles ces enjeux sont si importants pour notre compréhension de Wesley.

## L'église protestante officielle d'Angleterre

L'Église d'Angleterre — aussi connue aujourd'hui sous le nom d'Église anglicane — constitue un bon point de départ pour rassembler les différentes pièces qui forment ensemble le contexte de Wesley. C'est cette église qui, dans un premier temps, l'a nourri et ordonné et, dans un second temps, s'est retrouvée dans une mauvaise posture face aux défis qu'il soumettait et aux problèmes qu'il soulevait. La plupart de nos contemporain(e)s, qu'ils ou elles soient ou non en accord avec cette idée, connaissent bien le concept de séparation de l'Église et de l'État. Le monde contemporain de Wesley, quant à lui, ne connaissait pas cet état de fait. L'opinion de la grande majorité des Anglais pendant la vie de Wesley était que l'Église et l'État étaient deux facettes inséparables de la société qui devaient travailler de concert pour leur bénéfice mutuel.

Près de deux cents ans avant l'époque de Wesley, le roi Henri VIII a séparé l'Église d'Angleterre de l'Église de Rome et s'est constitué chef de l'Église et de l'État. Il était convaincu, comme la plupart des contemporains de Wesley, qu'il était dirigeant de droit divin ; ainsi donc, désobéir au roi équivalait à désobéir à Dieu. Le roi, l'Église et l'État étaient alors liés de manière indivisible mais ce lien pénétrait aussi la société anglaise en dehors du palais. Par exemple, les évêques de l'Église d'Angleterre disposaient de sièges dans la Chambre des lords, la chambre haute du Parlement anglais. Cela leur conférait un pouvoir politique mais pouvait également les distraire de leurs tâches pastorales. De nombreux autres agents du gouvernement, tels que les juges de paix, étaient aussi des ecclésiastiques ; en effet, on s'engageait souvent avec l'Église et avec l'État en même temps. Enfin, certaines lois visaient à faire respecter la croyance et la pratique anglicane. C'est pourquoi la religion était toujours une question juridique et non simplement une question de morale personnelle.

Tout ceci a fait de l'Église d'Angleterre l'église officielle de la société anglaise, ce qui signifie qu'elle était la seule religion officielle du pays. Seuls les membres de l'Église d'Angleterre qui prenaient régulièrement la communion pouvaient occuper un poste politique. Bien qu'à l'époque de Wesley existât une forme de tolérance officielle pour ceux qui étaient en désaccord avec les enseignements ou la structure de l'Église, la tolérance n'était pas la même chose que la liberté de religion. Les «dissidents» ou «non conformistes», comme on les appelait, n'étaient pas toujours poursuivis en justice à cause de leur désaccord mais leur position était tout de même techniquement illégale. Ils faisaient également l'objet de restrictions très lourdes qui entraînaient une forte insatisfaction chez de nombreux Anglais par rapport à la monarchie d'Angleterre. Cependant, l'union de l'église et de l'état par Henri VIII fut finalement de très longue durée et n'a commencé à s'écrouler qu'à la fin de la vie de Wesley.[1]

Il est important de connaître ces aspects car Wesley a toujours entretenu une relation ambiguë avec son église mère. D'un côté, il défendait ce système ecclésial officiel de manière explicite. Wesley affirmait que Dieu était le fondement du gouvernement, que les rois étaient des souverains de droit divin et il utilisait cette idée dans son argumentation opposée à la Révolution américaine. Il a résisté à l'idée d'appliquer l'étiquette de dissidents à ses Méthodistes et il est resté prêtre anglican jusqu'au jour de sa mort. Mais d'un autre côté, Wesley agissait souvent d'une manière qui compromettait ce principe. Il valorisait la mission de l'église qui consiste à sauver des âmes et à permettre aux personnes de devenir saintes plus qu'il ne valorisait les structures anglicanes qui étaient supposées soutenir cette mission. L'utilisation que fait Wesley des prédicateurs laïcs en lieu et place des prédicateurs officiellement ordonnés, son mépris des limites des circonscriptions des paroisses et le fait qu'il ordonnait lui-même des prêtres, tout cela représentait pour l'église officielle un défi interne au même titre que celui représenté par les dissidents de l'extérieur. Après la Révolution américaine, Wesley a encouragé les Méthodistes américains à fonctionner comme une église libre et indépendante qui n'avait pas besoin du soutien du gouvernement. Ainsi, bien que Wesley partageait l'hypothèse de base selon laquelle l'Église et l'État étaient connectés, il était attaché à un idéal du chris-

---

[1]   C'est à cette époque que les idées concernant la «politique séculière» ont commencé à se consolider dans la culture anglaise, même si elles existaient déjà depuis des décennies. Pour plus d'informations, voir l'œuvre de J.C.D. Clark: *English Society 1660-1832* (Cambridge: Cambridge Univ. Press, 2000).

tianisme qui l'incitait à remettre en question certaines parties du système Église-État et cette position lui a valu des ennuis. Nous verrons de nombreux exemples de cela à mesure que nous progresserons dans la vie de Wesley.

## Bouleversement politique

L'histoire politique de l'Angleterre du dix-huitième siècle — de même que le demi-siècle qui l'a précédé — était aussi liée à des troubles religieux. Ces troubles formaient la toile de fond des débats aussi bien religieux que politiques et ils ont même influencé les affaires internationales de l'Angleterre et sa place sur l'échiquier mondial.

Ce bouleversement politico-religieux en Angleterre a commencé pendant la Réforme protestante dans les années 1530, mais il a atteint une période critique avec les guerres civiles anglaises de 1642 à 1651 avec le Commonwealth et le protectorat puritain de 1649 à 1659. Les Puritains étaient ceux dans l'Église d'Angleterre qui voulaient la «purifier» des éléments liturgiques et la rappro-cher des églises protestantes du continent européen. La plupart de ceux qui avaient connu ce bouleversement avaient disparu à l'époque de Wesley, mais la mémoire culturelle de ces événements suscitait encore des craintes et des préoc-cupations parmi le peuple anglais. Bien que de graves enjeux économiques aient contribué à ces guerres civiles, dans la compréhension populaire il s'agissait là de conflits religieux dans lesquels les Protestants radicaux avaient tué le roi, poussé son fils à l'exil et avaient ensuite réussi à gouverner le pays et à imposer leur religion radicale à toute la population.

Pour de nombreux Anglicans, ces événements avaient prouvé à quel point le fanatisme religieux pouvait être dangereux. Il ne s'agissait pas uniquement de désaccords concernant la doctrine et la pratique. Les personnes concernées étaient émotionnellement investies dans leur religion à un tel point qu'elles étaient prêtes à tuer pour leurs idées. Le souvenir de ces conflits avec les Puri-tains a rendu les populations méfiantes à l'égard de toute religion émotionnelle déviant d'un modèle «normal» de religion morale et d'une fréquentation mo-dérée de l'église (que ce soit dans les églises anglicanes établies ou dans les églises officiellement non conformistes). Une telle ferveur religieuse n'était pas simplement déplaisante; elle pouvait en fait représenter une menace pour le pays.

Ceci nous aide à comprendre pourquoi Wesley a rencontré une si forte op-position. C'est une chose que d'avoir quelques prédicateurs étrangers qui veu-lent que les fidèles soient plus religieux. Mais c'en est une autre quand l'agitation des émotions religieuses peut être vue comme le prélude à une guerre civile. Comme nous le verrons, au cours de la vie de Wesley, ceci a pris la forme de la censure de la part de l'élite de la société et la forme de la violence collective à l'encontre des méthodistes de la part des classes inférieures de l'échelle sociale.

Le conflit avec les Puritains a également façonné l'environnement théologique de l'Église d'Angleterre, qui a officiellement récupéré son ancien statut avec la restauration de la monarchie. Étant donné que les Puritains voulaient en finir avec les caractéristiques typiques du courant anglican de la haute Église telles que les évêques et les livres de prière, les dirigeants anglicans fraîchement réhabilités ont naturellement accentué ces mêmes caractéristiques. Les Puritains étaient des calvinistes convaincus dans leur théologie, soulignant la nature entièrement pécheresse de l'humanité et la doctrine de la prédestination. Ainsi, il était aisé pour les dirigeants anglicans de souligner les idées contraires comme la recherche de la sainteté par les bonnes œuvres et les moyens de la grâce ou encore le concept de libre arbitre opposé à celui de la prédestination.

Ces mesures à l'encontre du puritanisme ont été imposées à l'église et ont forcé de nombreux ministres (y compris les deux grands-pères de Wesley) à démissionner de leurs postes dans l'Église d'Angleterre et à devenir dissidents. Cette attitude a également imprégné les instituts de formation des ministres de l'Église d'Angleterre comme Oxford, que Wesley a fréquenté pendant sa jeunesse. Wesley était ainsi exposé aux deux côtés de ce débat et nous verrons que ses propres attitudes étaient un mélange éclectique des positions représentées par les Puritains et par ceux qu'on appelait les «Carolines divines» (dérivé du nom «Carol», l'équivalent latin de «Charles» le nouveau roi).

La situation en Angleterre ne s'est pas apaisée quand le Parlement Convention de 1660 invita Charles II — le fils exilé du roi décapité par un parlement antérieur — à revenir de son exil et à occuper le trône anglais. Charles II avait passé la décennie précédente en exil en France et cela soulevait des soupçons pour deux raisons. Tout d'abord, la France avait été l'ancien ennemi de l'Angleterre, voire sa «meilleure ennemie» pendant des centaines d'années. Deuxièmement, la France était résolument catholique romaine. Ce qui faisait de ce pays un adversaire aussi bien religieux que politique.

Charles II était censé être à la tête de l'Église d'Angleterre, une église protestante, c'est pourquoi tout lien avec le catholicisme romain pouvait paraître douteux; des soupçons qui se confirmèrent quand Charles rejoint l'Église catholique romaine sur son lit de mort. La situation empira sous le règne de son frère Jacques II. Les tendances pro-françaises et pro-catholiques de Jacques finirent par aboutir à une révolution. Sept nobles anglais invitèrent la fille protestante de Jacques, Marie et son époux hollandais Guillaume d'Orange à envahir le pays et à sauver le trône d'Angleterre du protestantisme. Jacques a fui en France après quelques escarmouches lors d'un événement dont on se souvient à l'époque de Wesley sous le nom de Glorieuse Révolution de 1688. Guillaume et Marie ont ensuite été reconnus par le Parlement comme dirigeants conjoints, bien que le roi précédant fût encore en vie.

Avec ce changement de monarchie, deux orientations politiques importantes ont vu le jour en Angleterre ; elles ont finalement abouti à la création de partis politiques. Un parti — connu sous le nom de « whigs » — qui soulignait le rôle du parlement anglais dans le gouvernement et cherchait à donner à cet organe une priorité et un contrôle toujours plus important. L'autre parti — connu sous le nom de « tories » — considérait que le roi devait être l'élément central du gouvernement et que tous devaient lui obéir en toutes choses.

La Glorieuse Révolution jette une longue ombre sur la majeure partie de la vie de Wesley, même si elle a eu lieu quinze ans avant sa naissance. La plupart des Anglais n'avaient pas pris parti pendant l'invasion, que ce soit pour défendre leur roi ou pour aider son rival. Lorsque les choses se sont calmées, ils ont accepté la nouvelle situation et ils ont prêté serment de fidélité au nouveau monarque. Une minorité significative, cependant, ne pouvait accepter cette situation. Au départ, ce groupe croyait qu'un monarque ne gouvernait que par droit divin et qu'aucun groupe de nobles, qu'il s'agisse d'un parlement ou d'une autre entité, ne pouvait changer cela. Ce groupe ne pouvait prêter allégeance au nouveau roi parce qu'il croyait que Jacques II était toujours le roi légitime, malgré leur désaccord avec sa religion ou sa politique. Ces personnes étaient connues sous le nom de « non-Jureurs » (parce qu'elles avaient refusé de prêter allégeance) et elles ont été exclues de la vie politique et religieuse en Angleterre. Comme nous le verrons, la mère de Wesley, Suzanne, était partisane de cette tendance et cela a causé des troubles dans son ménage.

La reine Marie mourut en 1694 et Guillaume régna seul jusqu'à sa mort en 1702. Il a été suivi sur le trône par l'autre fille protestante de Jacques, Anne. Avant que la reine Anne soit finalement couronnée, Jacques était décédé. Il n'y avait donc plus d'objection de principe à son accès au trône, mais il y avait encore des personnes qui croyaient que les héritiers mâles de Jacques — en particulier son fils Jacques et son petit-fils Charles — étaient les dirigeants légitimes d'Angleterre. Ces personnes étaient connues sous le nom de « Jacobites » (mot dérivé de l'équivalent hébreu de Jacques); et les tentatives armées de la rébellion jacobite visant à mettre «l'ancien prétendant» (Jacques III) ou le «jeune prétendant» (Charles III) sur le trône allaient troubler l'Angleterre pendant les cinquante années suivantes.

Les enfants de Guillaume et Marie et ceux de la reine Anne et de son mari n'avaient pas survécu. Ainsi, afin de sécuriser le trône d'Angleterre pour le protestantisme, le Parlement a assigné la succession royale à la petite-fille d'un roi précédent (Jacques I$^{er}$ d'Angleterre, qui avait régné de 1603 à 1625) et à ses héritiers protestants. La reine Anne est décédée en 1714, alors que Wesley avait à peine 11 ans et ainsi, George, Grand électeur de Hanovre en Allemagne, est devenu George I$^{er}$ d'Angleterre. L'année suivante, en 1715, il y eut un soulèvement jacobite au Nord de l'Angleterre et de l'Écosse, communément appelé le Quinze. Un autre soulèvement du même genre s'est produit en 1745 (naturellement, cette période a été appelée le Quarante-cinq, un peu avant le début du Réveil évangélique de Wesley. Derrière ces émeutes, il y avait toujours la menace d'une invasion de l'Angleterre par les Français qui aideraient à remettre les descendants de Jacques II sur le trône, ce qui rétablirait le catholicisme romain en Angleterre. Ce n'est qu'avec les victoires de la Grande-Bretagne sur la France dans les années 1740-1760 et avec l'accession de George III au trône en 1760 que cette menace a disparu. Elle a toutefois bien vite été remplacée par la menace imminente de l'indépendance américaine.

Connaître ce contexte politique nous aide à appréhender quelques caractéristiques des écrits de Wesley ainsi que les réactions suscitées par ces écrits. Tout d'abord, l'époque de Wesley était ressentie comme étant précaire sur le plan politique et Wesley parlait souvent de cette insécurité. Plusieurs de ses œuvres reflètent l'image d'un homme confronté à une époque troublée; Wesley a œuvré dans le sens de calmer les craintes inutiles mais aussi dans le sens d'utiliser l'insécurité de ce monde pour attirer l'attention de ses contemporains vers le monde à venir.

Deuxièmement, ce contexte nous aide à voir pourquoi Wesley était souvent accusé de «papisme» — nom péjoratif donné au catholicisme romain à l'époque de Wesley. En effet, de telles attaques à son encontre pourraient dépeindre Wesley comme une menace politique et religieuse. Dans un environnement politique à caractère exclusif, les arguments plutôt inclusifs de Wesley étaient souvent mal compris et mal interprétés. Toute déclaration de sa part qui pouvait être assimilée aux puritains ou à la théologie catholique romaine entraînait des attaques de la part des Anglicans, étant donné que ces derniers étaient habitués à se battre sur ces deux fronts. Wesley était ainsi pris dans une relation triangulaire sur le thème des questions théologiques entre le puritanisme, le catholicisme romain et l'Église d'Angleterre. Étant donné que Wesley devait se défendre contre des attaques très différentes — et souvent opposées entre elles -, certains de ses arguments de défense pouvaient sembler confus, voire contradictoires. Plus nous comprendrons ce contexte politico-religieux, plus nous comprendrons la réaction de Wesley face à ce contexte en question.

## Climat intellectuel

La politique et la religion n'étaient pas les seuls événements marquants sur la scène publique de l'Angleterre du dix-huitième siècle, malgré leur apparente prédominance à cette époque. L'époque de Wesley a souvent été appelée l'Âge de raison et de nombreux changements intellectuels se sont produits à cette époque, particulièrement dans le domaine de la science et de la philosophie. En certaines occasions, Wesley approuvait ces nouvelles idées, mais d'autres fois, il s'y opposait. Bien que Wesley admirât la raison, la philosophie et la science, il voyait également leurs limites ; et cette tension est importante pour comprendre la manière dont il pensait.

La science en tant que discipline a acquis de plus en plus d'importance et de visibilité dans la culture anglaise pendant la vie de Wesley. Les contemporains de Wesley recherchaient la connaissance scientifique et commençaient à adopter une perspective scientifique sur le monde. Peu de temps après sa réhabilitation, le roi Charles II a fondé la Société royale de Londres pour l'amélioration du savoir naturel, plus connue sous le nom de Société royale. Cette initiative a permis d'apporter un soutien royal officiel à l'avancement de la connaissance scientifique, de même qu'un agrément public officiel pour les projets scientifiques. De célèbres présidents de la Société royale — tels qu'Isaac Newton (1643-1727) — concentraient plus d'attention publique sur la science. Les inventions scientifiques, en particulier celles qui impliquaient la technologie textile et la propulsion à vapeur, ont permis à l'Angleterre d'accéder au rang de premier pays industrialisé et la science est devenue progressivement un passe-temps acceptable — voire typique — des classes sociales plus aisées.

L'antagonisme ressenti par de nombreuses personnes de nos jours entre la science et la religion ne s'était pas encore développé à l'époque de Wesley. De nombreux scientifiques réputés, tels qu'Isaac Newton et Joseph Priestley, montraient un vif intérêt et des penchants certains pour la religion (vraisemblablement, il ne s'agissait pas toujours des doctrines traditionnelles du christianisme). La plupart considéraient la science comme étant parfaitement compatible — voire découlant naturellement — d'une croyance en un Dieu créateur. Non seulement la plupart des scientifiques croyaient en Dieu, mais aussi un nombre prédominant d'évêques de l'Église d'Angleterre faisaient les éloges de la science et les ecclésiastiques étaient souvent eux-mêmes très portés sur les passe-temps scientifiques.

Wesley était en tous points un homme de son époque dans ce domaine. Il manifestait un très grand intérêt pour la science et aimait beaucoup lire les documents présentant les nouvelles inventions et les découvertes — en particulier celles qui promettaient d'améliorer la vie des populations. Il a lui-même produit des écrits sur l'électricité et compilé une liste très connue de remèdes maison; il soutenait avec force qu'elle était basée sur l'observation empirique.[2] Il a encouragé l'étude des sciences dans l'école qu'il a fondée à Kingswood, parmi ses prédicateurs méthodistes et même pour tous ses ministres, arguant que c'était important pour comprendre la Bible.[3] Wesley considérait la science à cette époque comme une aide pour la foi et non comme une menace.

Cependant, la philosophie qui a émergé en parallèle à la science était une toute autre affaire. Lorsque la science était pratique et fournissait un bon moyen de comprendre le monde physique, Wesley était d'accord avec elle et l'utilisait. Il était même en quelque sorte scientifique dans son approche des questions religieuses. Mais quand la science offrait une vision naturaliste sans aucune place pour l'intervention divine, Wesley s'y opposait de toutes ses forces. En plus de l'intérêt de Wesley pour la science, nous trouvons aussi qu'il croit aux fantômes et aux sorcières. Il affirmait les limites de la connaissance scientifique et défendait l'idée de la providence divine œuvrant de concert avec les causes physiques des choses. Ainsi, bien que la science fût importante aux yeux de Wesley, sa philosophie ne dirigeait pas sa vision du monde. Cette attitude transparaît à travers plusieurs de ses œuvres tout au long de sa vie.

## Des changements dans la société

Parallèlement à ces changements dans le climat intellectuel, des changements sont aussi apparus dans les modes de vie du dix-huitième siècle. La plupart de ces changements se sont produits de manière graduelle mais nette. Len-

---

[2]   Préface de *Primitive Physick* (Jackson 14.307-318). Le texte complet du livre lui-même se trouve en ligne à *books.google.com*.

[3]   Voir «An Address to the Clergy», §I.2 (Jackson 10.483).

tement mais sûrement, le paysage social de l'Angleterre a été modifié avec le développement du commerce et l'essor des villes et des agglomérations. Wesley a trouvé dans ces changements de nombreuses opportunités pour le ministère qui avaient échappé à l'église traditionnelle officielle.

De nombreux changements significatifs étaient d'ordre économique et avaient été introduits par des progrès technologiques et de nouvelles opportunités commerciales. Durant la plus grande partie de son histoire, l'Angleterre a été une société rurale dont la principale activité économique était l'agriculture et l'élevage, à quoi il convient d'ajouter une multitude d'industries artisanales comme l'industrie textile. Une seule ville — Londres — était de taille importante et la majorité de la population vivait à la campagne plutôt qu'à la ville. Les villes étaient principalement des lieux où les commerçants vendaient leurs produits et où se retrouvaient les membres de la haute société pour divers événements mondains. Tout ceci a lentement évolué durant la vie de Wesley.

De nouveaux modes de production ont incité les habitants à vivre plus près les uns des autres pour des raisons économiques. Les populations ont commencé à se déplacer vers les villes pour trouver un emploi ; ce facteur signifiait cependant l'abandon du réseau de soutien typique des familles et des villages qui maintenait la société anglaise depuis si longtemps. La perte de ces réseaux a rendu les populations plus vulnérables face aux accidents de la vie et face aux tentations de la vie urbaine anonyme. L'Église d'Angleterre a eu beaucoup de mal à s'adapter à ces changements. C'est ainsi que de moins en moins de personnes étaient prises en charge par le système paroissial et par la structure de gestion du ministère pastoral. La fréquentation des églises a diminué pendant cette période et, de l'avis quasi général, la moralité aussi a décliné.

Que l'on considère l'activité de Wesley comme une valeur ajoutée à l'église ou comme un défi que cette dernière devait affronter, ses pratiques les plus remarquables sont apparues dans ce contexte de changement social. Les réunions des classes et les prédications en plein air s'intéressaient aux besoins spirituels qui n'étaient pas pris en compte par les structures de l'église traditionnelle. Le mouvement méthodiste prospérait dans les villes où les structures de l'Église d'Angleterre n'existaient pas, mais aussi dans les zones rurales où la situation était la même. Même les activités de Wesley dans le ministère de la compassion — comme fonder des dispensaires pour les pauvres ou une école pour les enfants de mineurs de charbons — se comprennent mieux comme une réponse à l'inefficacité croissante des moyens traditionnels de soutien social.

Un changement ultime, qui n'était pas si significatif à l'époque de Wesley, affecte plus particulièrement la lecture que nous avons aujourd'hui de cette époque. À mi-parcours de la vie de Wesley, l'Angleterre a changé de calendrier, créant deux systèmes distincts d'enregistrement des dates et des événements. L'ancien calendrier, le calendrier julien, était utilisé depuis l'Empire romain. Selon ce calendrier, chaque année était composée exactement de 365 jours et un quart. Cependant, cette formule avait un retard d'environ onze minutes, ce qui entraînait un retard de l'année calendaire par rapport à l'année solaire (établie selon les équinoxes et les solstices). Pour les pays catholiques, le pape Grégoire XIII a réglé ce problème en 1582 avec son calendrier grégorien qui était plus précis et qui comblait le fossé entre l'année solaire et l'année calendaire. L'Angleterre protestante ne voulait pas suivre cette idée catholique au début, mais dès les années 1750, c'était devenu un problème. Les protestants ont donc adopté le nouveau calendrier et reprogrammé leurs dates afin qu'elles s'accordent avec celles de tous les autres pays. Ainsi par exemple, à la naissance de Wesley les calendriers anglais indiquaient la date du 17 juin 1703. Après 1752 cependant, Wesley célébrait son anniversaire le 28 juin, date à laquelle le calendrier grégorien aurait situé sa naissance s'il avait été utilisé à cette époque. Au même moment, l'Angleterre a déplacé le début officiel du nouvel an à la date du 1er janvier (l'année juridique commençait habituellement le 25 mars), ce qui explique pourquoi de nombreuses dates dans les lettres de Wesley sont indiquées en double (ex. : février 1740/41). Dans ce type de cas, c'est la seconde année qui est conforme à notre système moderne.

Il reste beaucoup à dire sur l'époque pendant laquelle Wesley a vécu et servi, mais ce qui a été dit est suffisant pour nous orienter pour l'instant. Avec cette esquisse de contexte, nous serons plus réactifs face à certaines caractéristiques importantes du contexte de Wesley et nous disposerons de plus d'outils pour trouver le sens de sa vie. C'est donc vers sa vie que nous nous tournons à présent.

# II

# Contexte familial, enfance et jeunesse (1600-1720)

Lorsque l'on explore la vie d'une personne, il est difficile de commencer « au début » car ce « début » en question est difficile à définir. On pourrait commencer avec la naissance, mais même cet événement important a lieu dans un contexte particulier, entouré d'influences et de facteurs qui auront un profond impact sur le développement de cette jeune vie. Bien qu'il y ait beaucoup de choses à apprendre grâce à un examen profond des antécédents familiaux de Wesley, nous allons commencer avec une simple esquisse de la vie de ses parents avant la naissance de John.[1] Nous étudierons ensuite quelques épisodes de ses premières années que lui ou ses parents ont considéré comme étant assez importants pour être consignés par écrits ; et nous finirons avec notre jeune Wesley prêt à entrer à l'université d'Oxford.

John Wesley a grandi dans une famille qui incarnait bon nombre des préoccupations religieuses que nous avons évoquées dans le chapitre précédent. Ses parents avaient tous deux des principes très élevés et ils étaient revenus à l'Église d'Angleterre après avoir été élevés dans des familles fortement dissidentes. Ainsi, ils exposaient tous deux leurs enfants aux riches traditions de dévotion des non-conformistes et des puritains mais aussi aux principes de la « haute église » qui les avaient incités, chacun de son côté, à rejoindre la pleine communion avec l'Église d'Angleterre.

---

[1]  Pour plus d'informations sur le contexte familial des Wesley, voir l'œuvre détaillée en deux volumes de Martin Schmidt : *John Wesley : A Theological Biography* (New York : Abingdon, 1963).

Le nom de jeune fille de la mère de John Wesley était Susanna Annesley, fille de Samuel Annesley (1620-1696), le leader des dissidents de Londres. Le pasteur Annesley avait été révoqué de ses fonctions de pasteur de St Giles-Cripplegate à Londres en 1662, à l'époque où l'Église d'Angleterre se purgeait de l'influence puritaine qui sévissait dans ses rangs, suite à ces guerres civiles dont nous avons parlé au chapitre précédent. Susanna était son 25$^{ème}$ et dernier enfant (la plupart de ses frères et sœurs étaient cependant décédés dans leur enfance) et elle était née le 20 janvier 1669. Il semble cependant que Susanna ait retenu de son père plutôt une forte conviction que le contenu même de ces convictions. Vers l'âge de treize ans — après des recherches et de mûres réflexions d'une précocité inhabituelle — Susanna a abandonné la tradition dissidente de ses parents et elle a commencé à assister aux services anglicans de sa propre initiative. Quels qu'aient pu être les sentiments privés de Samuel Annesley à propos de la dissidence de Susanna par rapport à sa tradition dissidente, il a donné à sa fille sa bénédiction et il est resté très proche d'elle jusqu'à la fin de sa vie.

Cette habitude de réflexion et de délibération allait caractériser Susanna tout au long de sa vie. Elle n'a qu'une seule publication à son actif — une lettre ouverte anonyme défendant son fils — mais elle a aussi écrit de nombreuses lettres pastorales et théologiques à ses enfants et elle tenait un journal de ses propres réflexions. Dans ses œuvres complètes[2], nous pouvons voir qu'elle était prudente dans ses pensées et qu'elle connaissait bien les problèmes philosophiques et théologiques du moment. Les différents interprètes de Wesley ont diverses opinions sur la manière exacte dont sa mère l'a influencé, mais le fait de son influence sur ses fondements théologiques est difficile à nier.

Peu de temps après que la jeune Susanna ait lié son sort à celui de l'Église officielle, elle assistait au mariage de sa grande sœur Elizabeth. Elle y a rencontré un autre jeune «dissident du groupe de dissidents» du nom de Samuel Wesley. Comme Susanna, le père de Samuel, John Wesley (l'homonyme de notre Wesley), avait été relevé de ses fonctions dans sa paroisse en 1662, juste avant la naissance de Samuel. À la différence du père de Susanna, qui avait hérité de moyens suffisants de la part de sa famille pour subvenir à ses besoins quand il perdit son travail de pasteur, le père de Samuel s'est retrouvé dans la pauvreté et il est mort dans la misère alors que Samuel n'avait que huit ans. Grâce à la générosité d'autres personnes, Samuel a reçu une éducation dans des écoles dissi-

---

2   *Susanna Wesley: The Complete Writings*, publié par Charles Wallace, Jr. (New York: Oxford University Press, 1997).

dentes jusqu'à l'âge de vingt-et-un ans. Par la suite, alors qu'il tentait de répondre à certaines critiques des Anglicans à l'encontre de sa tradition dissidente, Samuel a été convaincu et il a rejoint l'Église d'Angleterre. Samuel et Susanna entretenaient une amitié et une correspondance, probablement attirés par leurs trajectoires similaires et ils se sont mariés le 12 novembre 1688, alors même que Guillaume d'Orange effectuait sa marche à travers l'Angleterre lors d'événements qui allaient aboutir à la Glorieuse Révolution.

Il a fallu à Samuel presque trois ans pour obtenir son premier poste pastoral à plein temps ; il a exercé également en tant que pasteur intérimaire, aumônier de l'armée puis pigiste. Le frère de John Wesley, Samuel, est né pendant ces années de difficultés financières et cela préfigure des problèmes d'argent que connaîtront les plus âgés des Wesley tout au long de leur vie. Enfin, en 1691, les Wesley ont emménagé dans une paroisse très rurale à South Ormsby dans le Lincolnshire. La vie était difficile également dans cette région — Susanna donna naissance à six enfants mais seuls trois d'entre eux survécurent au delà de l'enfance — mais la famille à résisté jusqu'à ce que Samuel soit forcé de démissionner de sa paroisse après s'être opposé à la maîtresse du propriétaire terrien local. C'est cet acte de principe lourd de conséquences qui précipita le déménagement de la famille, vers 1967, jusqu'à la paroisse d'Epworth où Samuel devait officier pour le reste de sa vie.

Les débuts de Samuel à Epworth furent difficiles, mais son attention particulière pour ses devoirs de pasteurs finit par gagner les faveurs de la majorité des membres de la communauté. La famille connaissait encore à cette époque des difficultés financières. La plupart des enfants nés pendant cette période sont décédés, leur grange s'est effondrée et le feu a détruit une partie du presbytère. Cependant, Samuel est resté attentif à son ministère et il a également travaillé sur un projet académique qui deviendra l'œuvre de sa vie : un commentaire détaillé du livre de Job. Par la suite, en fin 1701, le pasteur Wesley a encore une fois manifesté son coûteux dévouement pour le principe ; cette fois, d'une manière qui a heurté les principes tout aussi solides de sa femme.

Samuel croyait au droit divin des rois, mais il croyait aussi que l'invasion du roi Guillaume III pendant la Glorieuse Révolution était nécessaire pour préserver le protestantisme (et donc l'église de son choix) en Angleterre. Cependant, Susanna ne partageait pas son opinion. John Wesley décrivit ce conflit à un ami de la manière suivante :

« Sukey, dit mon père à ma mère un jour après la prière familiale, pourquoi n'as-tu pas dit amen ce matin à la prière pour le roi ?

—C'est parce que, dit-elle, je ne considère pas le prince d'Orange comme le roi.

—Dans ce cas, répondit-il, toi et moi devons nous séparer; car si nous avons deux rois, nous devons avoir deux lits.»[3]

C'est ainsi que Samuel Wesley s'en alla pour Londres et ne revint pas tout le reste de l'année. Heureusement pour l'harmonie de la famille Wesley, le roi Guillaume III mourut en mars 1702; Samuel et Susanna étaient d'accord sur son successeur, la reine Anne. Aucune des deux parties n'avait cédé, mais le conflit avait pris fin. Un peu plus d'un an plus tard, le 17 juin 1703[4] naissait John Wesley — surnommé «Jacky» par la plupart des membres de sa famille.

Beaucoup plus tard dans sa vie, John Wesley demanda à sa mère quelles étaient ses règles pour élever ses enfants. Les réflexions de Susanna fournissent un aperçu intéressant de ce qu'a pu être la vie de la famille au presbytère d'Epworth. Ses méthodes étaient fortement marquées par la discipline, avec un programme strict pour les repas et les jeux, mais cela reflétait son propre caractère.[5] Les mauvais comportements étaient sévèrement punis mais l'obéissance était fréquemment récompensée. Cette discipline était majoritairement orientée vers l'éducation religieuse des enfants, que Susanna considérait comme son devoir le plus important. Elle écrivit à son fils: «J'insiste sur le fait de conquérir très tôt la volonté des enfants, car c'est la seule base solide et rationnelle d'une éducation religieuse.» La maîtrise de soi était appliquée même au comportement ordinaire des enfants. Par exemple, on apprenait aux enfants à pleurer silencieusement de sorte que «ce bruit odieux de pleurs d'enfants ne se faisait que rarement entendre dans la maison; la famille vivait généralement dans la quiétude, comme s'il n'y avait pas d'enfant parmi eux.»[6] Susanna veillait également aux autres aspects de l'éducation des enfants (bien que là aussi, quand elle leur apprenait à lire, c'était avec la Bible). Elle insistait spécialement, ce qui était inhabituel à cette époque, pour que les filles apprennent à lire avant d'apprendre toute autre tâche typiquement féminine — comme la couture — que la société voulait leur enseigner.

---

[3]   Adam Clarke, *Memoirs of the Wesley Family* (New York: Bangs et Mason, 1824). Voir aussi «An Account of the Disturbances in My Father's House», §8 (Jackson 13.504).

[4]   Comme nous l'avons noté au chapitre 1, Wesley célèbrera plus tard son anniversaire à la date du calendrier grégorien le 28 juin, au lieu du 17 juin, qui était la date correspondant à son anniversaire à l'époque du calendrier julien.

[5]   Susanna a noté dans l'une de ses premières lettres à son fils Samuel qu'elle s'accordait autant de temps aux loisirs qu'aux activités de dévotions (*Susanna Wesley*, 62).

[6]   *Journal*, 1er Août 1742 (19.287), qui mentionne une lettre de Susanna à John datée du 24 juillet 1732 (*Susanna Wesley*, 369).

Peut-être que le sens élevé de l'ordre dans la famille que manifestait Susanna a aidé à les protéger du chaos qui semblait toujours les menacer. Ce chaos était en partie causé par l'incapacité de Samuel à gérer correctement l'argent; il était souvent endetté. En 1705, alors que Wesley n'avait que deux ans, il y eut une élection politique controversée; dans ce contexte, les opinions politiques de Samuel lui causèrent quelques troubles. En représailles, l'un de ses paroissiens exigea le remboursement d'une dette que Samuel ne pouvait pas payer et il fut jeté en prison. Samuel y exerça en tant que pasteur auprès de ses codétenus, faisant confiance à sa femme pour s'occuper de la famille. Heureusement, l'archevêque de Wesley, John Sharpe, vint à son secours et, avec l'aide de certains collègues pasteurs de Samuel, il paya les dettes qui le maintenaient en prison. Pendant l'emprisonnement de Samuel, l'archevêque attentionné rendit visite à Susanna et sa famille et lui demanda comment elle s'en sortait, si elle était dans le besoin. Sa réponse semble représentative des états financiers du ménage Wesley. «Monseigneur, répondit-elle, je confesserai librement à votre Grâce que, strictement parlant, je n'ai jamais été dans le besoin. Cependant, je peine tellement à obtenir mon pain et à le payer par la suite, que cela a souvent été très désagréable pour moi. Et je pense qu'avoir du pain sur ma table dans ces conditions n'est que l'échelon précédent celui de la misère, à savoir, ne pas en avoir du tout.»[7]

John Wesley était trop jeune pour se souvenir de l'incident de l'emprisonnement de son père, mais il y a une autre mauvaise fortune dont il a gardé un très net souvenir. Cet événement a peut-être même joué un rôle dans le développement de son sens de l'appel. La nuit du 9 février 1709, un feu s'est déclaré dans le presbytère d'Epworth, apparemment causé par des étincelles qui avaient atteint le toit sec. Une braise tombée sur son lit réveilla l'une des sœurs de John, Hetty et elle sonna l'alarme. Samuel Wesley entendit des personnes crier au dehors «au feu!» et se réveilla pour constater que c'était sa propre maison qui brûlait.

Comme on peut l'imaginer, une grande confusion s'en suivit. Samuel réveilla sa femme enceinte qui réveilla la servante, laquelle rassembla les plus jeunes enfants dans ses bras, réveilla les autres enfants dans la chambre d'enfant et leur demanda de la suivre. Avec l'aide des plus grandes filles, Samuel réussit à faire passer la plupart des membres de sa famille par la porte de devant, traversant même les flammes. D'autres enfants s'échappèrent vers la rue à travers les fe-

---

[7]   *Susanna Wesley*, 98.

nêtres, mais quand Samuel tenta de retourner dans la maison pour s'assurer que tout le monde était sain et sauf, les escaliers s'effondrèrent sous son poids. A l'extérieur de la maison, on se rendit compte que tous les enfants étaient sortis sauf le petit Jacky. Voici le récit, écrit beaucoup plus tard, que donne Wesley de ces événements :

> Je crois que c'était juste au moment où je me réveillais. Car, contrairement à ce qu'ils ont imaginé, je n'ai pas pleuré, si ce n'est bien après. Je me souviens de tous les détails aussi distinctement que si c'était hier. Voyant que la chambre était très éclairée, j'ai appelé la servante pour qu'elle me prenne. Mais comme personne ne répondait, j'ai glissé ma tête derrière les rideaux et j'ai vu des traînées de feu sur le plafond de la chambre … J'ai alors grimpé sur un coffre qui était près de la fenêtre. Quelqu'un dans la cour m'a vu et s'est proposé d'aller chercher une échelle. Une autre personne a répondu : « On n'aura pas le temps ; mais je pense à un autre moyen plus utile. Je vais m'appuyer contre le mur et porter un homme au poids léger sur mes épaules. » Ce fut fait et on me fit passer par la fenêtre. Juste à ce moment là, le toit s'écroula en entier ; mais il tomba à l'intérieur, autrement nous aurions tous été écrasés d'un coup. Lorsqu'ils m'ont emmené dans la maison où se trouvait mon père, il s'écria : « Venez, chers voisins ! Agenouillons-nous ! Rendons grâce à Dieu ! Il m'a rendu tous les huit enfants ; laissez aller la maison, je suis assez riche ! »[8]

L'impact réel que ce sauvetage remarquable a pu avoir sur Wesley est un sujet de débat. Susanna écrivit plus tard dans son journal de méditation : « Je tente effectivement d'être particulièrement attentive à l'âme de cet enfant, pour qui tu as si miséricordieusement pourvu. »[9] Plus tard, Wesley fit référence à lui-même en utilisant (bien entendu, hors contexte) l'expression biblique suivante : « un tison arraché du feu ». Cette expression devint une sorte d'emblème pour Wesley qui s'y identifia et l'utilisa sur une épitaphe qu'il composa pour lui-même quand il pensa qu'il était sur le point de mourir. Bien qu'il niât plus tard que cet événement lui ait donné un sens quelconque de l'appel ou du destin, ledit événement resta tout de même fixé dans sa mémoire.

Le feu détruisit toutes les possessions de la famille Wesley et les força à vivre à l'écart, logés dans diverses maisons jusqu'à ce que leur maison soit reconstruite. Mais la force de caractère de la mère et du père a permis de souder les membres de la famille malgré les épreuves. Alors que Samuel s'acquittait de ses devoirs, c'était Susanna qui était principalement responsable de la cohésion familiale. Même quand Samuel était absent (comme quand il était en prison),

---

[8]   John Hampson, *Memoirs of the Late Rev. John Wesley*, vol. 1 (Londres : James Graham, 1791), 71.

[9]   *Susanna Wesley,* 235.

elle faisait tout ce qu'il fallait pour subvenir aux besoins physiques et spirituels de la famille, même lorsque ses actions entraînaient des conflits.

En 1711, Samuel Wesley était encore une fois loin de la maison ; cette-fois, il s'était rendu à Londres en tant que représentant officiel à la Convocation, l'instance dirigeante de l'Église d'Angleterre. Son assistant, le pasteur Inman, ne dirigeait qu'un seul office le dimanche et il ne semblait prêcher que sur l'obligation pour les chrétiens de payer leurs dettes. Etant donné que tout le monde savait que Samuel était fréquemment endetté, il y avait peu de doute quant à la cible de ces attaques.

Constatant qu'il ne fournissait clairement aucun accompagnement spirituel, Susanna décida d'organiser des offices pour sa famille chaque dimanche soir dans sa maison. La famille chantait, lisait les Écritures et Susanna lisait un sermon tiré d'un des livres de Samuel. Tout d'abord, ce furent les domestiques qui voulurent se joindre à la famille, puis des voisins. Il y avait bientôt plus de monde le dimanche soir chez Susanna que le dimanche matin à l'église, peut-être jusqu'à trois cent personnes. L'assistant s'en plaignit à Samuel qui était à Londres, donnant à ces services le nom de « conventicules », un terme qui faisait référence aux réunions illégales et séditieuses des dissidents. En réponse, Samuel écrivit une lettre à sa femme lui demandant de mettre un terme à ses réunions, bien qu'il fût au courant de ces réunions depuis bien longtemps à travers les lettres mêmes de Susanna.

Les réponses de Susanna à son mari révèlent ses préoccupations spirituelles et la force de sa personnalité. Dans la première réponse, elle expliqua pourquoi elle avait commencé à organiser ces offices et elle répondit à son objection concernant la possibilité pour les femmes de diriger des offices religieux. Dans la deuxième réponse, elle détailla tout le bien qui résultait de ces services. Grâce à elle, de nombreuses personnes qui s'étaient éloignées depuis longtemps revenaient à l'église et son œuvre entretenait une bonne volonté au sein de la famille Wesley et parmi les paroissiens. Elle termina cette réponse avec ces paroles remarquables :

> Si, après tout, tu penses qu'il est nécessaire de dissoudre cette assemblée, ne me dis plus que tu souhaites que je le fasse, car cela ira à l'encontre de ma conscience ; mais envoie-moi des instructions positives dans des termes clairs et précis de sorte que je puisse échapper à toute culpabilité et tout châtiment pour avoir négligé l'opportunité de faire du bien aux âmes, quand toi et moi apparaîtrons devant le grand et terrible tribunal de notre Seigneur Jésus-Christ. Je n'ose pas souhaiter que cette pratique n'ait jamais commencé, mais

ce serait avec une extrême [?] douleur que je l'abandonnerai, car j'entrevois les conséquences qui en découleraient. Je prie Dieu de te guider et de te bénir.[10]

Il n'y eut plus de discussion après cela. Les offices continuèrent jusqu'au retour de Samuel. Après ces événements, la famille fut tenue en plus haute estime par la communauté.

C'est cet environnement fortement spirituel et chargé de principes que Wesley a quitté quand, à l'âge de dix ans, il fit ses adieux pour aller à l'école Charterhouse de Londres, une opportunité qui lui a été accordée lors de la nomination du Duc de Buckingham. C'était une école anglaise typique sous de nombreux aspects, avec une tradition de stricte discipline de la part des enseignants et des mauvais traitements de la part des étudiants plus âgés. Charterhouse a été la maison de Wesley pendant les six années suivantes. Bien qu'il y reçût une solide instruction qui lui permit d'aller à l'université d'Oxford, Wesley se souviendra plus tard de cette période plus pour l'amoindrissement de la ferveur spirituelle que ses parents lui avaient transmise. Wesley s'en souvient ainsi : « Les six ou sept années suivantes, je les ai passées à l'école ; où, les contraintes extérieures ayant été ôtées, j'étais devenu beaucoup plus négligent qu'avant concernant les devoirs extérieurs et j'étais presque continuellement coupable de péchés extérieurs, que je savais reconnaître, bien qu'ils ne fussent pas scandaleux aux yeux du monde. Cependant, je lisais tout de même les Écritures, et je disais mes prières, le matin et le soir. »[11]

Comme nous pouvons le voir, Wesley était encore religieux, bien que dans une moindre mesure par rapport à l'époque où il était à la maison. Son comportement était probablement quasi exemplaire et nous savons qu'il était l'un des élèves préférés du maître d'école Thomas Walker. Mais il ne possédait pas encore le sérieux qui marquera le reste de sa vie. Cela vint pendant son séjour à Oxford, où Wesley se rendit en 1720.

---

[10]  *Susanna Wesley,* 82-83. Le point d'interrogation entre crochets représente l'incertitude concernant le manuscrit original.

[11]  *Journal,* 23 mai 1738, §2 (18.243).

# III

# Oxford et le Club des saints (1720-1735)

L'admission de Wesley à l'université d'Oxford a été le départ d'une carrière académique qui l'occupera pendant les quinze années suivantes. Ces années revêtirent un important caractère formatif pour Wesley, laissant une empreinte scolastique sur son caractère qui durera tout au long de sa vie. Pendant ces années, il devint ministre de l'Église d'Angleterre et adopta les habitudes de lecture et d'écriture qui produiront cet incroyable héritage littéraire. Il commença aussi sa propre quête et son enseignement de la sainteté, qui sera finalement sa plus importante contribution à l'Église. Encore une fois, nous ne saurions rendre justice à tous les événements de la vie de Wesley, à toutes les influences sur sa vie, pendant cette période ; nous devons donc nous contenter d'un échantillon restreint mais représentatif.

Wesley arriva à Oxford peu de temps après son dix-septième anniversaire, à l'été 1720. Là, il fut admis au Christ Church[1], une faculté déjà réputée pour avoir été fréquentée par des diplômés célèbres tels que le philosophe John Locke et le colonialiste américain William Penn. Cette faculté avait également des liens solides avec l'Église d'Angleterre. Originellement fondée par le cardinal Thomas Wolsey avant la Réforme anglaise, elle a été refondée par Henri VIII d'Angleterre en 1546 et est devenue la résidence de l'évêque pour le diocèse d'Oxford nouvellement créé.

---

[1]   Christ Church, en latin *Aedes Christi* — la maison du Christ — désigne la cathédrale d'Oxford ainsi que l'une des facultés les plus grandes et les plus célèbres de l'université d'Oxford.

Pendant les quatre années suivantes, Christ Church sera le foyer de Wesley; il passera occasionnellement du temps avec son grand frère à Londres et, moins fréquemment, avec son père et sa mère à Epworth. En tant que diplômé de l'école de Charterhouse, il avait droit à une petite bourse, mais ses années d'études de premier cycle étaient tout de même des années de vaches maigres pour le jeune érudit. Comme son père, il était souvent endetté. Néanmoins, il semble avoir profité pleinement de ses années. Il est connu pour avoir participé à plusieurs sports disponibles (comme l'aviron, l'équitation et le tennis), il fréquentait les café-restaurants, occasionnellement le théâtre et il avait beaucoup d'amis.

Toutefois, l'université représentait plus qu'une vie sociale pour Wesley. Il poursuivait aussi son parcours académique avec dévouement et énergie, lisant au début tout ce qui l'intéressait puis s'installant finalement dans un strict schéma d'études. Il se concentra sur les classiques et porta un vif intérêt à la logique, qu'il maîtrisa plutôt bien et qui deviendra une caractéristique de son discours pour le reste de sa vie. Le critique littéraire Samuel Badcock, sur la base de lettres qu'il avait lu de cette époque concernant des conversations avec sa famille, décrivit le jeune John Wesley en ces termes: «[C'était] un étudiant très sensible et perspicace qui déconcertait les autres avec les subtilités de la logique et qui se moquait d'eux pour être si facilement manipulables; un jeune homme aux goûts des plus classiques et des plus raffinés, aux sentiments ses plus libéraux et des plus virils… gai et vif, avec un don pour l'esprit et l'humour.»[2]

Wesley finit ses études de premier cycle en 1724 et décida de rester à Oxford pour passer son diplôme de maîtrise. En septembre de cette année, Susanna souleva avec son fils la possibilité qu'il fasse du ministère sa profession. Susanna souhaitait que John vienne aider son père en tant que vicaire et qu'il soit ainsi plus proche de sa famille. L'idée parut séduisante à Wesley et en janvier 1725 il mentionna l'idée dans une lettre à son père. Samuel Wesley approuva, mais il conseilla à son fils de ne prendre une telle décision que pour les meilleures raisons. Susanna était plus enthousiaste et espérait que Wesley pourrait être ordonné diacre[3] d'ici l'été. En lui donnant des conseils sur la manière de se préparer, Samuel lui exhorta de poursuivre ses études universitaires, en particulier l'étude de la Bible et de ses langues originelles, mais Susanna insistait sur la lecture dans des domaines plus pratiques («C'est malheureusement une particu-

---

[2]    Introduction à l'œuvre *The Letters of the Rev. John Wesley* (Telford 1.7).

[3]    Dans l'Église d'Angleterre, le processus normal consistait pour le clergé à être d'abord ordonné comme diacre. Ensuite, après un an ou deux, suivait l'ordination comme prêtre.

larité de notre famille, écrivit-elle à son fils, le fait que ton père et moi ne pensons que rarement de la même manière »[4]). Toutefois, les parents s'accordèrent bientôt pour dire que le fait d'entrer dans le ministère aiderait Wesley dans son propre développement spirituel ; et en accord avec Wesley, ils convinrent que c'était la voie à suivre.

Alors que l'idée du ministère faisait son chemin dans l'esprit de Wesley, une autre opportunité commença à se présenter. En mai 1725, il y eut une démission parmi le groupe des membres de la faculté Lincoln, également à Oxford. Dans le système universitaire d'Oxford, les membres d'une faculté — dans le cas de Lincoln il y en avait douze — étaient les tuteurs et les conférenciers qui formaient le conseil d'administration officiel de cette faculté. Ils étaient logés à l'université, libres de poursuivre leur travail académique et recevaient même une petite bourse qu'ils pouvaient compléter en donnant des cours à leurs propres étudiants. Ces postes étaient hautement prisés et celui-ci en particulier exigeait que son titulaire soit né dans le diocèse de Lincoln. Étant donné qu'Epworth s'y situait, Wesley décida de poser sa candidature pour ce poste et son père l'aida en lui fournissant des recommandations.

Alors que Wesley se préparait pour son ordination et espérait assurer l'accession à son poste académique, il entama la lecture de deux œuvres qui devaient avoir un impact très fort sur son développement spirituel. Il échangea des lettres avec sa mère au sujet de ces œuvres, leur accorda une mûre réflexion et les recommandera plus tard à d'autres personnes tout au long de sa vie. La première était un ensemble de deux livres, quelques fois imprimés ensembles, écrits par Jeremy Taylor : *Rules and Exercises of Holy Living [Règles et exercices pour une vie sainte]* et *Rules and Exercises of Holy Dying [Règles et exercices pour une mort sainte]*. Un ami lui avait conseillé de ne pas les lire avant d'être plus âgé, mais il les lut tout de même et cela lui valut de consacrer sa vie entière à Dieu.

> Immédiatement, je résolus de consacrer à Dieu toute ma vie, toutes mes pensées, toutes mes paroles, toutes mes actions ; pleinement convaincu qu'il n'existait point de milieu, mais que toutes les parties de ma vie, et non quelques-unes seulement, devaient être un sacrifice à Dieu ; qu'autrement elles seraient un sacrifice à moi-même ; c'est-à-dire, en réalité, au Diable.[5]

---

[4]   Lettre de Susanna, 23 Février 1724/5 (25.160).

[5]   *Une exposition claire et simple de la perfection chrétienne*, §2.

La seconde œuvre était *L'imitation de Jésus-Christ,* généralement attribué à Thomas à Kempis. Il a peut-être même lu ce livre avant celui de Taylor, car il a discuté de certains des problèmes soulevés par ce livre dans une lettre écrite à sa mère en mai 1725, alors qu'il parle de l'impact du dernier livre sur sa vie l'année suivante. Dans tous les cas, alors que Wesley était en désaccord avec le livre sur un certain nombre de problèmes — spécialement l'idée selon laquelle Dieu semblait vouloir que son peuple soit malheureux dans cette vie — les idées du livre sur la manière dont une âme devait rechercher la communion avec Dieu faisaient écho aux idées de l'œuvre de Taylor. Plus tard, Wesley écrivit: «Je lus l'*Imitation de Jésus-Christ,* par Kempis. La nature et l'étendue de la religion intérieure, la religion du cœur, m'apparurent alors sous un jour beaucoup plus clair que jamais.»[6] Wesley lui-même republiera et recommandera ce livre tout au long de sa vie.

Les biographes de Wesley sont souvent en désaccord quant à la manière d'interpréter la forte orientation spirituelle que ces livres ont aidé à produire. Certains d'entre eux, suivant en cela la propre interprétation mature de Wesley, voient ce dévouement comme la véritable racine de sa spiritualité. D'autres se focalisent sur l'idée selon laquelle cette orientation (telle qu'elle a été démontrée par les événements qui ont suivi) contenait tout de même un fort élément qui consistait à œuvrer pour son salut. Ces auteurs placent généralement plus tard l'idée d'une «conversion évangélique» pour Wesley (généralement en 1738). Quelle que soit la manière dont on interprète ces événements, ils montrent que Wesley est un homme de trente-deux ans spirituellement sérieux et ils préparent le terrain pour les événements qui vont suivre.

Les dix-huit mois suivants de la vie de Wesley ont été marqués par de nombreux succès. Il fut ordonné diacre le 19 septembre 1725 et il continua ses études à Oxford toute l'année suivante. Après avoir passé un examen en lettres classiques grecques et latines, Wesley fut dûment élu membre du Lincoln le 17 mars 1726 et son frère Charles le rejoignit à Oxford (s'inscrivant à la Christ Church) en mai. Plus tard cette année-là, en novembre, la maîtrise reconnue de Wesley en grec et en logique a permis son élection à la fois en tant que professeur de grec et en tant que modérateur des débats quotidiens de la faculté, appelés *disputatio.* Finalement, le 14 février 1727, Wesley reçut son diplôme de maîtrise.

---

6   *Ibid.,* §3.

Bien que les choses se passassent bien pour la carrière de Wesley, on constate dans le même temps quelques troubles dans la famille Wesley, nombre d'entre eux concernant sa grande sœur Mehetabel, que tout le monde appelait « Hetty ». En mai 1725, Hetty avait fugué avec un amant dont l'identité reste inconnue mais qui l'a aussitôt trahie et quittée. Déshonorée et probablement enceinte, elle tenta de revenir à la maison mais le père de Wesley ne voulait rien entendre. Pour cacher sa grossesse honteuse, elle se maria en octobre de cette année-là et accoucha de son enfant peu de temps avant l'élection de Wesley en tant que membre du Lincoln, mais elle perdit l'enfant vers la fin de l'année. Certains frères et sœurs d'Hetty, y compris John, avaient tenté de prendre sa défense alors que d'autres, comme le plus âgé Samuel junior, avaient pris le parti du père. Cet événement provoqua une tension considérable dans la famille et quelques échanges épistolaires froids, mais finalement les choses s'arrangèrent. Les tensions étaient suffisamment apaisées en août 1727 pour que Wesley puisse quitter Oxford et répondre enfin au vœu de sa mère d'aider son père dans le ministère.

Wesley resta dans le Lincolnshire, aidant son père dans les paroisses d'Epworth et de Wroot (que son père avait aussi reçue en 1722), d'août 1727 à octobre 1729. Il prêchait chaque semaine dans l'une de ces deux paroisses, accomplissait ses devoirs pastoraux et continuait à lire des œuvres spirituelles. Ces années n'étaient pas, apparemment, très épanouissantes pour Wesley et il ne semblait pas apprécier le ministère paroissial autant que la vie académique à Oxford. Il retourna à Oxford pour quelques mois en 1728 afin de se préparer à recevoir son ordination finale en tant que prêtre, qui eut lieu le 22 septembre de cette année-là; mais ensuite il retourna avec dévouement à Epworth. Un an plus tard, cependant, il fut rappelé à la faculté de Lincoln par le recteur John Morley qui insista sur le fait que son poste exigeait qu'il accomplisse ses responsabilités en personne. Ainsi, en novembre 1729, Wesley était de retour à Oxford où il allait rester les six années suivantes.

Alors que Wesley était à Epworth, son frère Charles avait commencé à rencontrer un autre jeune homme du nom de William Morgan, et peut-être un ou deux autres, pour des temps de prière et d'étude. John avait rendu visite à ce groupe en mai 1729, mais ledit groupe s'était divisé cet été-là quand Charles avait rejoint John à Epworth et Morgan était retourné chez lui. Au retour de John, cependant, le groupe se reforma et fut rejoint par d'autres; et c'est ce groupe qui fut le premier à se voir attribuer le nom de « méthodiste ».

Il y a débat quant à l'origine de l'épithète «méthodiste». Le groupe était au départ affublé des étiquettes de «The Holy Club» [le Club des saints] ou «Bible Moths» [Les mites de la Bible]. On se moquait ainsi de leur gravité peu commune en matière de religion. Charles Wesley déclare que le groupe était appelé méthodiste avant que John ne revienne d'Epworth. John se souvient que le nom est apparu quelques années plus tard. Il y a aussi débat sur la signification du terme. Servait-il à souligner leur approche méthodique de la religion? Désignait-on leur observance des méthodes de l'université? Ou s'agissait-il d'un terme offensant tout d'abord attribué à un autre groupe marginal et plus tard appliqué au Club des saints? Quoi qu'il en soit, le nom méthodiste est resté et c'est ainsi que les disciples de Wesley seront connus dans l'histoire.

Wesley guida ce petit groupe pendant les six années suivantes. Les membres se consacraient à la Sainte cène, aux œuvres de charité (visites en prison et offrandes aux pauvres), et par-dessus tout à l'étude des Écritures. Leur principal objectif, Wesley le racontera plus tard, était d'être «des Chrétiens fidèles à la Bible». Pour certaines personnes, la rigueur du groupe était un sujet d'admiration. George Whitefield était de ceux-là; il avait entendu parler du groupe avant même d'arriver à Oxford et cherchait une occasion de se joindre à eux. Mais pour la plupart, l'approche qu'avait Wesley de la religion semblait sévère ou extrême. Bien entendu, Wesley pensait qu'il s'agissait simplement de l'approche dictée par les Écritures elles-mêmes. «J'ai été accusé, nota-t-il en 1731 dans une lettre à un ami, d'être trop strict, de porter les choses trop loin dans la religion; de me charger — et de charger les autres — de fardeaux qui ne sont ni nécessaires ni possibles à porter … De porter les devoirs trop loin! Pourquoi? Qu'est-ce que cela sinon changer la sainteté elle-même en extravagance!»[7]

Les accusations contre Wesley prirent fin en août 1732 avec la mort d'un des membres originaux du Club des saints, William Morgan, qui avait été malade physiquement et mentalement pendant près d'un an. Le bruit se répandit à Oxford que Morgan était mort d'un jeûne excessif et que Wesley était à blâmer pour cela. Dés que Wesley entendit ces accusations, il prit les devant et écrivit au père de William. Cette lettre, qui souligne la brève histoire et les objectifs du Club des saints a été plus tard réimprimée et devint la norme en matière de justification au début du mouvement. La lettre plut au père de William au

---

[7]    Lettre à Mary Pendarves, 19 juillet 1731 (25.293).

point qu'il confia son autre fils aux bons soins de Wesley. Mais il décida finalement, lui aussi, que les normes de Wesley étaient déraisonnables et dangereuses.

Cependant, ce serait une erreur de considérer Wesley comme une machine religieuse sans cœur et cela peut se voir dans ses lettres aux diverses femmes de sa vie vers lesquelles il s'est tourné pour trouver du soutien. Il écrivait souvent à sa mère et cherchait activement son conseil. Il fit aussi partie d'un cercle d'écriture fréquenté par un certain nombre de femmes mariées, dont certaines étaient de son âge et d'autres plus âgées. Les lettres qu'il leur écrivit tout au long de ces années donnent au lecteur une image de Wesley en contradiction avec le strict adepte de la discipline qu'il semblait être à Oxford. Elles sont pastorales et affectueuses (trop pour la sensibilité de sa mère, en fait) et il apparaît comme ce fringant jeune homme du début des années 1700 à qui nombre de ses contemporains aurait voulu ressembler. Ici encore nous voyons Wesley comme un représentant de son époque alors même qu'il tentait de s'en distinguer.

L'accent mis par Wesley sur la religion intérieure constitue un élément peu commun. « Je considère la religion, déclare-t-il dans l'une de ses lettres, non pas comme une simple récitation d'un certain nombre de prières … ni comme un élément surajouté de temps à autres à une vie irréfléchie ou mondaine, mais comme une habitude constante de discipline de l'âme ; un renouvellement de nos esprits à l'image de Dieu ; une récupération de la ressemblance divine. »[8] L'un des premiers sermons dans cette veine était intitulé « La circoncision du cœur », un sermon prêché en 1733. Même après sa fameuse expérience à Aldersgate (dont nous parlerons dans le prochain chapitre), Wesley affirmera que c'était le meilleur sermon qu'il ait jamais écrit sur ce sujet.[9] Sa réception mitigée montre qu'il y avait autant de personnes qui approuvaient son approche évangélique que de personnes qui s'y opposaient. Cela démontre aussi que l'engagement intellectuel de Wesley pour la « religion du cœur » était en place bien avant l'épisode d'Aldersgate.

À son retour à Epworth, la santé du vieux Samuel Wesley déclinait. Il n'avait jamais véritablement récupéré d'une chute désastreuse de son wagon en 1731[10] et à présent il sentait venir la fin. Sa première préoccupation était pour son épouse et pour le ministère dans sa paroisse après sa mort. Il semblait vouloir y bâtir un héritage ; comme il ne parvenait pas à convaincre son fils aîné — qui

8   Lettre à Richard Morgan, 15 janvier 1734 (25.367).
9   *Journal*, 1er septembre 1778 (23.104).
10  Lettre de Susanna, 12 juillet 1731 (25.291 et *Susanna Wesley*, 145).

était aussi son homonyme — de prendre sa place, il commença à presser John de le faire. John présentait cependant une forte résistance. Cette résistance venait à la fois de son expérience moins qu'heureuse dans la paroisse des années auparavant et — comme il le répéta à son père et son frère dans plusieurs lettres pendant cette période — de sa conviction qu'il pouvait faire plus de bien à la fois pour lui et pour les autres à Oxford. Samuel était insistant, mais John restait sur sa position. C'est là qu'en était la situation quand John et Charles Wesley se rendirent à Epworth pour être auprès de leur père mourant le 4 avril 1735.

Nous ne savons pas ce qui s'est produit dans ce laps de temps pour que John change d'avis ; mais après la mort de son père le 25 avril, Wesley a effectivement posé sa candidature pour le poste de son père à Epworth. Toutefois, il s'y était pris trop tard et le poste avait été assigné à une autre personne. John resta à Epworth pour aider dans les activités de la paroisse jusqu'au jour où il eut l'opportunité d'aller à Londres pour présenter à la reine l'œuvre maîtresse de son père, son commentaire sur le livre de Job. Ce jour-là, sa vie prit un tour résolument inattendu.

# IV

# La Géorgie, Aldersgate et le début du Réveil (1735-1739)

Wesley resta à Epworth pendant deux mois après la mort de son père; il s'occupa de la paroisse jusqu'à ce qu'il comprenne qu'il ne serait pas nommé en remplacement de son père. Lui et Charles se rendirent ensuite à Londres pour présenter l'œuvre maîtresse de Samuel Wesley sur le livre de Job à la femme du roi George II, la reine Caroline, à qui celle-ci était dédicacée. Pendant qu'il était à Londres, Wesley fut approché par plusieurs personnes — dont le gouverneur James Oglethorpe — à propos de la possibilité de s'occuper d'une paroisse missionnaire à Savannah, en Géorgie — une colonie dans les Amériques — à la place de celle qui lui avait été refusée à Epworth. L'année précédente, Samuel Wesley avait recommandé un de ses beaux-fils pour ce poste, mais Wesley déclara n'en avoir entendu parler qu'en août 1735.

La colonie de Géorgie, établie en 1732 par Oglethorpe, avait été créée comme alternative aux prisons anglaises spéciales pour mauvais payeurs, lesquelles étaient surpeuplées et mal gérées. La colonie donnait à ces débiteurs une opportunité de travailler pour payer leurs dettes et elle formait également une zone tampon entre les colonies anglaises du nord et les colonies espagnoles qui progressaient en Floride. Wesley se vit offrir l'opportunité d'exercer le ministère auprès des colons qui vivaient là et de répandre l'évangile auprès des Amérindiens avec lesquels les colons étaient entrés en contact.

Wesley réfléchit à l'offre pendant un mois et décida qu'il s'agissait d'une bonne opportunité. Pour une raison inconnue, la mort de Samuel Wesley avait créé une rupture décisive entre Wesley et Oxford et il préféra cette nouvelle opportunité à l'idée de retourner à ses occupations académiques à Oxford. Charles Wesley décida de rejoindre son frère dans cette aventure. C'est ainsi que le 14 octobre 1735, accompagné de quelques amis, ils embarquèrent tous deux à bord du *Simmonds* qui faisait cap vers la Géorgie.

## Le séjour de Wesley en Géorgie

Le voyage en Géorgie révèle beaucoup de choses sur l'état d'esprit de Wesley et sur ses sentiments pendant cette période de sa vie. Il décida d'exercer son ministère auprès de ceux qui étaient avec lui dans le bateau, allant jusqu'à apprendre l'allemand pour prêcher aux immigrés moraves qui étaient également à bord.[1] Wesley et ses compagnons passaient le temps, comme à Oxford, en étudiant les Écritures et les ouvrages de dévotion, en s'adonnant aux disciplines spirituelles, en prêchant et en exerçant son ministère pastoral auprès de leurs compagnons de bord.

Malgré ces occupations ministérielles et académiques, Wesley était toujours troublé. À plusieurs reprises pendant le voyage, le *Simmonds* rencontra de fortes tempêtes. À un certain moment, ils étaient sûrs qu'ils allaient se noyer. Wesley se trouva terrifié par l'idée de la mort, ce qui révéla la faiblesse de sa foi et le rendit honteux. Les immigrés moraves, pour leur part, semblaient prêts à affronter la mort avec calme et assurance, célébrant même des offices religieux au milieu de la tempête. Wesley n'avait jamais rencontré une foi personnelle si pleine d'assurance et il nota dans son Journal, après avoir remarqué leur comportement : «c'est le jour le plus glorieux qu'il m'ait été donné de voir ici bas.»[2]

Le voyage vers la Géorgie dura plusieurs mois et ils arrivèrent finalement le 5 février 1736. Un mois plus tard, Wesley commença son ministère à Savannah. Son premier sermon fut bien suivi et les personnes présentes semblaient réceptives mais, comme Wesley le nota plus tard dans son Journal, rien ne laissait présager de la suite des événements. Selon ses propres mots : «Je pouvais à peine croire que la plus grande partie, la grande majorité de cette foule attentive et

---

[1] Les Moraves étaient un groupe de piétistes allemands qui retraçaient leur héritage spirituel jusqu'à Jan Hus, conducteur de la pré-Réforme (c. 1369-1415).

[2] *Journal,* 25 janvier 1736 (18.143).

sérieuse foulerait du pied cette parole et dirait toutes sortes de faussetés sur celui qui l'a annoncée. »[3]

Certaines des difficultés de Wesley venaient sans doute de la nature rude des premiers colons dans une colonie des débiteurs et Wesley n'était pas d'une grande aide avec sa manière très stricte d'exercer le ministère. Le niveau de sérieux avec lequel il exerçait ses responsabilités ne correspondait pas à celui des paroissiens et ses habitudes liturgiques ne cadraient pas non plus avec les intuitions plus relâchées des colons. Une fois, il refusa même de baptiser l'enfant d'une jeune femme parce qu'elle refusait de le faire selon la manière typiquement anglicane.[4]

Ce manque de connexion était ressenti des deux côtés. Après à peine trois mois de ministère en Géorgie, un de ses paroissiens, William Horton, lui dit librement : « Je n'aime rien de ce que vous faites. Tous vos sermons sont des satires sur des personnes en particulier. Je ne vous écouterai donc plus. Et tous les autres pensent la même chose que moi. … En fait, il n'y a pas un homme ou une femme dans la ville qui s'intéresse à un seul mot que vous prononcez. »[5] Avec un soutien si enthousiaste, on comprend pourquoi le ministère de Wesley en Géorgie fut de courte durée. Wesley aurait pu supporter ces frictions si ses relations avec tous ses paroissiens n'avaient pas été interrompues par sa relation avec une paroissienne, une jeune femme du nom de Sophy Hopkey.

La relation de Wesley avec Mademoiselle Hopkey n'est jamais mentionnée dans l'édition publique de son Journal, mais elle remplit les pages de ses journaux intimes. Bien qu'elle fût plus jeune que Wesley de quinze ans et profondément liée à l'élite de Savannah, tous deux développèrent un attachement romantique qui semble avoir commencé quand Sophy s'est occupé de Wesley alors qu'il était malade en août 1736.[6] Wesley, cependant, ne semblait pas parvenir à concilier la dévotion envers une femme et la dévotion envers Dieu. En début mars 1737, Wesley tenta de résoudre le problème en s'en remettant au sort et la réponse fut : « n'y pense plus ». Wesley déclara qu'il se sentit libéré après cela, mais il fut tout de même choqué quand, quelques jours plus tard, Sophy lui annonça ses fiançailles avec un certain William Williamson, qu'elle épousa en moins d'une semaine.

---

[3]   *Journal,* 7 mars 1736 (18.153).

[4]   *Journal,* 5 mai 1736 (18.157).

[5]   *Journal,* 22 juin 1736 (18.161-62).

[6]   Journal intime, 16 août 1736 (18.409).

Après cela, les choses commencèrent à se désagréger rapidement pour Wesley. Les mois suivants, il trouva de nombreux défauts au comportement religieux de Madame Williamson, ce qui se termina par une humiliation publique de la dame quand Wesley lui interdit la communion le 7 aout 1737. Les rumeurs allaient bon train sur Wesley et, bientôt, un grand jury était rassemblé pour étudier cette affaire.

Pendant les quelques mois qui suivirent, Wesley vit qu'il ne pouvait pratiquement rien faire pour se racheter une réputation, que son ministère n'était plus efficace à Savannah et même son rêve original d'exercer le ministère auprès des Amérindiens était hors de portée. Lorsque les ordres pour l'arrêter commencèrent à circuler le 2 décembre, il s'enfuit à la faveur de la nuit; selon ses termes: «j'ai secoué la poussière de mes pieds et j'ai quitté la Géorgie, après avoir prêché l'évangile (non pas comme je le devais, comme j'ai pu) pendant un an et presque neuf mois.»[7] Wesley parcourut environ quarante miles à pieds, manquant plusieurs fois de se perdre dans les marais et les forêts, avant d'atteindre Port Royal, en Caroline du Sud. De là, il voyagea par bateau vers Charleston, où il mit les voiles pour l'Angleterre le 24 décembre 1737.

Le voyage de retour de Wesley lui donna amplement du temps pour la réflexion; il se concentra alors sur ses propres inadéquations spirituelles. Alors même qu'il servait en tant que pasteur du bateau, ses pensées étaient tournées vers ses propres besoins d'orientation spirituelle. Il se sentait condamné par son propre degré d'incrédulité, d'orgueil et d'inattention religieuse et il aspirait à une foi plus profonde que celle qu'il possédait jusqu'alors. «Je me suis rendu en Amérique pour convertir les Indiens, écrivit-il, mais oh! qui me convertira?»[8]

## Aldersgate

Wesley fut de retour en Angleterre le 29 janvier 1738, les vents dominants avaient rendu le voyage vers l'Est à travers l'Atlantique beaucoup plus rapide que le voyage vers l'Ouest. Il se rendit à Londres pour rendre visite à des amis et des connaissances et présenta un rapport aux membres du conseil d'administration de la colonie de Géorgie. C'est là qu'il rencontra, environ une semaine après son arrivée, un jeune Morave du nom de Peter Bohler, qui aura une influence décisive sur son développement spirituel.

---

[7] *Journal,* 2 décembre 1737 (18.195).
[8] *Journal,* 24 janvier 1738 (18.211).

Ce qui était en jeu pour Wesley, c'était la nature de la foi qui sauve. Il connaissait Dieu, suivait ses lois de manière plutôt stricte et faisait toutes ces choses qui, selon lui, plaisaient à Dieu comme donner aux pauvres et visiter les malades. Mais il lui manquait une claire assurance de son salut, une conscience intuitive du fait qu'il avait mis sa confiance en Dieu et que Dieu l'avait accepté. Selon ses propres mots : «La foi que je veux est «une confiance sûre en Dieu attestant qu'à travers les mérites de Christ, mes péchés sont pardonnés et je suis réconcilié, bénéficiaire de la faveur de Dieu»».[9] Wesley avait entrevu cette confiance chez les autres Moraves qu'il avait rencontrés, mais c'est Peter Bohler qui allait le confronter personnellement à cette question.

Pendant les quelques mois qui suivirent, Wesley fit plusieurs voyages pour rendre visite à des amis et des parents, prêchant partout où il se rendait et se concentrant sur les sujets qui représentaient une difficulté pour lui-même. À travers de nombreuses conversations, Peter Bohler lui dit que le salut venait de la foi uniquement et il encourageait les deux frères Wesley, John et Charles, à rechercher une telle foi. Au départ, Wesley résista à l'idée. Mais après une lecture attentive de la Bible et après avoir entendu les témoins que Peter Bohler lui avait apportés — tous ces témoins attestaient de la réalité de cette foi dans leur propre vie – il finit par y croire et il se consacra à rechercher une telle foi.

Dans le cadre de cette quête, John Wesley travailla avec Peter Bohler pour créer une petite association religieuse à Fetter Lane à Londres — la Société de Fetter-Lane — qui s'est réunie pour la première fois le 1er mai 1738. Les associations religieuses faisaient partie intégrante de la tradition piétiste allemande et elles sont en quelque sorte devenues populaires à Londres après la Glorieuse Révolution de 1688. Elles étaient à la fois le signe de la vitalité religieuse de l'Angleterre — montrant à quel point certaines personnes étaient sérieuses sur le plan de la vie religieuse — et une critique adressée à l'Église officielle — montrant à quel point son ministère auprès du peuple était inadéquat. Cette association deviendra une source de force mais aussi de controverse pour Wesley pendant les deux années suivantes.

Quelques jours plus tard, Peter Bohler quitta l'Angleterre pour se rendre en Amérique et Wesley continua à prêcher et à lutter avec l'idée de la foi véritable. Le 24 mai 1738, Wesley trouva — du moins dans une certaine mesure — ce qu'il recherchait. Dans ce qui est apparemment le plus célèbre passage du Journal de Wesley, il décrit la suite des événements en ces termes :

---

[9]  *Journal,* 1er février 1738 (18.216). Wesley cite ici *Homilies,* ouvrage officiel de l'Église d'Angleterre.

> Le soir, je me suis rendu, à contrecœur, à la réunion d'une association à la rue Aldersgate où l'on lisait la préface de Luther à l'épître aux Romains. Vers neuf heures moins le quart, alors qu'il décrivait le changement que produit Dieu dans le cœur à travers la foi en Christ, j'ai senti une chaleur étrange dans mon cœur. J'ai ressenti que j'avais effectivement mis ma confiance en Christ, en Christ seul pour mon salut, et j'ai reçu l'assurance qu'il avait ôté mes péchés, même les miens, et qu'il m'avait sauvé moi de la loi du péché et de la mort.[10]

À ce moment-là, Wesley reçut l'assurance émotionnelle ou intuitive de la foi qui lui manquait auparavant et dont Peter Bohler disait qu'elle faisait partie de la foi chrétienne. Dans la suite de son récit dans son Journal, il ne décrit pas son nouvel état comme un état libéré de toute tentation ou comme un état dans lequel il se sentait plus saint. Au contraire, il note qu'il était plus ouvert à la puissance de Dieu dans sa vie.

> Après mon retour à la maison, j'ai été très secoué par les tentations; mais j'ai crié et elles ont disparues. Elles revenaient encore et encore. A chaque fois, j'élevais les yeux, et il «m'envoyait de l'aide de son saint trône». Et c'est là que j'ai trouvé en quoi consistait principalement la différence entre cet état et mon ancien état. Je luttais, oui je me battais de toutes mes forces sous la loi, de même que sous la grâce. Mais auparavant, j'étais quelques fois, sinon souvent, vaincu; désormais, j'étais toujours vainqueur.[11]

## Les débuts du Réveil évangélique

En quelques semaines, Wesley décida de faire un voyage en Allemagne pour rencontrer les Moraves dans une ville appelée Herrnhut, prés de la frontière de ce qui était alors la Bohème (actuelle République tchèque). Il voulait en savoir plus sur cette foi nouvelle — ou confirmée — et trouver d'autres témoignages de sa réalité chez d'autres personnes. Le voyage dura tout l'été 1738; Wesley quitta Londres le 13 juin et ne revint pas avant le 16 septembre. Au cours de ses voyages, Wesley rencontra tout d'abord le piétisme luthérien, spécialement établi dans le contexte du luthéranisme orthodoxe et du catholicisme romain qui l'entouraient. Son Journal, pendant ces quelques mois, présente de nombreuses notes sur ses voyages, des témoignages des personnes rencontrées et des éloges sur l'œuvre de Dieu dans les endroits visités. Tout ceci est mentionné à côté des critiques du protestantisme plus formel et du catholicisme romain, qui étaient les tendances principales du christianisme en Allemagne.

---

[10]   *Journal,* 24 mai 1738 §14 (18.249-50).

[11]   *Ibid.,* §16 (18.250).

Cet été là, Wesley assimila les enseignements moraves sur la foi. Il déclara avoir beaucoup appris sur la religion intérieure, la religion du cœur, en écoutant leurs sermons et leurs témoignages. De retour à la maison, cependant, il commença bientôt à voir de nettes différences entre sa foi nourrie par la culture anglicane et celle basée sur le piétisme luthérien. D'une part, de nombreuses personnes adhérèrent à cette «nouvelle» idée de salut par la foi que Dieu peut donner en un instant. Mais, d'autre part, l'idée représentait un défi pour les anglicans qui soulignaient, depuis très longtemps, la rigueur du comportement dans la vie chrétienne. Elle apparut aussi aux yeux de nombreux anglicans comme une sorte d'enthousiasme, un ensemble de sentiments forts sur la religion, mais des sentiments qui ne correspondaient à aucune des réalités de la religion.

Pour mieux comparer les idées moraves à celles de sa propre tradition, John Wesley commença, à la mi-octobre de l'année 1738, à examiner les sermons et articles officiels de la foi de l'Église d'Angleterre afin, selon ses propres mots, de: «rigoureusement questionner la position de l'Église d'Angleterre par rapport au point très controversé de la justification par la foi»[12]. Il publia ensuite des extraits de ces sources sous forme de pamphlets intitulés *The Doctrine of Salvation, Faith and Good Works [La doctrine du salut, de la foi et des bonnes œuvres].*[13] Il écrivit aussi une longue lettre critique au comte de Zinzendorf, dirigeant des Moraves, analysant le comportement morave de son époque à la lumière de ces sources. Cependant, il attendit un an et révisa soigneusement sa lettre avant de l'envoyer.

Alors que Wesley continuait à lutter sur le plan théologique avec la signification de la foi et avec sa propre expérience de cette foi, il continuait également à prêcher — principalement à Oxford et à Londres — et à fréquenter la société de Fetter-Lane, ainsi que d'autres associations. Son Journal souligne ces batailles, à tel point que l'on voit Wesley déclarer qu'il n'était toujours pas un Chrétien à la mesure des normes élevées que ce terme semblait impliquer.[14] Pourtant, il proclamait l'Évangile tel qu'il le concevait dans tous les endroits où on l'invitait à prêcher, mais ces invitations diminuaient progressivement à mesure que les Anglicans étaient confrontés à la singularité du message de Wesley.

---

[12]   *Journal,* 12 novembre 1738 (19.21).

[13]   *The Doctrine of Salvation, Faith and Good Works* (12.27-43).

[14]   *Journal,* 4 janvier 1739 (19.29).

Ensuite, en mars 1739, George Whitefield décida que la prédication sur le salut par la foi ne pouvait pas être confinée aux offices religieux et aux bâtiments de l'église. Il entama alors une pratique qui deviendra caractéristique du réveil grandissant: la prédication en plein air. Whitefield prêchait à en plein air à quiconque décidait de s'arrêter pour l'écouter, et nombre de ceux qui s'arrêtaient étaient des personnes qui n'allaient pas à l'église ou qui ne prêtaient pas une grande attention aux sermons dans les églises. Whitefield pressa bientôt Wesley de lui rendre visite à Bristol, afin qu'il puisse l'aider dans ses activités croissantes dans cette ville et voir par lui-même cette nouvelle technique d'évangélisation.

La réponse de Wesley fut hésitante. Selon ses termes: «Au début, je pouvais à peine accepter cette étrange manière de prêcher en plein air — dont il me donna un exemple un dimanche — car j'avais été toute ma vie (jusqu'à très récemment) si ferme sur tout ce qui concerne la décence et l'ordre que j'aurais presque considéré l'action de sauver des âmes comme un péché si elle n'avait pas lieu dans une église.»[15] Cette attitude disparut cependant assez rapidement. Dès le lendemain, après avoir été témoin de la prédication en plein air de Whitefield Wesley, selon ses propres termes: «s'autorisa à «être plus vil» et proclama sur les routes la Bonne Nouvelle du salut, perché sur une élévation de terrain attenante à la ville, s'adressant à environ trois mille personnes.»[16]

Bien que Wesley et Whitefield fussent à ce moment-là d'accord sur les moyens de partager l'Évangile, ils ne comprenaient pas cet Évangile de la même manière. Whitefield était un Calviniste qui croyait que Dieu avait, dés le début de la création, prédéterminé le nombre de ceux qui seraient sauvés. Wesley, quant à lui, considérait que cette conception des choses était injuste. Il était plus convaincu par la perspective arminienne (ou catholique) selon laquelle Dieu laisse les humains libres de choisir et offre sa grâce à quiconque veut bien l'accepter. Cette controverse théologique, qui avait échauffé les esprits et qui disparaissait progressivement depuis le cinquième siècle, deviendra l'une des préoccupations théologiques centrales de la carrière de Wesley.

Wesley comprit que ce désaccord était significatif, mais il n'était pas sûr de vouloir le signifier en public. Dans une lettre adressée à la société de Fetter-Lane à Londres, Wesley parle de ses doutes et de sa décision de déterminer la volonté de Dieu en tirant au sort. Ce qu'il fit le 26 avril 1739. Et la réponse

---

[15]    *Journal,* 29 mars 1739 (19.46).

[16]    *Journal,* 2 avril 1739 (19.46).

fut: «Prêche et publie des œuvres». Wesley considéra cette réponse comme une permission divine non seulement de proclamer la doctrine de la grâce libre dans toutes ses prédications, mais aussi de publier — à la grande consternation de Whitefield — son sermon intitulé «*Free Grace*» [La libre grâce], trois jours plus tard.

Avec le début de la prédication en plein air et l'aveu explicite de Wesley concernant le message arminien opposé à la prédestination, les principaux éléments qui détermineront son rôle dans le Réveil évangélique naissant étaient en place, avec tous les fruits et toutes les controverses qui en découleront. Entretenir ce réveil, organiser ses fruits et prendre part à ses controverses: ces activités vont devenir l'œuvre de la vie de John Wesley.

# V

# Développement et controverses
# (1739-1749)

Les années 1740 ont vu le méthodisme s'imposer comme mouvement distinct au sein du mouvement plus large constitué par le Réveil évangélique, alors que Wesley exprimait ses positions sur les diverses controverses soulevées par ce mouvement. La structure de connexion de base du méthodisme prit forme à mesure que les convertis se rassemblaient en associations et en bandes et à mesure que les responsables se rassemblaient pour des conférences annuelles. Les controverses théologiques apparurent lorsque Wesley fit connaître ses positions singulières sur la foi et sur le salut en contraste avec celles formulées par les franges —moraves ou calvinistes — du réveil ou même par sa propre Église anglicane. D'autres controverses, d'ordre plus pratique, apparurent également lorsque Wesley choisit d'appliquer des solutions innovantes et provocantes aux problèmes auxquels il faisait face dans la gestion du mouvement qui prenait sans cesse de l'ampleur. De plus en plus de personnes à travers l'Angleterre commençaient à entendre parler et à être affectées par le travail de John et Charles Wesley; et vers la fin de la décennie, le mouvement avait adopté une identité qui allait durer — malgré des nombreuses et persistantes batailles — toute la vie de Wesley.

Les événements qui ont contribué à l'identité doctrinale et institutionnelle du méthodisme étaient tous liés les uns aux autres: raconter leur histoire de manière chronologique pourrait prêter à confusion. Tant de choses ont eu lieu en même temps qu'il est difficile de comprendre à la fois les fils incomplets qui tissent la tapisserie du méthodisme et le scénario global. Ainsi donc, pour en faciliter la compréhension — tout en soulignant que la réalité était beaucoup plus compliquée que ce que nous présentons — nous aborderons ces fils séparément. Nous commencerons avec le développement de la structure du méthodisme qui concrétise des idées qui ont encore beaucoup à offrir à ceux qui s'intéressent au ministère de nos jours. Nous traiterons ensuite trois importantes controverses sur des idées soulevées par les premières prédications et les premiers écrits de Wesley : ses conflits avec les Anglicans sur « l'enthousiasme » et l'innovation ; son conflit avec les Moraves sur la foi et l'assurance et son conflit avec les Calvinistes sur le salut. Étant donné que nous nous intéressons également à Wesley en tant que personne et non uniquement au dirigeant emblématique du méthodisme, nous conclurons le chapitre avec les événements significatifs de la vie personnelle de Wesley. Ces grandes lignes devraient nous aider à comprendre cette décennie cruciale pour Wesley, mais nous devons toujours nous rappeler que ce que nous séparons de manière artificielle pour une question de commodité n'était pas séparé dans l'expérience de Wesley. Il devait jongler avec toutes ces questions et ces problèmes en même temps.

## Le développement de la structure du méthodisme

L'un des développements les plus importants des années 1740 était l'apparition des pratiques et des structures institutionnelles qui donneront au méthodisme son caractère distinctif. Alors que Wesley tentait de vivre ses convictions et intuitions fondamentales concernant la tâche à laquelle il se sentait appelé par Dieu, il trouva que les moyens traditionnels d'exercer le ministère étaient inappropriés. Il fallait quelque chose de nouveau. Bien que Wesley n'eût pas inventé lui-même toutes ces innovations, c'est parce qu'il les adopta qu'elles trouvèrent leur place dans le mouvement croissant du méthodisme. Parmi ces nouvelles pratiques, les plus importantes — et donc les plus controversées — étaient la prédication en plein air et l'apparition des ministres laïcs. Les institutions les plus importantes qui se développèrent au sein du méthodisme étaient les structures en association-classe-bande — qui permettaient de favoriser la croissance spirituelle des convertis du Réveil — et la Conférence annuelle de ses dirigeants — que Wesley utilisait pour conserver l'unité et la focalisation du mouvement. Nous allons étudier chacun de ces quatre éléments tour à tour.

## La prédication en plein air

Comme nous l'avons déjà vu, Wesley reçut l'idée de la prédication en plein air — c'est-à-dire essentiellement toute prédication faite en dehors de l'église — de George Whitefield. Les préjugés anglicans de Wesley l'ont tout d'abord incité à se méfier de cette pratique, mais quand il vit ses résultats, il abandonna ses préjugés et adopta la pratique. D'avril 1739 jusqu'à la fin de sa vie, les journaux de Wesley sont remplis de récits racontant ses voyages, les endroits où il a prêché et les grandes foules qui venaient l'écouter. Plus que tout le reste, c'est cette pratique qui donna à Wesley accès à un auditoire parmi les personnes les moins religieuses, les moins connectées aux structures de l'Église officielle et donc peut-être les plus ouvertes au «nouveau» message de Wesley sur le salut par grâce au moyen de la foi.

En commençant autour de Bristol à l'ouest de l'Angleterre, puis en 1742 au nord, à Leeds et Newcastle, Wesley prêcha partout où il pouvait trouver des personnes rassemblées, jusqu'à des milliers de personnes réunies en une seule occasion d'après son Journal. À Bristol, quand les personnes répondaient à son message, il les orientait vers des associations similaires à celles qu'il avait contribué à former à Londres. En un mois, la réponse était si forte que Wesley dut trouver un endroit où construire une structure permanente pour accueillir ces nouvelles réunions des associations. Bientôt, le mouvement méthodiste avait ses propres bâtiments.

Toutes les réponses ne furent pas positives, bien entendu, et Wesley rapporte dans l'édition publique de son Journal des agressions et des violences collectives pendant les quelques années suivantes. Une fois, un bœuf fut lâché sur les auditeurs à Pensford, mais les jets de pierres et d'objets divers étaient plus communs. Wesley portait plainte auprès des magistrats, se plaignant de leur incapacité à maintenir la paix; ses réunions en plein air étaient fortement critiquées par des pamphlets et des journaux mais les personnes étaient néanmoins réceptives et le mouvement méthodiste rassemblait toujours plus de monde.

## Le ministère laïc

Wesley savait qu'il ne pouvait, à lui seul, s'occuper de tous ceux qui venaient à la foi et prêcher à celles qui devaient encore faire le premier pas. En tant que ministre ordonné, il pensa d'abord qu'il suffirait que d'autres ministres du culte saisissent la vision de ce ministère évangélique et viennent lui prêter main forte. Cet espoir, cependant, s'avéra vain. Ainsi, afin de répondre aux besoins pratiques présentés par tant de personnes qui avaient besoin d'attention et de direction spirituelle, Wesley commença à donner des responsabilités à des laïcs afin de combler le vide que les ministres ne parvenaient pas à combler.

Tout comme dans le cas de la prédication en plein air, Wesley était tout d'abord contre l'idée de voir des personnes non ordonnées prêcher et enseigner. Quand un de ses assistants laïcs, en 1740, commença à prendre sur lui de prêcher à Londres pendant son absence, Wesley se plaignit apparemment à sa mère en disant: «J'apprends que Thomas Maxfield s'est fait prédicateur». Susanna, qui partageait bon nombre des positions de son fils issues du courant anglican de la haute église[1], répondit: «John, tu connais mes sentiments; tu ne peux pas t'attendre à ce que je soutienne d'emblée toute chose de ce genre; mais prends garde à ce que tu fais par rapport à ce jeune homme, car il est appelé à la prédication par Dieu tout autant que toi. Examine les fruits de sa prédication, et écoute-le.»[2] Une fois de plus, la pratique eut le dernier mot sur le préjugé et Wesley se réjouit plus tard de voir Dieu à l'œuvre hors des limites de l'Église d'Angleterre. Parmi les dirigeants laïcs de l'époque, on peut citer John Cennick à Bristol et Joseph Humphrey à Londres.

## Les petits groupes

Au début des années 1740, les groupes animés par ces laïcs se transformaient également en structures établies. Les premières associations méthodistes étaient très similaires aux associations religieuses non officielles qui s'étaient répandues en Angleterre pendant les cinquante années précédentes, inspirées au moins en partie par la tradition piétiste luthérienne et l'œuvre de Philip Jakob Spener.[3] Ces groupes se réunissaient pour écouter des réflexions sur la foi ou des expositions du texte biblique et pour prier. Ils étaient, comme les associations fondées par les Moraves, un supplément ordinaire à la vie religieuse offerte par les églises. Wesley voulait que ses associations soient ouvertes à quiconque voulait

---

[1]  La phrase «haute église» (*high church*) désigne les fidèles qui observent les éléments liturgiques de façon rigide.

[2]  «A Member of the Houses of Shirley and Hastings» [Un membre de la maison de Shirley et Hastings] de *The Life and Times of Selina Countess of Huntingdon*, [La vie et l'histoire de Selina, Comtesse de Huntingdon] vol. 1 (Londres: William Edward Painter, 1839), 34.

[3]  Le livre de Spener, *Pia Desideria*, (1675) soutenait ce qu'il appelait les «facultés de la piété», de petits groupes qui entretenaient la foi par la responsabilité et le soutien mutuel.

«fuir la colère à venir» et il les décrivait comme des groupes «ayant la forme de la piété et recherchant ce qui en fait la force.»[4]

En fin de compte, ces associations commencèrent à se subdiviser en plus petits groupes, à mesure que divers autres besoins communautaires et spirituels apparaissaient. En février 1742, pendant qu'il discutait de la manière de payer la dette du lieu de réunion de l'association de Bristol (appelé «New Room»), un homme suggéra que chacun donne un centime par semaine. Pour faciliter cet exercice de levée de fonds, toute l'association fut divisée en groupes de douze personnes appelés «classes» et chaque groupe se vit attribuer un responsable chargé de collecter l'argent du groupe. Alors qu'ils visitaient leurs membres pour recevoir ces cotisations, certains responsables de classes découvrirent des preuves de péché ou de comportements inappropriés; en effet, les responsables de classes avaient également la responsabilité pastorale de leurs membres. Ceci servait à la fois à renforcer la transparence au sein des groupes et à donner des responsabilités importantes aux laïcs au sein du groupe.

Puisque les besoins spirituels des divers membres du groupe étaient tous différents, d'autres subdivisions apparurent bientôt au sein de l'association. De plus petits groupes de personnes ayant les mêmes opinions et les mêmes statuts (hommes célibataires, par exemple, ou femmes mariées) furent également encouragés à se réunir pour s'apporter un soutien mutuel; tout comme Wesley l'avait fait lui-même dans le Club des saints à Oxford et comme il avait encouragé les autres à le faire dans son ministère, même en Géorgie. Ces groupes étaient généralement appelés «bandes». Dans certains endroits, une «association restreinte» apparut également; elle était composée des membres les plus avancés sur le plan spirituel, qui se réunissaient pour s'encourager les uns les autres à progresser en profondeur dans leur amour pour Dieu et leur service envers le prochain.

## La Conférence annuelle

Bientôt, le mouvement de Wesley avait grandi au point que celui-ci décida d'inclure d'autres personnes dans son équipe dirigeante, les consultant et travaillant avec eux sur des questions et des problématiques diverses. Ainsi en 1744, Wesley invita les autres ministres qui l'aidaient dans le mouvement à une conférence qui devint rapidement un exercice attendu et annuel. Les premières

---

[4]  *The Nature, Design and General Rules of the United Societies* [Nature, conception et règles générales des associations religieuses] §2 (9.69). Référence biblique : 2 Timothée 3.5.

conférences annuelles étaient composées simplement de ces personnes que Wesley invitait et dont il recherchait la contribution. Au début, il ne se rendit pas compte qu'il créait un nouveau niveau d'organisation pour le mouvement. Avec le recul, cependant, il finit par reconnaître que c'était exactement ce qui s'était passé.

L'anglicanisme de l'époque de Wesley était très décentralisé et statique. Son organe directeur central ne s'était pas réuni depuis un certain temps et les églises ou les diocèses n'étaient pas particulièrement convaincus qu'ils devaient travailler ensemble pour accomplir la mission de Dieu. Chaque paroisse fonctionnait, sous la direction de son évêque, de manière largement autonome. Le mouvement de Wesley, cependant, était dynamique et mû par un solide sens de la mission ; et c'est donc presque naturellement que se développèrent des structures pour maintenir tous les groupes dans la même direction. Bien que le mouvement commençât avec l'implication des autres ministres ordonnés, il inclut finalement des responsables laïcs également. Chaque année, les responsables méthodistes se réunissaient pour évaluer leur travail, nommer des prédicateurs pour les différents circuits d'associations et réfléchir ensemble sur les questions théologiques et pratiques qui leur semblaient importantes. Parmi les premières préoccupations, on peut citer les discussions sur le calvinisme et la nécessité d'une formation continue pour leur groupe de prédicateurs qui étaient pour la plupart inexpérimentés.

Bien que Wesley eût indubitablement une forte personnalité, le groupe semble avoir fonctionné de manière plutôt collégiale. C'était l'initiative de Wesley, après tout, qui avait réuni le groupe et il n'était pas logique de rassembler des personnes s'il ne voulait pas vraiment entendre ce qu'elles avaient à dire. Finalement, bien que cela prît des décennies, la Conférence annuelle devint le groupe ayant vocation à diriger le méthodisme, tout d'abord comme mouvement, puis comme dénomination à part entière après la mort de Wesley.

Plus que toute autre chose, c'est probablement l'organisation communautaire de Wesley qui permit à son mouvement de s'approfondir et de perdurer. D'autres prédicateurs proclamaient l'Évangile comme Wesley, mais ils ne nourrissaient pas toujours leurs convertis et n'organisaient pas leur travail. Vers la fin de sa vie, on dit que George Whitefield a reconnu cette faiblesse dans son propre ministère. Malgré ses grand succès dans l'évangélisation, il déclara : «Mon frère Wesley a agi avec sagesse. Il a rassemblé en classes les âmes qui ont été éveillées dans le cadre de son ministère et il a ainsi préservé les fruits de son labeur. C'est une chose que j'ai négligé et mes fidèles sont des châteaux de sable. »[5]

Parallèlement au développement des communautés, le méthodisme évoluait selon d'autres voies et laissait sa marque dans la société anglaise. Plusieurs des associations de Wesley, tout comme Wesley lui-même, manifestaient un grand intérêt pour l'aide aux pauvres et aux défavorisés. En 1746, l'association de Londres fonda un dispensaire médical pour aider les pauvres et, à peu près au même moment, Wesley publia — en tentant de dépenser le moins d'argent possible — sa collection de remèdes maison pour aider ceux qui ne pouvaient pas se payer les services d'un médecin. En 1748, Wesley et l'association de Bristol travaillèrent à la création d'une école à Kingswood pour les enfants des mineurs de charbon. Finalement, l'institution accueillera également les enfants des prédicateurs et cette école méthodiste existe toujours de nos jours.

Tous ces développements prennent un sens à la lumière des convictions profondes de Wesley sur la nature communautaire du christianisme et l'importance de l'amour actif pour Dieu et pour le prochain, des idées que nous développerons plus en détail dans la deuxième moitié de ce livre. Toutefois, certaines questions théologiques plus immédiates ont marqué le début de la croissance du mouvement et c'est vers ces questions que nous nous tournons maintenant.

## Les controverses théologiques

Parmi les populations religieuses d'Angleterre de l'époque, beaucoup voyaient d'un mauvais œil la croissance des associations méthodistes et le développement des idées méthodistes. Trois controverses ont particulièrement marqué les premières années de la participation de Wesley au Réveil évangélique et bien qu'elles se soient déroulées simultanément dans la vie de Wesley, nous les étudierons séparément pour plus de clarté. Tout d'abord, il y eut les disputes sur la nature de l'Église, apparues dans le contexte de l'Église d'Angleterre suite à ses méthodes peu orthodoxes mentionnées précédemment. Ensuite, il y eut une controverse avec les Moraves sur la nature de la foi, du doute et de la pratique de « l'immobilité ». Enfin, il y eut une controverse avec les Calvinistes du Réveil évangélique, principalement dirigés par George Whitefield, sur les doctrines de la prédestination et de la perfection chrétienne.

---

5    Joseph Beaumont Wakeley, *Anecdotes of the Rev. George Whitefield* [Anecdotes du Rev. George White-field] *M.A.* (Londres : Hodder and Stoughton, 1872), 219-220.

## Les conflits anglicans sur l'Église

Dès le tout début de ce mouvement, Wesley dut repousser les critiques de l'Église officielle concernant son message et les moyens par lesquels il le promouvait. Wesley insistait souvent sur le fait qu'il n'y avait rien de neuf dans son message sur le plan doctrinal,[6] mais peu de ses collègues anglicans partageaient cet avis. La liste des personnes qui écrivirent contre Wesley durant cette période est longue et éminente, allant d'importants évêques à un correspondant anonyme mais prévenant. Même son frère aîné, Samuel, s'opposa à lui. Leurs préoccupations portaient principalement sur les pratiques de Wesley et leurs implications sur le concept de l'église. Si l'on peut prêcher en plein air, à quoi donc servent les bâtiments ? Si les laïcs peuvent prêcher, à quoi donc sert l'ordination ? Si tout un chacun peut dire comme Wesley «Je considère le monde entier comme ma paroisse»[7], à quoi sert le système de maintien de l'ordre de l'Église d'Angleterre ? Et si la religion était réellement une affaire de sentiments personnels et de cœur de la personne, à quoi donc sert l'Église ?

Certaines de ces critiques provenaient d'une incompréhension et Wesley écrivit autant qu'il put pour éclaircir les choses, mais pas toujours avec succès. Pourtant, ses œuvres *Earnest Appeal to Men of Reason and Religion* [Appel sincère aux hommes de raison et de religion] (1743) et *Farther Appeal* [Second appel] (1744-45) comptent parmi les explications les plus claires sur le méthodisme et le christianisme et il y fera référence tout au long de sa vie. D'autres critiques cependant étaient justifiées, du moins du point de vue traditionnel de la religion anglicane, et la réponse de Wesley consistait simplement à souligner en quoi son approche était meilleure. Le travail de l'Église devait être de sauver des âmes et non de maintenir l'ordre. Une fois, Wesley s'est vu refuser l'autorisation de prêcher dans l'église de son père à Epworth et il finit par prêcher sur sa tombe. «Nul doute à mes yeux, écrit Wesley à propos de cet événement, que j'ai fait beaucoup plus de bien pour eux en prêchant pendant trois jours sur la tombe de mon père qu'en prêchant trois ans depuis sa chaire.»[8]

La question des sentiments religieux : certaines des premières réunions évangéliques de Wesley étaient ponctuées par des manifestations remarquables de personnes qui criaient ou gémissaient ou encore qui faisaient des crises d'hystérie. Finalement, de tels incidents disparurent et Wesley développa un

---

[6]   *Journal,* 13 septembre 1739 (19.96).

[7]   *Journal,* 11 juin 1739 (19.67).

[8]   Lettre à «John Smith» 25 mars 1747, §13 (26.237).

moyen plus nuancé d'équilibrer son souci d'une religion intérieure avec les structures externes conçues pour la promouvoir et la préserver. Il insistait toujours, cependant, sur le fait que ces sentiments et ces intuitions faisaient partie de la relation personnelle avec Dieu. En fait, c'étaient là les éléments qui manquaient souvent à la foi académique habituellement proposée par la tradition anglicane.

Wesley n'a jamais développé une relation apaisée avec les structures de son église d'origine. D'un autre côté, son église ne l'a jamais censuré officiellement ni expulsé et Wesley ne l'a jamais officiellement quittée. Bien que ces controverses précoces aient révélé certaines des faiblesses du système anglican, celles-ci ont également forcé Wesley à réfléchir sérieusement à son propre système. En fin de compte, les deux parties semblent avoir bénéficié de leurs interactions. Il n'est pas certain que cela soit vrai pour le deuxième ensemble de controverses que nous allons étudier, celles que Wesley a engagées avec les Moraves.

### Les conflits avec les Moraves sur la foi

Comme nous l'avons déjà mentionné, Wesley a vu sa foi évangélique interagir avec les Moraves et il a été marqué par leur exemple au point de leur rendre visite à Herrnhut. Cependant, nous avons également vu que, à son retour, il a commencé à comprendre que leur perspective sur la foi lui créait des problèmes à lui et à d'autres personnes, spécialement dans la société de Fetter-Lane. Au cours des deux années suivantes, les tensions entre Wesley et les Moraves ont augmenté et, en juillet 1740, il fut tout bonnement exclu de la société de Fetter-Lane. Avec d'autres anciens membres de l'association, dont la plupart étaient des femmes, Wesley déplaça son ministère dans une autre association qu'il avait fondée un an auparavant dans une fonderie de munitions désaffectée. La Fonderie deviendra ensuite le centre du ministère de Wesley à Londres pendant les quarante années suivantes.

Une fois exclu de la société de Fetter-Lane, la relation de Wesley avec les Moraves s'est encore dégradée, en particulier lorsqu'il finit par envoyer la lettre critique qu'il avait ébauchée à son retour de Herrnhut. Wesley continua à se sentir impressionné — avec un sentiment de ne pas être à la hauteur — par le parcours des Moraves comme Peter Bohler et August Spangenberg, mais il ne parvenait pas à être d'accord avec l'approche de la foi par le groupe dans son ensemble. En septembre 1741, Wesley rencontra le comte de Zinzendorf à Londres pour parler de leurs différences et il consigna la conversation, menée en latin, dans son journal intime.[9] Après cela, les méthodistes de Wesley et les Moraves de Zinzendorf avaient peu de choses en commun, mais les deux groupes continuaient à exercer un ministère basé sur les associations de Londres. Vers 1745, les relations étaient si froides entre les deux groupes que le comte de Zinzendorf niait même toute connexion entre eux.

Deux choses séparaient Wesley des Moraves. Tout d'abord, Wesley soutenait qu'il y avait des degrés de la foi et de la confiance en Dieu et que chaque degré de la foi apportait une plus grande liberté face à la peur et au doute. Les Moraves n'étaient pas de cet avis. Pour eux, la foi était une proposition à prendre ou à laisser. Si une personne a un doute, quel qu'il soit, alors elle n'a pas la foi du tout. Alors que Wesley soulignait le côté progressif de la croissance personnelle dans la grâce, les Moraves insistaient sur le fait que tout se passait en un instant et que le nouveau croyant recevait à ce moment-là tout ce qu'il devait recevoir de la part de Dieu. Wesley considérait que cette opinion nuisait à la poursuite de la sainteté et qu'elle était incompatible avec sa propre expérience et donc, il la rejetait.

Deuxièmement, ils n'étaient pas d'accord sur la manière dont une personne reçoit cette foi de la part de Dieu. Étant donné leur orientation vers l'œuvre instantanée de Dieu, les Moraves pensaient que la meilleure manière de se préparer à recevoir le don de la foi de Dieu était de renoncer à tous les moyens d'essayer de l'obtenir par soi-même. Au lieu de lire la Bible, de participer à la Sainte Cène et de tenter de vivre une vie chrétienne dans le monde, les Moraves insistaient sur le fait qu'il suffit à l'être humain de rester «immobile» et d'attendre passivement la manifestation de Dieu. Puisqu'ils estimaient qu'il était impossible de réaliser des actes religieux sans compter sur ces actes pour son salut, ils encourageaient leurs membres à ne pas lire la Bible, à ne pas prier et à ne pas participer à la Sainte Cène tant que Dieu ne leur avait pas donné la foi.

Étant donné sa propre lutte hésitante sur le chemin de la foi, Wesley aurait facilement pu se ranger à l'avis des Moraves et considérer toutes ses propres batailles comme inutiles tant que Dieu ne lui avait pas accordé la foi. Pourtant, Wesley ressentait exactement le contraire. Il considérait tous ses faibles efforts vers la foi, sa tentative de mettre en pratique les vertus chrétiennes, sa lecture de la Bible, son intérêt pour les moyens de la grâce, comme les moyens mêmes que Dieu utilisait pour réaliser le travail d'approfondissement dans sa propre vie.

---

[9]   *Journal,* 3 septembre 1741 (19.211-15).

Quand il observait les vies de ceux qui suivaient effectivement la doctrine des Moraves — ceux qui restaient «immobiles» et attendaient que Dieu leur donne la foi — il constatait qu'ils devenaient souvent froids et qu'ils s'éloignaient de Dieu au lieu de s'en rapprocher. Encore une fois, c'est à travers ses tentatives de vivre sa foi au grand jour que Wesley détermina quelles idées étaient efficaces et quelles idées ne fonctionnaient pas.

## Les conflits avec les Calvinistes sur la foi

La troisième controverse majeure qui occupa Wesley pendant la première partie des années 1740 était son débat avec les Calvinistes. Comme nous l'avons vu dans le chapitre précédent, cela a commencé avec la publication du sermon «*Free Grace*» [La libre grâce] en 1739. Ce sermon s'opposait à la notion calviniste de prédestination en soulignant la notion arminienne (ou catholique) selon laquelle Dieu offre sa grâce à tout un chacun. Il ne s'agissait pas d'un désaccord mineur. En effet, les deux parties considéraient que les fondements mêmes de l'Évangile étaient en jeu. Pour Wesley, la grâce libre visait à susciter une réponse libre et aimante de la part des humains, les amenant à rechercher la sainteté, qui était ce que Christ était venu établir. Pour les Calvinistes, tout accent mis sur la liberté était un reniement de la puissance de la grâce dans le salut, dérobant à Dieu la gloire qui est due à Dieu seul en tant qu'auteur unique du salut et dont la grâce est totalement suffisante. En fait, les idées de Wesley semblaient soutenir une justification par les œuvres et rejeter la croyance protestante fondamentale de la justification par la foi. Ni Wesley ni Whitefield ne voulaient d'une controverse publique, mais il y avait peu de chances de maintenir un si grand désaccord dans le domaine privé.

Whitefield attendit presque deux ans pour répondre à «*Free Grace*» [La libre grâce]. Finalement, quelqu'un publia une lettre de Whitefield qu'il avait écrite à Wesley — mais qu'il n'avait jamais envoyée — et la distribua aux membres de l'association de la Fonderie au début de l'année 1741. Déclarant que la lettre devrait être considérée comme une correspondance privée, Wesley encouragea ses disciples à la déchirer. Ce rejet public des préoccupations de Whitefield le mit dans une telle colère qu'il publia lui-même une critique soutenue de Wesley en mars 1741 intitulée *A Letter to the Rev. Mr. John Wesley in Answer to his Sermon entitled "Free Grace*» [*Une lettre au pasteur John Wesley en réponse à son sermon intitulé «La libre grâce»*]. Wesley répondit en abrégeant quelques œuvres déjà publiées qui exposaient sa position contre la prédestination et en les distribuant à ses partisans et à ceux de Whitefield.[10] La lettre de Whitefield poussa également Susanna Wesley à écrire sa seule œuvre publiée, une défense anonyme de la théologie et du ministère de Wesley.

Une fois que cette agitation sur l'activité théologique se fut apaisée, Wesley et Whitefield tentèrent de conserver des relations cordiales et de coopérer autant que possible dans le travail du Réveil évangélique. Vers la fin des années 1740, ils étaient à nouveau en bons termes bien que la controverse entre eux ne soit nullement terminée. Ils étaient tous deux liés par leur amitié avec Selina Hastings, comtesse de Huntingdon, avec qui Wesley commença à correspondre en 1741. Huntingdon était une femme remarquable et accomplie ; elle deviendra la plus grande supportrice de la frange calviniste du Réveil évangélique au cours des décennies suivantes, ce qui entraînera encore d'autres conflits avec Wesley.

## Développements personnels

Au milieu de ces controverses, la vie personnelle de Wesley se développait également alors qu'il réagissait aux conflits et aux événements autour de lui. Quelquefois, il enregistrait ses réactions dans son journal intime ; en d'autres occasions, nous ne pouvons que spéculer quand à ses sentiments par rapport à ces événements. Quoi qu'il en soit, il est important de partager ses épreuves personnelles si nous voulons voir Wesley comme une personne et non juste comme l'emblématique fondateur du méthodisme et le champion de la théologie arminienne. Bien qu'il connût un certain succès dans son ministère théologique et pratique, sa vie personnelle pendant ces quelques décennies était plus souvent marquée par des déceptions et des pertes.

### *Pertes familiales*

La décennie commença de manière difficile pour la famille de Wesley. En effet, il perdit son frère aîné, sa jeune sœur et sa mère en moins de trois ans. Samuel Wesley fils, qui était le mieux établi des enfants Wesley — celui, apparemment, qui prêtait de l'argent au reste de la famille — décéda de manière inattendue le 6 novembre 1739. Wesley nota dans son Journal que sa belle-sœur était plongée dans un deuil profond mais que lui et son frère Charles se

---

[10] Y compris : *A Dialogue Between a Predestinarian and His Friend* [Dialogue entre un partisan de la prédestination et son ami] que Wesley a revendiqué comme son œuvre originale mais qui semble s'appuyer sur l'œuvre de Thomas Grantham intitulée *A Dialogue Between a Presbyterian and a Baptist* [Dialogue entre un presbytérien et un baptiste] (1691).

réjouissaient parce que leur frère avait finalement trouvé cette assurance de la foi en Christ qu'ils prêchaient mais à laquelle il avait tout d'abord résisté.

Seize mois plus tard, le 9 mars 1741, la jeune sœur de Wesley, Kezia, décéda elle aussi dans la trentaine. Wesley apprit ces événements par Charles, qui rapporta que sa fin avait été paisible même si sa vie avait été écourtée. John ne fait aucun commentaire dans son Journal à cette époque, mais dans des lettres écrites plus tard à son beau frère Westley Hall, il l'accuse de la mort de sa sœur. Hall s'était fiancé à Kezia avant de rompre son engagement et d'épouser une autre sœur Wesley, Martha, en 1735. Wesley croyait que le choc émotionnel que Kezia avait reçu après avoir été abandonnée avait détérioré sa santé et entraîné sa mort.[11]

Puis, en juillet 1742, Susanna Wesley décéda dans son appartement à la Fonderie. La santé de Susanna n'avait jamais été très bonne. Elle s'était dégradée au fil des années, jusqu'à sa mort. Depuis 1740, elle vivait avec John à la Fonderie, où elle profitait de la compagnie, par intermittence, de tous ses enfants encore en vie. Elle note toutefois dans une lettre à Charles qu'elle ne les voyait pas aussi souvent qu'elle l'aurait souhaité.[12] Tous sauf Charles, qui était en voyage d'affaire, étaient présents dans ses derniers instants et elle leur demanda de chanter un chant de louange à Dieu quand elle serait enfin en paix. Wesley rapporte son décès dans son Journal le 30 juillet 1742, avec une épitaphe poétique écrite par Charles célébrant sa propre expérience par laquelle elle avait trouvé l'assurance de la foi.[13]

Bien que Wesley fût probablement affecté par ces pertes sur le plan personnel ou émotionnel, il ne les laissa pas interférer avec ses activités évangéliques. Comme nous l'avons vu plus haut, il consacra les années suivantes à prêcher partout où il avait l'occasion de le faire et à organiser et entretenir les associations qui avaient été créées au cours de ces prédications. Il sembla se satisfaire d'une vie de célibataire jusqu'à la fin de la décennie. Puis, dix ans après l'échec de sa relation avec Sophy Hopkey, Wesley développa à nouveau des sentiments romantiques. Malheureusement, cette histoire aussi allait aboutir à des désillu-

---

[11]    Lettres à Westley Hall, 18 août 1743 (26.103) et 22 décembre 1747 (26.269-73).

[12]    *Susanna Wesley*, 180.

[13]    La mort de Susanna a certainement eu lieu le 30 juillet 1742, comme cela est mentionné dans le *Journal* de Wesley (19.283) et dans ses lettres (26.83, 25). Cependant, la pierre tombale de Susanna mentionne inexplicablement le 23 juillet 1742, c'est pourquoi on retrouve souvent la référence à cette date.

sions et des souffrances. Si l'on en croit le récit de Wesley — et c'est le seul récit dont nous disposons — voilà ce qu'il s'est passé.[14]

## Tragédie romantique

En août 1748, Wesley prêchait à Newcastle quand il tomba malade. Il fut soigné jusqu'à la guérison par Grace Murray. C'était exactement ainsi que sa relation avec Sophy avait commencé. Grace était une jeune veuve qui travaillait dans un orphelinat dirigé par des Méthodistes et dont le travail était de s'occuper des «prédicateurs malades et usés». Wesley développa une attirance envers elle et partagea ses sentiments en ces termes : «Si je me marie un jour, je pense que vous serez la bonne personne». Grace fut flattée et honorée et elle semblait lui rendre cette affection. Elle l'accompagna ensuite dans sa petite tournée de prédication, après quoi il la laissa aux bons soins d'un de ses assistants, John Bennet. Peu de temps après, Wesley reçut deux lettres. Une de la part de Bennet, demandant à Wesley la permission d'épouser Grace. La deuxième lettre était de Grace qui disait, qu'à son avis, un mariage avec Bennet était «la volonté de Dieu».

Wesley était profondément confus, probablement blessé. Étant donné la rapidité avec laquelle on se mariait à l'époque et la lenteur de la poste, il en conclut qu'ils étaient déjà mariés. Il leur envoya ce qu'il appela une «réponse douce» et tenta d'oublier toute cette histoire. Le mariage n'eut cependant jamais lieu. A l'été 1749, Grace était à nouveau avec Wesley et, cette fois, elle travaillait avec lui pendant sa tournée de prédication en Irlande. Pendant ce temps, leur affection mutuelle a dû se ranimer et s'approfondir car Wesley rapporte qu'ils entamèrent un contrat de mariage verbal quasi-juridique. Quand ils retournèrent en Angleterre cependant, Grace entendit des rumeurs sur l'engagement de Wesley avec une autre femme et écrivit une lettre d'amour à John Bennet dans un accès de jalousie. Cela ranima la passion de Bennet pour Grace et elle se retrouva déchirée entre deux hommes.

Wesley confronta Grace sur la question en septembre 1749 et elle lui assura qu'elle le choisirait à la place de Bennet. Wesley écrivit à Bennet à ce sujet, mais la lettre ne lui fut jamais remise. Cependant, la copie de la lettre que possédait Charles, fut effectivement remise et entraîna de terribles conséquences, comme

---

[14] Cette information provient du journal intime de Wesley. L'édition publique de son *Journal* ne mentionne jamais l'incident. La plupart des textes pertinents de ce journal intime se trouvent dans l'œuvre de Richard P. Heitzenrater, *The Elusive Mr. Wesley* [L'insaisissable M. Wesley] 2ème éd. (Nashville : Abingdon, 2003), 166-176.

nous le verrons plus tard. Entre temps, Wesley continua à lutter avec la convenance de ses propres actions et affections, mais en arriva à la conclusion qu'il était convenable pour lui de se marier et que Grace était la femme qu'il lui fallait. Ces pensées, il les écrivit aussi et les envoya dans une lettre à son frère.

Quand Charles Wesley, qui s'était marié un peu plus tôt cette année-là, reçut ces lettres, il fut scandalisé. Malgré les arguments de son frère soutenant le contraire, Charles avait le sentiment que tout s'écroulerait si Wesley épousait Grace. C'était une domestique — elle appartenait donc à une classe bien inférieure à celle de Wesley — et Charles croyait qu'elle était en fait déjà mariée à Bennet, ou tout au moins légalement fiancée, de sorte qu'elle n'était plus une femme libre. Pour épargner le déshonneur au mouvement méthodiste et éviter à son frère de commettre une folie, Charles se rendit à Newgate. Se fondant sur d'autres rumeurs qui confirmaient ses soupçons, Charles emmena personnellement Grace auprès de Bennet et s'assura que les deux se mariaient officiellement le 3 octobre 1749.

Quand Wesley apprit cela, il fut sous le choc. Quelques jours plus tard, après avoir revu son frère, Charles renonça à toute interaction avec lui, mais Wesley dit qu'il ne ressentait aucune colère. Le rejet de son frère «ne faisait qu'ajouter une goutte d'eau à un homme qui se noie». Grace déclara plus tard qu'elle avait pensé que Charles était venu la chercher pour qu'elle épouse Wesley. Elle n'accepta d'épouser Bennet que lorsqu'elle apprit que Wesley ne voulait plus rien avoir à faire avec elle. Le mal était fait et Wesley n'aura pratiquement plus de contact avec elle après cela. A peine quelques jours plus tard, dans une lettre à un ami, il écrivit: «Depuis l'âge de six ans, je n'ai jamais vécu une épreuve aussi dure que celle que je vis ces derniers jours.»[15] Avec un sens aigu de sa propre malchance, il écrivit dans son journal intime: «On a rarement vu une telle situation depuis le commencement du monde». Ses lettres suivantes à Bennet sont clairement chargées d'émotion, et même si elles offrent le pardon, elles montrent quand même à quel point Wesley avait été blessé.[16]

Ainsi, une décennie qui avait commencé avec une controverse publique et qui avait connu tant de développements positifs dans le mouvement méthodiste se termina en tragédie privée et en désaccord entre Wesley et son frère qui ne fut pas rapidement surmonté. La décision de Wesley de se marier, cependant, ne changea pas. Il la concrétisa à peine un an plus tard, bien que le résultat

---

[15]   Lettre à Thomas Bigg, 7 octobre 1749 (26.389).

[16]   Lettres à John Bennet, du 10 octobre 1749 au 2 janvier 1750 (26.389-96, *passim*).

suffise à se demander si cette décision était bien sage. Nous reviendrons sur cette histoire lorsque nous entamerons la décennie suivante.

# VI

# S'installer et aller de l'avant (1750-1769)

À partir de là, nous reprenons le rythme de notre étude de la vie de Wesley. Cela ne signifie pas que la dernière moitié de la vie de Wesley était moins active comparée avec la première. Wesley continua à voyager et à prêcher jusqu'à un an avant sa mort. Il continua à écrire et à publier ses ouvrages qui furent autant d'outils pour son mouvement, à développer ses idées et à répondre aux controverses. Mais à partir de 1750, le cours général de sa vie est établi et son activité reste très cohérente avec le modèle établi dans les années 1740.

Le Journal de Wesley au cours de ces vingt années se lit comme un carnet de voyage, au fil de ses diverses visites des villes d'Angleterre et d'Irlande. Partout où il se rend, il prêche en plein air et s'implique dans les diverses associations méthodistes qu'il rencontre. En dehors de ces activités, il lit — généralement lorsqu'il est à cheval — il écrit et il publie des ouvrages. Pour citer un exemple représentatif, nous voyons Wesley, alors qu'il attend le retour de la marée au cours d'un voyage en Irlande, traduire un manuel sur la logique à partir du latin. Ce manuel était destiné à ses prédicateurs et à l'école de Kingswood. Avant cela, il travaillait sur une grammaire française et, après le voyage, il publia une brève introduction à l'histoire romaine.[1] Vers 1750, Wesley avait déjà publié une grande collection d'extraits d'œuvres de dévotion qu'il avait intitulée *The Christian Library* [La bibliothèque chrétienne], ce qui permis à ses fidèles

---

[1]    Voir les textes du *Journal* datés du 6 et du 24 mars et du 11 octobre 1750 (20.323, 325, 363).

d'accéder plus facilement à des ouvrages spirituels et il poursuivit ce type de travail au cours des années 1750 et 1760 également. Les évaluations positives de la vie de Wesley vantent souvent son énergie et son entrain apparemment sans limites. Les commentaires moins favorables le dépeignent souvent comme un bourreau de travail exigeant. Quoi qu'il en soit, il est indéniable que ces années ont été très actives et productives pour le ministère de Wesley.

Au milieu de ce schéma continu de prédication, de travail en association, de lecture et d'écriture, on peut noter un certain nombre de nouveaux développements et c'est sur ces développements que nous allons nous concentrer dans la suite de notre voyage à travers la vie de Wesley. Nous commencerons là où nous nous sommes arrêtés au dernier chapitre, retraçant la vie personnelle de Wesley à travers les décennies de 1750 et 1760. Nous nous intéresserons ensuite aux controverses théologiques en cours, principalement avec les Calvinistes, sur les questions qui ne cessaient de les réunir et de les séparer. Enfin, nous verrons comment le méthodisme continua à se développer en tant que mouvement et institution, un mouvement avec une relation de plus en plus controversée avec son église mère.

## Vie personnelle

Pendant ce temps, Wesley s'était étroitement lié à la famille de Vincent Perronet, vicaire de Shoreham, qui se trouve à environ vingt miles au sud de Londres. Ses fils, Charles et Edward, étaient devenus prédicateurs méthodistes. Par leur intermédiaire, Wesley rencontra une veuve d'âge mûr du nom de Mary Vazeille. Vazeille avait été mariée à un prospère marchand londonien, qui, à sa mort, lui avait laissé assez d'argent pour vivre une vie aisée selon les critères de l'époque. Charles Wesley la décrit, après l'avoir rencontrée, comme une «femme à l'humeur triste»[2] mais quelque chose avait attiré l'attention de Wesley. Il entretenait avec elle une relation épistolaire et pastorale pendant qu'il prêchait encore en Irlande à la fin du printemps et au début de l'été 1750. Toutefois, quelques temps après son retour, il commença à la considérer comme une compagne potentielle. Cela faisait seulement un an que sa relation romantique avec Grace Murray avait pris fin de manière tragique, mais Wesley était apparemment encore convaincu dans sa logique qu'il valait mieux pour lui se marier que de rester célibataire.

---

2   Charles Wesley, *The Journal of Charles Wesley* [Le journal de Charles Wesley] 2 vol. (Grand Rapids, Michigan : Baker Books, 1980), 2.62).

Wesley mentionne peu cette relation dans l'édition publique de son Journal, donc nous ne savons pas beaucoup de choses sur leur relation durant la fin de l'automne et le début de l'hiver 1750 à 1751. Nous savons que Wesley a consulté quelques amis sur la pertinence de cette relation épistolaire — plus particulièrement Perronet, qui donna son approbation complète. Cependant, nous savons aussi que Wesley ne suivait pas ses propres règles pour le mariage des prédicateurs méthodistes, qui exigeaient que de telles unions soient approuvées par les associations parmi lesquelles le prédicateur travaillait. Wesley informa simplement son frère qu'il avait l'intention de se marier et ne lui dit pas avec qui, peut-être parce qu'il craignait que se répète la malheureuse intervention de Charles.

Le 9 février 1751, Wesley et Mary signèrent un accord prénuptial qui stipulait que sa fortune héritée reviendrait à ses enfants et non à Wesley. Le jour suivant, Wesley fit une mauvaise chute sur la glace alors qu'il marchait sur le pont de Londres et se retrouva en convalescence pendant une semaine chez Mary. À peine un peu plus d'une semaine plus tard, le 18 ou le 19 février,[3] ils étaient mariés. Wesley ne mentionne rien sur cet événement dans son Journal.

Les lettres entre John et Mary Wesley démontrent une affection réelle entre eux, mais elles montrent aussi clairement que John n'avait aucunement l'intention de changer sa vie de prédicateur itinérant maintenant qu'il était marié. Sa correspondance contient autant d'instructions pour un partenariat dans les affaires ou dans le ministère, que pour des sentiments romantiques. Dans la première lettre existante dont nous disposons, Wesley lui dit: «Ma chère, ne sois pas en colère parce que je te donne tant de travail. Je veux que tu remplisses ta vie avec l'œuvre de la foi et de l'amour».[4] L'ami et le biographe compatissant de Wesley, Henry Moore, nota que «Il [Wesley] m'a dit plus d'une fois qu'il était convenu entre lui et M^me Wesley avant leur mariage qu'il ne prêcherait pas un seul sermon de moins, ni ne parcourrait un seul mile de moins, du fait de leurs nocespour cette raison. «Si je pensais que c'était le cas, dit-il, ma chère, bien que je vous aime, je ne vous reverrais plus jamais de ma vie»».[5]

---

[3]   Les deux avis de mariage de Wesley, dans le *Gentleman's Magazine* et dans *London Magazine*, donnent des dates différentes.

[4]   Lettre à Mary Wesley, 11 mars 1751 (26.451).

[5]   Henry Moore, *The Life of the Rev. John Wesley* [La vie du Rév. John Wesley] A.M., vol. 2 (New York: Bangs et Emory, 1826), 104.

Malgré cet aspect entrepreneurial de leur relation, Mary et John Wesley semblent s'être très bien entendus au début. Quand il était assez malade en novembre 1753 pour écrire sa propre épitaphe, Mary le soigna jusqu'à ce qu'il fut rétabli.[6] Pendant ses voyages, soit elle l'accompagnait soit elle restait en contact avec lui par l'intermédiaire des correspondances. Cependant, sa femme n'était pas sa seule correspondante féminine et cela lui causa des problèmes pendant tout le reste de son mariage.

En 1754, une jeune femme au passé mouvementé se convertit sous le ministère de Wesley. Son nom était Sarah Ryan. En 1757, Wesley l'employa comme gouvernante à Kingswood et entama une correspondance régulière avec elle. Bien qu'il n'y ait rien de particulièrement scandaleux dans ces lettres, elles indiquent que Wesley et Ryan entretenait une amitié affectueuse et pastorale. Quand Mary Wesley ouvrit l'une des lettres de Sarah à son mari, elle devint assez jalouse pour quitter son mari, jurant de ne jamais revenir.

Mary revint auprès de lui quelques jours plus tard, mais la relation entre Wesley et sa femme fut tumultueuse durant les quelques années qui suivirent. Elle l'accusa de négligence et apparemment, elle fit irruption dans son bureau fermé à clé pour s'emparer de sa correspondance. Wesley l'accusa ensuite de montrer des documents compromettant à ses détracteurs.

Ces querelles domestiques finirent par se calmer et, vers 1763, Wesley fait les louanges de sa femme dans des lettres écrites à son frère.[7] Cette relation plus heureuse semble avoir persisté tout au long de l'année 1768, mais cela ne devait pas durer.

Mary Wesley tomba gravement malade en aout 1768, si malade qu'on pensa qu'elle pourrait mourir. En entendant cela, Wesley retourna à Londres pour la voir. Cependant, une fois qu'il se rendit compte que sa vie n'était pas en danger — ce qui lui prit apparemment à peine une heure de visite — il retourna à la Conférence annuelle en cours à Bristol. Il semble que Wesley s'inquiétait réellement pour sa femme, mais son travail exigeait plus de temps et d'actions de sa part. En quelques mois, Mary décida qu'elle ne pouvait pas vivre avec ces priorités et elle le quitta pour aller vivre avec sa fille à Newcastle.

Wesley n'était pas le seul membre de sa famille à avoir des difficultés conjugales pendant ces décennies. Vers 1755, le mari de la sœur de Martha, le pasteur Westley Hall, quitta sa femme pour aller à la Barbade avec une maîtresse.

---

[6]    Lettre à Mary Wesley, 5 septembre 1768 (Telford 5.105).

[7]    Lettres à Charles Wesley, 5 janvier 1763 (Telford 4.200) et 9 juillet 1766 (Telford 5.21).

Cela poussa Wesley et son frère Charles à s'occuper du fils de Hall, leur neveu. Malheureusement, le garçon ne vécut que peu de temps, mourant au jeune âge de quatorze ans. Dans le même temps, Wesley s'occupait aussi d'un autre membre de la famille du nom de Suky Hare, qui semble avoir été l'enfant illégitime du pasteur Hall. De ses lettres, nous voyons que les problèmes conjugaux de sa sœur perturbaient aussi Wesley.

Sur une note plus joyeuse, ces décennies ont vu Wesley se lier d'amitié avec un jeune immigrant suisse du nom de John Fletcher. Chez ce jeune homme, le mouvement méthodiste trouva à la fois un excellent exemple de ses idéaux en tant que mouvement revivaliste au sein de l'Église d'Angleterre mais aussi son premier théologien créatif hormis les frères Wesley eux-mêmes. Fletcher était né en 1729 en Suisse. Il avait étudié à l'université résolument calviniste de Genève et s'était rendu à Londres en 1752 pour devenir le précepteur d'une famille aisée. Après avoir entendu une prédicatrice de rue, il chercha à contacter les Méthodistes et se mit rapidement à fréquenter John et Charles Wesley. Il écoutait les prédications de Wesley à la Fonderie et il vécut sa propre conversion évangélique. Sentant un appel au ministère paroissial, il fut ordonné dans l'Église d'Angleterre en 1757. Il déclina un poste prospère dans une église huppée pour exercer son ministère plutôt dans une zone pauvre appelée Madeley, où il exercera toute sa vie. Fletcher deviendra le principal défenseur de la théologie de Wesley dans les controverses des années 1770 et son choix personnel en tant que successeur pour guider les Méthodistes.

## Controverse théologique

D'une part, la vie privée de Wesley avait ses hauts et ses bas dans les années 1750 et 1760 et, d'autre part, il était aussi engagé dans bon nombre de controverses publiques, principalement avec les Calvinistes concernant la prédestination et la sainteté. Wesley et Whitefield tentèrent d'entretenir une amitié malgré les problèmes qui se dressaient entre eux et leur désir de coopération leur permit de contenir la controverse jusqu'à la mort de Whitefield. En août 1749, Whitefield et d'autres Méthodistes calvinistes se rencontrèrent et établirent un protocole d'entente privé dans lequel ils promirent de ne pas se dénigrer les uns les autres, de se concentrer sur leurs convictions communes et d'éviter les controverses inutiles. Le Journal de Wesley, dans les mois suivants, montre une tentative délibérée de conserver ce front commun. Par exemple, Wesley se rendit à Leeds en octobre 1749 pour prêcher avec Whitefield et ils travaillèrent ensemble dans la chapelle de Lady Huntingdon au début des années 1750.

Les tensions sont apparemment apparues au début des années 1750. Wesley publia son long tract intitulé *Predestination Calmly Considered [La prédestination considérée calmement]*, ce qui suggère que la question était à nouveau devenue un sujet de discorde. Il envoya également à Whitefield une lettre bien sentie en mai 1753, sous-entendant que Whitefield était à l'origine de certaines dissensions parmi les Méthodistes de Wesley. Après cela, cependant, les interventions de Wesley dans les débats concernant le calvinisme étaient adressées à d'autres interlocuteurs. Parmi eux, le plus remarquable était James Hervey (et ses défenseurs) avec qui Wesley s'opposa par un échange de pamphlets aux titres toujours plus laborieux, vers la fin des années 1750 et le début de la décennie suivante.

Toute l'œuvre de Wesley n'était pas controversée à cette époque, bien que les questions soulevées par ses débats avec les Calvinistes dominassent encore ses productions littéraires. Quelquefois, il travaillait sur des thèmes sur lesquels ils étaient en accord, comme dans le cas de la publication de son œuvre théologique la plus ciblée, *The Doctrine of Original Sin, According to Scripture, Reason and Experience* [La doctrine du péché originel selon les Écritures, la raison et l'expérience] (1757). Plus souvent, cependant, la théologie en maturation de Wesley l'éloignait toujours un peu plus des positions calvinistes, particulièrement lorsque ces idées pouvaient, selon lui, entraver directement la vie chrétienne. On peut le constater dans son attaque acerbe de l'idée que la grâce nous dispense d'avoir à obéir à la loi intitulée "*A Blow At the Root: or Christ Stabbed in the House of his Friends*» [Un coup à la racine : Christ poignardé dans la maison de ses amis] (1762). On peut également le constater à travers son inébranlable promotion de l'idée que la grâce de Dieu produit la sainteté et non juste le pardon, par exemple dans l'important sermon intitulé "*The Lord our Righteousness*» [Le Seigneur, notre justice] en 1765 et, plus spécialement, dans son livre à l'immense influence, *A Plain Account of Christian Perfection* [Une exposition claire et simple de la perfection chrétienne] en 1766.

Même si ces débats continus sur les idées calvinistes montraient que Wesley se souciait de la qualité de sa théologie, sa relation personnelle avec Whitefield suggère qu'il était encore davantage préoccupé par le travail d'évangélisation en cours. À partir 1755, Wesley parle de sa relation avec Whitefield, particulièrement dans l'édition publique de son Journal, uniquement en termes positifs et il se donne beaucoup de peine pour montrer que Whitefield et lui sont partenaires, œuvrant dans la même direction. À l'occasion, et un peu triomphalement, Wesley remarquait à quel point Whitefield semblait plus âgé — alors que Wesley était son aîné de dix ans — mais malgré cela, la haute considération de

Wesley pour son partenaire revivaliste et rival théologique était claire. Leur bonne relation mutuelle était de notoriété publique et c'est ainsi que Wesley fut invité à prêcher le sermon des funérailles de Whitefield à la mort de ce dernier en 1770. Wesley résolut publiquement de ne dire que du bien de l'homme après sa mort.

L'esprit d'œcuménisme qui prévalait entre les deux hommes, cependant, n'a jamais atteint un niveau institutionnel. Pendant ces décennies, les Méthodistes calvinistes avaient leurs propres chapelles et prédicateurs tandis que les Méthodistes de Wesley avaient les leurs. Au milieu des années 1760, Wesley fit des tentatives délibérées pour augmenter leur coopération en envoyant des lettres personnelles et finalement une annonce publique. Voyant que seuls trois prédicateurs avaient répondu, Wesley abandonna cet effort.

Cependant, en 1768 la comtesse de Huntingdon décida de créer un institut privé de formation des prédicateurs au sud du Pays de Galles dans une région appelée Trevecca, où elle pourrait financer personnellement la formation de jeunes hommes pieux pour le ministère. Wesley soutenait cette idée. Son bon ami Fletcher fut nommé surintendant de l'école et l'un de ses enseignants de l'école Kingswood fut bientôt nommé proviseur. Cela semblait être le début d'une nouvelle période de coopération entre les Méthodistes wesleyens et les Méthodistes calvinistes, mais cela ne devait pas durer. Au début de la décennie suivante, avec la mort de Whitefield et la publication du procès-verbal de la Conférence annuelle de 1770, tout ceci allait s'effondrer.

## Les développements du méthodisme

Au milieu des bouleversements personnels et des controverses incessantes, Wesley continuait à guider sa branche du Réveil évangélique en cours. Son intention avait toujours été d'encourager une religion intérieure et empirique qui susciterait une sainteté extérieure au sein de l'Église d'Angleterre. Toutefois, dès que le mouvement de Wesley devint plus organisé, les contrastes entre le méthodisme et l'Église d'Angleterre devinrent assez importants pour entraîner des discussions sur l'idée de la quitter et de créer une toute nouvelle église. Wesley résista à ce choix radical, mais ses opinions sur l'église et le ministère continuèrent à évoluer de manière à justifier de nombreux changements plus modestes, qui l'éloignaient toujours un peu plus de l'église mère du méthodisme.

Comme nous l'avons vu à propos de son séjour à Oxford et de son ministère en Géorgie, Wesley avait commencé avec un solide ensemble de principes du courant anglican de la haute Église, des principes qui mettaient un fort accent

71

sur une forme et un comportement adéquats et conformes aux normes de l'église. Petit à petit, cependant, Wesley commença à accorder la priorité à l'œuvre du ministère et aux objectifs de l'Évangile plutôt qu'aux structures formelles de l'église. La tension qui se développa dans les années 1750 et 1760 entre la vision idéalisée qu'avait Wesley de l'Église d'Angleterre et sa transgression persistante dans la pratique de ses normes institutionnelles sera caractéristique de Wesley jusqu'à la fin de sa vie.

D'une part, à la fin des années 1740, Wesley publia deux œuvres qui tentaient de décrire la singularité de l'identité méthodiste — laquelle prétendait restaurer un christianisme véritable et scripturaire dans l'Église d'Angleterre et non pas établir une identité distincte de l'Église d'Angleterre. D'autre part, les lectures de Wesley lui donnaient des raisons de croire que les structures institutionnelles sur lesquelles se basait l'identité de l'Église d'Angleterre — et contre lesquelles le mouvement de Wesley luttait très souvent — n'étaient pas aussi bien ancrées qu'il le croyait. En 1741, Wesley lut l'œuvre intitulée *An Enquiry into the Constitution, Discipline, Unity, and Worship of the Primitive Church* [Une enquête sur la constitution, la discipline, l'unité et l'adoration dans l'église primitive] de Peter King. Ce livre prétendait que la distinction fondamentale entre un évêque et un ancien — une distinction sur laquelle un important pouvoir politique était basé dans l'église — n'était pas biblique. En 1750, Wesley lut une œuvre de John Lacy qui le convainquit que les disciples de Montanus — un leader charismatique de la fin du deuxième siècle, qui sera finalement qualifié d'hérétique par l'Église — étaient de «vrais Chrétiens qui marchaient selon les Écritures».[8] Les suspicions de Wesley concernant l'adéquation de l'église institutionnelle furent finalement confirmées par sa lecture de deux auteurs : Richard Baxter en 1754 et Edward Stillingfleet, l'année suivante.

Wesley croyait de plus en plus que la mission de l'Église — sauver des âmes et aider les fidèles à être saints — était plus importante que ses structures formelles et ainsi la question de la séparation d'avec l'Église d'Angleterre devint plus pressante. Le principal problème était de savoir si oui ou non les prédicateurs méthodistes, voire les laïcs, pouvaient servir les sacrements, une responsabilité que l'Église anglicane n'autorisait que pour les ministres. Certains prédicateurs, notamment Thomas Walsh et Charles Perronet, avaient déjà agi de la sorte. Ainsi, lors de la Conférence annuelle de 1755, qui se tenait cette fois à Leeds, cette question était au centre du débat. Wesley prépara et lut un long

---

[8]   *Journal*, 15 août 1750 (20.356).

document sur la question[9] et il encouragea tout le monde à donner son opinion. Le groupe de prédicateurs réunis, environ quarante personnes, discuta de la question pendant plusieurs jours. Wesley établit leur conclusion concernant la séparation en ces termes : « Et le troisième jour, nous étions tous d'accord sur cette conclusion générale, selon laquelle (que ce soit légal ou non) ce n'était en aucun cas utile. »[10] Ainsi, alors que le groupe ne parvenait pas à un accord sur le plan théologique — à savoir si une telle séparation était justifiée — ils étaient d'accord pour dire que sur le plan pratique le moment n'était pas venu pour un tel changement. Leur réponse était principalement pragmatique et non théologique.

Cependant, cela ne signifie pas que Wesley n'avait aucune raison théologique de repousser les limites pratiques de son église et il prenait bien soin de justifier ses déviations par de bonnes raisons. Dans une lettre écrite l'année suivante à Samuel Walker, il défendit la prédication par les laïcs en revendiquant qu'ils suivaient un « appel intérieur », insufflé par le Saint-Esprit, qui leur donnait plus de liberté qu'un simple « appel extérieur » représenté par l'ordination.[11] Cependant, cette même année, il lança un appel à ses collègues de l'Église d'Angleterre intitulé *An Address to the Clergy*» [À l'intention du clergé].[12] Dans cette lettre ouverte, il pressait tout le clergé de vivre selon les exigences élevées de leur appel, un appel que Wesley exprimait en des termes à l'accent très méthodiste. Après la Conférence de Leeds, Wesley croyait peut-être que si le clergé de l'Église d'Angleterre faisait mieux son travail, les pressions en faveur de la séparation s'atténueraient.

Mais ce ne fut pas le cas. De nombreux évêques anglicans pensaient qu'il était dangereux de penser que l'on pouvait être guidé par l'Esprit afin d'œuvrer hors des lignes de démarcation de l'église institutionnelle. En 1762, l'évêque William Warburton de Gloucester plublia une critique du méthodisme. Désirant apparemment un véritable débat sur la question, Warbuton laissa Wesley lire une ébauche de l'œuvre avant qu'elle ne soit publiée. Après sa publication, Wesley publia une longue réponse[13] dans laquelle il tentait d'équilibrer les pré-

---

[9]   Appendice C, « Ought we to separate from the Church of England ? » [Devons-nous nous séparer de l'Église d'Angleterre?] (9.567-80).

[10]   *Journal,* 6 mai 1755 (21.10).

[11]   Lettre à Samuel Walker, 3 septembre 1756 (Telford 3.192-96).

[12]   « An Address to the Clergy » [À l'attention du clergé] (Jackson 10.480-500).

[13]   *A Letter to the Right Rev., the Lord Bishop of Gloucester* [Une lettre au bon Rév., Lord Bishop de Gloucester] (11.465-538).

occupations concernant la structure et l'esprit, tout en accordant cependant une évidente priorité au dernier.

Cet équilibre, cependant, était très difficile à maintenir. Wesley s'éloigna des forces institutionnelles de l'Église d'Angleterre et justifia ces décisions en invoquant la conduite du Saint-Esprit. Mais paradoxalement, dans le même temps il fut poussé à une plus grande institutionnalisation au sein de son propre mouvement par ceux qui — du moins aux yeux de Wesley — poussaient la logique de la direction du Saint-Esprit trop loin. Parmi ces derniers, les deux personnalités les plus remarquables étaient les prédicateurs laïcs George Bell et Thomas Maxfield.

George Bell s'était converti grâce au ministère méthodiste en 1758 et il avait senti très tôt un appel à la prédication. Ce qu'il prêchait et la manière dont il le prêchait, cependant, commença immédiatement à causer des problèmes à Wesley et à l'association de la Fonderie. Le message de Bell était celui d'une perfection chrétienne qui élevait le croyant au dessus de toute règle, toute loi ou toute norme de comportement. Wesley n'acceptait pas ce message et sa manière très émotionnelle de le prêcher — fulminant, délirant et criant depuis la chaire — ne lui convenait pas non plus. Wesley tenta de corriger ses prédications itinérantes, en vain. Après qu'il eut proclamé la fin du monde le 28 février 1763, Wesley s'opposa à lui personnellement ; Bell et ses disciples quittèrent alors l'association.

À peu près au même moment, la prédication de Thomas Maxfield causait également des dissensions et des divisions dans les rangs méthodistes à Londres. Comme nous l'avons vu dans le dernier chapitre, Maxfield était l'un des premiers laïcs dont le ministère a été reconnu par Wesley comme inspiré par Dieu malgré un manque de formation formelle ou de reconnaissance de la part de l'église. Au début des années 1760, cependant, il avait commencé à prêcher la perfection chrétienne et la sanctification d'une manière qui diminuait l'œuvre de Dieu dans la justification et assimilait presque la perfection chrétienne à une sorte de conduite directement inspirée par l'Esprit. Maxfield, tout comme Bell, n'avait que faire de l'autorité de Wesley. En mars 1763 il refusa de prêcher à la Fonderie, quittant finalement le méthodisme pour devenir un ministre indépendant.

Ces controverses sur l'autorité et sur le contenu de la prédication dans les associations méthodistes ont poussé la Conférence méthodiste de 1763 à adopter ce que les Méthodistes ont appelé un «acte type». Cet acte poussait encore plus loin le développement institutionnel du méthodisme en fixant un ensemble de normes régissant les prédications qui devaient avoir lieu dans les associations méthodistes. Cette norme, c'était la doctrine mise en avant par les quatre volumes de sermons publiés par Wesley et par ses *Notes sur le Nouveau Testament*, un commentaire que Wesley a écrit pendant la première partie de l'année 1754 alors que sa maladie l'empêchait de voyager et de prêcher.

Pourtant, alors même que le méthodisme continuait à s'institutionnaliser, Wesley ne pouvait pas se résoudre à exprimer pleinement la priorité de la fonction sur la forme. En 1765, le besoin de ministres ordonnés au sein du mouvement méthodiste avait augmenté et il recevait très peu d'aide de la part de l'Église anglicane. Cette année là, Wesley s'assura les services d'un évêque grec pour ordonner quelques uns de ses prédicateurs. Avec le recul, Wesley comprit que ce n'était pas une bonne idée et, le petit scandale qui s'ensuivit dans certaines publications locales le poussa à ne plus jamais tenter un tel compromis. Mais le fait même qu'il l'ait fait révèle sa propre ambivalence sur le fait de savoir jusqu'où il pouvait ou devait aller pour laisser le méthodisme devenir une église à part entière, indépendante de l'Église d'Angleterre.

Cette relation devint de plus en plus compliquée à mesure que le méthodisme s'étendait au-delà des limites de l'Angleterre et donc hors de la juridiction de l'Église d'Angleterre. Au moment où Wesley faisait sa première visite en Irlande, en 1747, des associations méthodistes s'y réunissaient déjà. Vers 1752, les Méthodistes irlandais étaient assez nombreux pour organiser leurs propres conférences. Wesley fera finalement de nombreux voyages en Irlande tout au long de sa vie, y passant apparemment des séjours allant de un à trois mois qui, mis bout à bout, représenteront six années de sa vie.

À partir de l'Irlande, le méthodisme suivit son évolution, sans que Wesley le sache, vers le Nouveau Monde. L'immigrant irlandais Robert Strawbridge avait lancé des réunions méthodistes en Amérique du Nord dans le Maryland en 1766. À peu près au même moment, juste au nord, les Méthodistes irlandais Philip Embury et Barbara Heck travaillaient avec Thomas Webb pour créer une association à New York. Les réunions de ce dernier groupe connurent un certain succès, de sorte qu'en 1768, l'association écrivit à John Wesley en Angleterre, lui demandant d'envoyer des travailleurs qualifiés pour l'aider dans ses activités. Wesley lut la lettre à la Conférence annuelle en 1768 et, après la Conférence de l'année suivante, il enverra deux prédicateurs: Richard Boardman et Joseph Pilmore. Ils arrivèrent à Philadelphie à la fin octobre 1769 et ils commencèrent immédiatement à prêcher et à aider à faire progresser les associations. L'œuvre allait évoluer de manière extraordinaire en Amérique. Cependant, l'imminent conflit politique et militaire entre l'Angleterre et ses colonies allait à la fois freiner tous les efforts de Wesley pour garder le méthodisme américain dans les limites qu'il avait établies en Angleterre et rendre plus urgente la question de la séparation d'avec l'Église d'Angleterre. Mais c'est une histoire que nous aborderons dans le prochain chapitre.

# VII

# Laisser un héritage (1770-1791)

La dernière partie de la vie de Wesley ne fut pas une période de calme et de repos. Au contraire, cette période fut aussi active que les décennies précédentes. Sa santé resta remarquablement solide jusqu'à ses deux dernières années et il considéra tout le temps qui lui était donné comme un temps à consacrer à Dieu. Cette activité incessante est probablement ce qui a conduit à l'effondrement final de son mariage; mais Wesley continua à prêcher, à s'engager dans des controverses — en particulier avec les Calvinistes — et à essayer de diriger son mouvement, à la fois en Angleterre et en Amérique, vers un avenir sans lui. Nous jetterons un rapide coup d'œil à chacun de ces aspects dans notre cheminement avec Wesley à travers les dernières décennies de sa vie.

## Vie personnelle

Nous reprenons avec la vie personnelle de Wesley et avec la dissolution finale de son malheureux mariage. Comme nous l'avons noté dans le dernier chapitre, Mary avait quitté son célèbre époux à la fin des années 1760, et le fait qu'il la mentionne rarement dans ses lettres indique une absence prolongée. Elle finit par revenir auprès de lui, mais ce n'était que pour le quitter encore une fois. Le 23 janvier 1771, Wesley écrit dans son Journal: «Pour une raison que je ne connais toujours pas à ce jour [M^me Wesley] est partie pour Newcastle, arguant qu'elle ne «reviendrait plus». *Non eamreliqui; non dismisi; non revocabo*

[Je ne l'ai pas abandonnée ; je ne l'ai pas répudiée ; je ne la rappellerai pas.][1] En août de cette année là, Wesley écrit ce commentaire révélateur à son frère : « Il me semble que ma femme est toujours aussi hautaine. Je suis très occupé, comme tu peux l'imaginer. »[2] Vers l'été 1772, ils se retrouvèrent encore, peut-être suite à une visite de Wesley à Newcastle. Leur échange de lettres dans les deux années suivantes donnent l'impression qu'ils étaient en bons termes, bien que ces lettres parlent plus de questions d'intendance que d'affection.

En juillet 1774, Wesley écrivit une longue lettre dans laquelle il réitéra ses anciens reproches et encouragea Mary à être docile. Mais cela n'était pas acceptable pour Mary. Elle le quitta quelques temps plus tard et, cette fois, elle ne revint pas vers lui. Au milieu de la controverse calviniste dont nous avons parlé ci-dessus, il semble qu'elle montra des documents compromettants pour Wesley à ses détracteurs et cet acte semble avoir rendu toute réconciliation inconcevable. La lettre que Wesley lui envoya en 1777 exigeait qu'elle retire ce qu'elle avait dit de lui publiquement et ce qui semble être sa dernière lettre à son intention en 1778 se terminait sur ces paroles : « Si vous deviez vivre mille ans, vous ne pourriez défaire le mal que vous avez fait. Et tant que vous n'aurez pas fait votre possible dans ce sens, je vous dis adieu. »[3]

Mary mourut en 1781 et Wesley note simplement dans l'édition publique de son Journal qu'il a appris la nouvelle de ses funérailles un ou deux jours après leur célébration.[4] Il semble toutefois qu'elle lui ait laissé une « bague de deuil » dans son testament, « en signe que je meurs dans l'amour et l'amitié envers lui. » Après sa mort, le cœur de Wesley a dû s'adoucir à son sujet et il parle d'elle avec une certaine tendresse.[5] Cependant, le mariage de Wesley reste l'un des épisodes les plus difficiles et les plus déroutants de cet évangéliste éminent mais néanmoins très humain.

## La controverse du procès-verbal

Comme nous l'avons laissé entendre dans le dernier chapitre, la relation de Wesley avec la frange calviniste du mouvement méthodiste avançait vers ses jours les plus difficiles alors que s'égrenaient les dernières décennies du dix-

---

[1]  *Journal,* 23 janvier 1771 (22.262).

[2]  Lettre à Charles Wesley, 3 août 1771 (Telford 5.270).

[3]  Lettre à Mary Wesley, 2 octobre 1778 (Telford 6.322).

[4]  *Journal,* 11 octobre 1781 (23.225).

[5]  Voir sa lettre à Mme Charles Wesley, 25 juillet 1788 (Telford 8.76).

huitième siècle. L'expulsion de six étudiants méthodistes calvinistes d'Oxford, en 1767 — l'événement qui a donné la dernière impulsion à la fondation de l'université de Lady Huntingdon à Trevecca — a également déclenché un échange au sein du mouvement méthodiste entre les Calvinistes de Huntingdon et les Arminiens de Wesley. Une publication majeure apparut au cœur de ce débat, à savoir : *The Doctrine of Absolute Predestination Stated and Asserted* [La doctrine de la prédestination absolue déclarée et confirmée], la traduction anglaise par Augustus Toplady d'une œuvre de l'époque de la Réforme protestante écrite par Jerome Zanchius. Tout ceci sembla raviver les inquiétudes de Wesley — exprimées dés la première Conférence annuelle en 1744 — qui craignait que ce mouvement « penche trop vers le calvinisme ».[6]

Voulant apparemment susciter un débat sur le sujet, Wesley publia une parodie de la traduction de Toplady ; il s'agit peut-être de l'œuvre la moins charitable que Wesley ait écrite. Cette œuvre déclencha une avalanche de réponses venimeuses de la part des Calvinistes, ce qui rendit Wesley encore plus inquiet à ce sujet. Il souleva le problème lors de la Conférence annuelle en août 1770 ; le procès-verbal de cette conférence situait la position méthodiste en rapport avec et contre le calvinisme, particulièrement sur la question de la justification par la foi et le rôle de la réponse de l'humanité à Dieu.

À peine un peu plus d'un mois plus tard, le 30 septembre 1770, Whitefield décéda pendant une tournée de prédications en Amérique et, avec lui, c'est la plus forte connexion personnelle de Wesley avec les Calvinistes qui disparut. Whitefield avait souhaité que Wesley prêche lors de son service commémoratif, ce qu'il a été invité à faire en novembre de cette année-là. Dans son sermon basé sur Nombres 23.10 — « Que je meure de la mort des justes ; et que ma fin soit semblable à la leur ! » — Wesley tenta de prendre un ton pacifique et souligna les doctrines sur lesquelles lui et Whitefield étaient d'accord. Il ne mentionna rien sur la prédestination. Étant donnée l'importance de cette question pour Whitefield, cette omission était évidente et mit les partisans de Whitefield en colère. Peu de temps après, le procès-verbal de la récente Conférence annuelle était publié et les tensions atteignirent un tout autre niveau.

Ce qui était en jeu, c'était la formulation utilisée par Wesley et ses prédicateurs pour se distancer du calvinisme. Dans le procès-verbal, ils niaient explicitement la déclaration suivante : « un homme ne doit rien faire afin d'obtenir la justification » en disant : « quiconque souhaite obtenir la faveur de Dieu devrait

---

[6] Le procès-verbal de la Conférence de 1744 §23 (10.130).

«cesser de faire le mal et apprendre à faire le bien»».[7] Les membres de la conférence avaient peut-être l'intention de réfuter tout antinomianisme qui aurait annulé la connexion entre le salut et la vie sainte. Cependant, les Calvinistes, tout comme Lady Huntingdon, comprirent cela comme une réfutation de la justification par la foi remplacée par la justification par les œuvres. « Du papisme à peine voilé », selon Lady Huntingdon.

Immédiatement, Huntingdon exigea que tous ses proches rejettent explicitement cette déclaration. Lorsque son directeur d'école à Trevecca, Joseph Benson, refusa de le faire, il fut démis de ses fonctions et John Fletcher démissionna également en solidarité avec lui. En juin 1771, l'aumônier personnel de Huntingdon, Walter Shirley, tenta de rassembler des prédicateurs évangélistes contre Wesley, proposant l'organisation d'une contre-conférence au même moment que la Conférence annuelle de Wesley et incita le groupe à exiger une rétractation. Seuls quelques prédicateurs se présentèrent à cette contre-conférence; Wesley les reçut poliment et écouta leurs préoccupations. Il prépara un document de conciliation qui réaffirmait sa croyance en la justification par la foi et il reconnut que le procès-verbal en question avait été rédigé de façon imprudente.

Le nouvel espoir de paix promis par ce document fut cependant rapidement anéanti quand Wesley publia l'œuvre de John Fletcher intitulée *A Vindication of the Rev. Mr. Wesley's Last Minutes* [Une justification du dernier procès-verbal du pasteur Wesley]; ce qu'il fit, étrangement, en dépit des objections de Shirley et de Fletcher. Ceci relança une controverse qui devait durer encore plusieurs années. Les trois œuvres intitulées *Checks to Antinomianism* [Freins à l'antinomianisme] de Fletcher soutenaient le côté arminien du débat, alors que dans le camp calviniste, les principaux partisans étaient Augustus Toplady, les frères Rowland et Richard Hill.

Wesley était impliqué dans ces débats, qui pouvaient devenir très mesquins par moments, mais, en général, il ne s'engageait pas directement. Cette fois-là, il laissa faire Fletcher. Nous voyons que Wesley regrette que ces débats déchirent les associations méthodistes.[8] Pour encourager ses partisans, Wesley lança également un périodique en 1778 qu'il intitula *The Arminian Magazine* [La revue arminienne]; ce titre avait pour objectif unique de maintenir la controverse bien en vue. Tout au long de sa vie, il semble que Wesley voulait à la fois se battre pour la vérité telle qu'il la concevait et maintenir la paix pour le bien de

---

[7]  Le procès-verbal de la Conférence de 1770 (10.392-93).
[8]  Voir son *Journal,* 1er novembre 1773(22.392) et 26-27 avril 1779 (23.128).

la croissance évangélique et spirituelle. Mais il ne parvint jamais à obtenir les deux.

## Le méthodisme américain

Comme nous l'avons vu, l'histoire du méthodisme américain n'est qu'indirectement liée à l'histoire personnelle de Wesley. Le méthodisme fut fondé dans le Nouveau Monde sans qu'il le sache ; et son influence sur ce groupe au-delà de l'Atlantique fut toujours minime et se heurta souvent à une certaine résistance. Pourtant, la controverse suscitée fait partie de son histoire et l'indépendance du méthodisme américain par rapport à Wesley coïncide avec l'indépendance des colonies britanniques par rapport à la couronne.

En 1768, le roi George III commença à positionner des soldats à l'intérieur et autour de Boston afin de protéger les intérêts de la couronne contre une population coloniale de plus en plus mécontente. Cette situation aboutit finalement à une confrontation entre les protestataires et les soldats britanniques en mars 1770, connue sous le nom de « l'incident de King Street » par les Britanniques mais popularisé comme « le massacre de Boston » dans les colonies. Cet incident ainsi que d'autres événements entraînèrent une escalade des hostilités entre la Grande-Bretagne et les colonies américaines.

Ces émeutes aboutirent finalement à un conflit ouvert en 1775. Pendant ce temps, Wesley envisageait de se rendre en Amérique mais n'en eut jamais l'opportunité. Au lieu de cela, son rôle dans le méthodisme américain consista à envoyer en Amérique quelques prédicateurs supplémentaires après sa Conférence annuelle, bien que la mission soit basée sur le volontariat et non sur la nomination. Parmi ces prédicateurs, on note le jeune Francis Asbury, qui se rendit en Amérique en 1771 et fit partie des « assistants » ou surintendants de l'œuvre américaine. C'est Asbury qui deviendra le principal organisateur et avocat du méthodisme américain et cela entraînera une confrontation avec Wesley lui-même.

Les statistiques des Méthodistes américains étaient enregistrées par la Conférence annuelle britannique, affirmant la connexion entre les deux, jusqu'à ce que la guerre rende toute communication peu fiable. Les procès-verbaux des différentes conférences montrent une croissance de 316 membres des associations en 1771 à 3148 en 1775, dix fois plus nombreux en à peine quatre ans. Les Américains organisèrent leur première Conférence annuelle à Philadelphie en 1773 ; ils y affirmèrent leur connexion avec Wesley (en opposition aux Calvinistes méthodistes) et promirent d'enseigner sa doctrine telle qu'elle était contenue dans ses sermons et ses écrits. Apparemment, il existait déjà un certain malaise par rapport à la position pro-britannique de Wesley concernant les colonies, mais il semble que cette position était tolérée afin de préserver l'unité du mouvement. Cependant, les événements se succédèrent rapidement et cette unité ne devait pas durer.

En avril 1775, les hostilités reprirent entre les colonies et la couronne britannique. Les notes sur l'Amérique disparurent des procès-verbaux de la Conférence annuelle et la plupart des prédicateurs de Wesley retournèrent en Angleterre. Francis Asbury resta et les Colons se tournèrent donc vers lui pour les diriger plutôt que vers Wesley qui se trouvait en Angleterre. Bien que Wesley fût sensible aux appels à la justice des Américains, il ne soutenait pas leurs appels à l'indépendance car les affaires politiques avaient des conséquences religieuses. «La loyauté est pour moi, écrit Wesley, une branche essentielle de la religion et je suis triste à l'idée qu'un seul Méthodiste oublie ce point. Il y a un lien étroit, cependant, entre ma conduite religieuse et ma conduite politique; la même autorité qui m'enjoint de craindre Dieu m'enjoint aussi d'honorer le roi».[9]

Pendant les années de guerre, Wesley publia treize différents sermons et lettres ouvertes soutenant la couronne par rapport aux Colons. La lettre la plus significative s'intitulait *Calm Address to the American Colonies [Discours serein aux colonies américaines]* (1775). Cette lettre n'arriva jamais en Amérique mais elle suscita une certaine agitation en Angleterre et ajouta de l'huile sur le feu des attaques personnelles contre Wesley. La plus remarquable des ces attaques était l'oeuvre d'Augustus Toplady dans laquelle il accusait Wesley (non sans raison, il faut le dire) d'avoir largement plagié l'essayiste Samuel Johnson.

Les positions de Wesley contre l'indépendance compliquaient la situation pour les Méthodistes américains car, de l'avis général, tous les Méthodistes suivaient leur fondateur. Cela encouragea les Méthodistes américains à s'éloigner de la personne de Wesley, quand bien même ils suivaient sa doctrine. De plus, la présence anglicane officielle était presque inexistante en Amérique pendant la guerre, créant de fait une distance entre les Méthodistes et leur église mère. Wesley reconnut ce problème et demanda personnellement à l'évêque de Londres d'ordonner plus de prêtres anglicans pour l'Amérique en 1780. Ses requêtes restèrent sans suite. Le fossé entre Wesley et les Méthodistes américains et entre les Méthodistes américains et l'Église d'Angleterre prépara le terrain,

---

[9]    Lettre à Walter Churchey, 25 juin 1777 (Telford 6.267).

une fois que le traité de Paris fut signé en 1783, pour la décision la plus radicale de Wesley concernant la relation du méthodisme à l'Église d'Angleterre.

Les troubles en Amérique furent bénéfiques pour la croissance du méthodisme. Le nombre de membres doubla pour atteindre le chiffre de 7000 entre 1775 et 1778, puis 15000 de 1778 à 1784. Cette année-là, Wesley prit enfin les choses en main et ordonna — de son propre chef — deux de ses prédicateurs, Richard Whatcoat et Thomas Vasey, pour l'œuvre en Amérique. Il attribua également à Thomas Coke le titre de surintendant, lui donnant également l'autorité de nommer Francis Asbury surintendant une fois arrivé en Amérique. Wesley envoya ensuite des versions révisées et condensées du Livre de la prière commune et des articles de foi de l'Église d'Angleterre, afin que ces œuvres soient utilisées comme fondement d'une nouvelle église. Étant donné que les Américains avaient rejeté l'autorité politique de la Grande-Bretagne et puisque l'Église d'Angleterre était liée à cette autorité politique, cela n'avait pas vraiment de sens pour Wesley de maintenir les Méthodistes américains dans la tradition anglicane.[10]

Ces décisions représentent la dernière influence fonctionnelle de Wesley sur la branche américaine de son mouvement. Lorsque Coke arriva en Amérique, Asbury n'accepta pas d'ordination personnelle de sa part au nom de Wesley tant que cela n'avait pas été approuvé par la Conférence américaine. C'était une manière de fonder sa légitimité de dirigeant sur la volonté des Méthodistes américains plutôt que sur Wesley lui-même. Quelques années plus tard, en 1786, Wesley tenta de nommer également Richard Whatcoat comme surintendant et de fixer la date de la Conférence américaine à venir. Ses instructions furent ignorées et la Conférence américaine de cette année-là élimina même son nom du procès-verbal, arguant que personne en Europe n'avait le droit de dicter les affaires de l'Amérique. Wesley écrivit une lettre bien sentie à Asbury protestant sur cette affaire et d'autres encore, ce qui fit de la peine à Asbury mais ne l'incita pas à changer d'avis. Wesley rapporte quelques années plus tard dans une lettre: «Il [Asbury] a dit à George Shadford: «Monsieur Wesley et moi sommes comme César et Pompéi, il n'accepte aucun égal, et moi je n'accepte aucun supérieur». Et, par conséquent, il resta assis en silence jusqu'à ce que ses amis votent pour ôter mon nom du procès-verbal américain. Cela mit un terme à la question et montra qu'il n'avait plus aucune connexion avec moi.»[11] Le nom de Wesley fut finalement rétabli dans le procès-verbal de la

---

10    Lettre à «Our Brethren in America» [Nos frères en Amérique] 10 septembre 1784 (Telford 7.237-39).
11    Lettre à Mr.--, 31 octobre 1789 (Telford 8.183).

Conférence américaine et ses doctrines furent maintenues, mais il ne prit plus part personnellement à l'histoire du méthodisme américain.

## Le méthodisme britannique

Alors que tous ces événements avaient lieu en Amérique, des événements tout aussi importants apparaissaient également en Grande-Bretagne, des événements qui mèneront aussi le méthodisme britannique à se séparer de l'Église d'Angleterre après la mort de Wesley. Tout en aidant à pousser le méthodisme dans cette direction, Wesley s'inquiétait quand même de savoir à quoi aboutirait cette séparation. Pour lui, il était important de rester anglican et il craignait que si ses Méthodistes quittaient l'Église d'Angleterre — comme l'avaient fait les Méthodistes calvinistes de Lady Huntingdon en 1772 — ils finiraient par «sombrer graduellement dans la création d'une secte formelle et honorable».[12] Pour Wesley, la mission des Méthodistes était «de répandre la vie parmi les dénominations»,[13] ce qu'ils n'auraient pas pu faire s'ils devenaient eux-mêmes une secte. Il est donc en quelque sorte ironique que l'attention que Wesley portait à cette mission l'ait amené à agir d'une manière qui encourageait la chose même qu'il craignait.

Le méthodisme continua à évoluer en Grande-Bretagne au cours des dernières décennies de la vie de Wesley et, avec cette croissance, arrivaient de nouveaux défis. En 1770, il y avait à peine plus de 29000 membres dans les associations méthodistes des îles britanniques (y compris l'Écosse et l'Irlande). Vers 1780, ce chiffre atteignait presque les 44000, et la conférence suivant la mort de Wesley en 1791 rapporta le chiffre de 72000 membres. Il y avait des difficultés concernant l'édification de maisons de prédication, le paiement de diverses obligations et le soutien de l'école de Kingswood, mais il y avait aussi des moments de grande célébration. En 1778, la chapelle à City Road était achevée, et elle devint le nouveau centre du mouvement de Wesley, remplaçant la Fonderie. Située de en face du célèbre cimetière de Bunhill Field, celle-ci abritait les appartements personnels de Wesley ainsi qu'une chapelle privée et elle attire aujourd'hui encore des pèlerins méthodistes et d'autres visiteurs.

Wesley se sentait responsable de devoir assurer le futur du méthodisme après sa mort et, pendant toutes ces années, il tenta de créer une institution durable qui remplirait sa mission mais sans quitter l'Église d'Angleterre. Au début, il

---

[12]  Lettre à Henry Brooke, 21 juin 1788 (Telford 8.66).
[13]  Lettre à Thomas Taylor, 4 avril 1790 (Telford 8.211).

espérait qu'un autre prêtre anglican prendrait la direction du mouvement après lui. La conduite de John Fletcher pendant les années de controverse avec les Calvinistes au début des 1770 convainquit Wesley que Fletcher était la personne qui convenait pour ce rôle et il l'en informa. Fletcher déclina l'offre et Wesley fut forcé de considérer d'autres options.

En 1784, Wesley organisa finalement la Conférence annuelle des Méthodistes en tant qu'entité juridique, nommant selon une méthode qui semblait arbitraire «cent administrateurs» parmi ses quelques deux cents prédicateurs, représentants qui étaient chargés de diriger les diverses associations et maisons de prédication. Il le fit à travers un «acte de déclaration» qui fut inséré dans le procès-verbal de la conférence de cette année-là. Une controverse surgit immédiatement. De nombreux prédicateurs qui avaient été exclus des «cent administrateurs» furent blessés et certains quittèrent le mouvement. De plus, Wesley ne se soumit pas lui-même à cette nouvelle autorité et il continua à agir comme l'autorité réelle de la conférence, invitant qui il voulait et nommant des prédicateurs à sa guise.

Après avoir ordonné des prédicateurs pour l'Amérique cette même année, Wesley commença également à exercer des fonctions similaires à celles d'un évêque à partir de son domicile. L'année suivante, Wesley ordonna trois prédicateurs pour l'œuvre en Écosse, une décision qu'il pouvait continuer à justifier puisque l'Église d'Angleterre n'y était pas techniquement établie. Mais vers 1788, il avait aussi ordonné des prédicateurs pour l'œuvre en Angleterre, bien que les récits de ces ordinations n'apparaissent pas dans le Journal public de Wesley mais uniquement dans ses journaux intimes.

Nous voyons une tension similaire entre l'option du maintien au sein de l'Église d'Angleterre et celle de se frotter à ses limites dans l'attitude de Wesley visant à organiser des réunions méthodistes en même temps que des offices anglicans ordinaires. En 1786, Wesley mettaient en garde ses Méthodistes de ne pas organiser des services qui entreraient en conflit avec ceux de l'église paroissiale. Cependant, vers 1788, il autorisait parfois de le faire, bien qu'il revendiquât que cela ne signifiait pas que les Méthodistes quittaient l'Église d'Angleterre. Dans le même temps, il arrivait aussi à Wesley d'écrire à l'évêque de Londres, le suppliant de ne pas pousser les Méthodistes hors de l'Église d'Angleterre. Il est difficile de dire si Wesley tentait ainsi de maintenir un très fragile juste milieu ou s'il voulait «le beurre et l'argent du beurre». Quoi qu'il en soit, la tension montre à quel point les deux réalités — la mission des Méthodistes et leur place dans l'Église d'Angleterre — étaient importantes pour Wesley.

Indépendamment de la question de la séparation, l'autre principale préoccupation de Wesley concernant ses Méthodistes vers la fin de sa vie était la richesse. Pour Wesley, cet aspect était également susceptible de vider le cœur d'un mouvement qui avait fondé ses premiers véritables succès parmi les pauvres et les opprimés. De nombreuses années auparavant, Wesley avait prêché son célèbre sermon sur «L'emploi de l'argent» et il essayait lui-même de vivre selon le conseil qu'il donnait dans ce sermon: «Gagnez tout ce que vous pouvez; ... économisez tout ce que vous pouvez; ... donnez tout ce que vous pouvez».[14] Son intention était de mourir sans aucune richesse qui constituerait un héritage et il était aussi connu pour quémander parmi ses riches amis afin d'obtenir de l'argent pour les pauvres. Comme il l'a un jour écrit à une amie, Ann Foard, «Je supporte les riches, et j'aime les pauvres; alors je passe presque tout mon temps avec eux!»[15]

Cependant, Wesley pensait que cette attitude n'était pas suffisamment partagée par ses Méthodistes. Aussi, vers la fin de sa vie, il traita la question dans ses sermons.[16] Il encourageait ses fidèles à visiter les malades et à donner de l'argent aux pauvres autant pour eux-mêmes que pour le bénéfice de ceux qu'ils aidaient. On dit même qu'il aurait fait une remarque désobligeante sur la chemise jugée extravagante de l'un de ses prédicateurs pendant sa dernière conférence.[17] D'un autre côté, quand l'un de ses Méthodistes, John Gardner, voulut fonder une association pour aider ceux qui n'avaient pas d'autre soutien financier — même s'ils n'étaient pas Méthodistes — Wesley fit circuler une copie des statuts de l'association parmi ses autres associations et apporta une contribution trois fois plus conséquente que celle que Gardner avait demandée.[18]

La préoccupation de Wesley envers les pauvres était étroitement liée à son engagement dans le mouvement militant pour l'abolition de l'esclavage. Wesley avait été témoin des horreurs de l'esclavage en 1737 alors qu'il était en Amérique. Il n'avait jamais pensé du bien de cette pratique, mais le problème

---

[14] Sermon 50, «L'emploi de l'argent» (III.6).

[15] Lettre à Ann Foard, 29 septembre 1764 (Telford 4.266).

[16] Sermon 88, «On Dress» [Au sujet des tenues vestimentaires] (3.247-61), Sermon 87, «The Danger of Riches» [Le danger des richesses] (3.227-246), Sermon 126, «On Worldly Folly» [Au sujet des folies mondaines] (4.131-38), et Sermon 131, «The Danger of Increasing Riches» [Le danger de l'accumulation des richesses] (4.177-186).

[17] Procès-verbal de la Conférence de 1790, (10.709n).

[18] Lettre à John Gardner, 31 décembre 1785 (Telford 7.308).

n'occupa pas beaucoup son attention pendant une grande partie de sa vie. À la fin de sa vie, cependant — peut-être influencé par ses opinions politiques sur la révolution américaine — il s'intéressa à nouveau à ce problème. En 1774, il publia une attaque cinglante sur l'esclavage sous le titre faussement innocent de «Pensées sur l'esclavage», et il nota joyeusement dans son Journal que la guerre en Amérique avait eu au moins le mérite d'interrompre le trafic des esclaves. Dans les dernières années de sa vie, il prêcha même un sermon sur l'esclavage dans la ville de Bristol, premier port esclavagiste du pays. Curieusement, il ne put finir sa prédication car il fut interrompu par un orage, ce qui provoqua la fuite de la foule en panique.[19] Il écrivit des lettres d'encouragement à ceux qui étaient activement engagés dans les efforts abolitionnistes, y compris Granville Sharp,[20] qui avait créé une association qui militait pour l'abolition et William Wilberforce,[21] qui avait soutenu cette cause au Parlement.

Il y eut au moins deux développements significatifs dans le méthodisme britannique pendant ces dernières années de la vie de Wesley au cours desquels le méthodisme prit un rôle progressiste par rapport à son église mère. La pratique a encore une fois permis de surmonter les préjugés ; ainsi, la promotion des «missions à l'étranger» et le ministère des prédicatrices deviendront finalement des caractéristiques importantes du mouvement que Wesley laissera derrière lui. Curieusement, Wesley n'est pas à l'origine de ces développements et — comme avec beaucoup d'autres innovations — il a tout d'abord résisté à l'idée de les accepter.

C'est généralement à William Carey que l'on accorde le crédit d'avoir lancé le mouvement missionnaire moderne et ce non sans raison. Mais alors même que Carey pensait aux obligations qu'avaient les Chrétiens de répandre l'Évangile dans les terres étrangères, l'un des principaux ministres de Wesley, Thomas Coke, avait une conviction identique. Wesley et le reste de ses prédicateurs résistèrent à l'idée de «gaspiller» des moyens destinés au ministère dans des missions étrangères alors que le besoin était si grand au pays. La Conférence annuelle de 1778 déclina l'idée d'envoyer des missionnaires en Afrique et un groupe de prédicateurs que Wesley avait consultés en 1784 eurent une réaction similaire face aux missions dans les Indes orientales. Mais Coke persévéra et, finalement, Wesley commença à voir que l'idée avait du mérite. En 1786, Coke

---

[19] *Journal,* 3 mars 1788 (24.70).
[20] Lettre à Granville Sharp, 11 octobre 1787 (Telford 8.16-17).
[21] Lettre à William Wilberforce, 24 février 1791 (Telford 8.264-65). Cette lettre semble être la dernière des lettres envoyées par Wesley.

publia une exhortation aux missions à laquelle Wesley contribua en écrivant une préface. Bien qu'aucune œuvre missionnaire ne fût tentée au-delà du Nouveau Monde jusqu'à la mort de Wesley, les missions étrangères (et leurs dérivés œcuméniques) deviendront finalement une partie intégrante de l'identité méthodiste.

L'autre développement remarquable pendant cette période, c'était la lente mais réelle acceptation des femmes prédicatrices dans les réunions méthodistes. Comme dans le cas de la prédication par des laïcs au début des années 1740, ce sont les circonstances qui ont créé les conditions du changement. Les femmes assumaient déjà le rôle de responsables dans les bandes et, dans les années 1760, Wesley avait accordé un appui conditionnel aux exhortations et aux témoignages de Sarah Crosby, qui ressemblaient à s'y méprendre à des activités de prédication. Mais le titre de prédicateur était tout de même important pour Wesley et il encourageait Sarah à affirmer cela à ses auditeurs et à parler ainsi: «Vous me mettez en grande difficulté. Les Méthodistes n'autorisent pas les femmes à exercer la prédication; et je n'assume pas moi-même une telle fonction. Mais je vous dirai juste sans détour ce qui est dans mon cœur.»[22]

Vers les années 1770, avec les encouragements de Mary Bosanquet — qui épousera plus tard John Fletcher — Wesley commença à permettre que la justification précédemment utilisée pour les prédicateurs laïcs soit aussi appliquée aux prédicatrices. Étant donné que Dieu semblait de toute évidence utiliser un tel ministère, Wesley pouvait affirmer qu'elles recevaient un «appel extraordinaire», une chose qui dépassait les limites de la normalité et de l'ordinaire mais qui devait tout de même être acceptée. Pourtant, Wesley était sensible à la nature exceptionnelle de cette œuvre et n'était pas disposé à l'autoriser à devenir «ordinaire». En mars 1780, il écrivit une lettre à George Robinson: «Je désire que M. Peacock mette un terme à la prédication des femmes dans ce circuit. Si on tolère cela, cela va se répandre et nous ne savons pas où cela va nous mener.»[23]

Et en effet, cette tendance se répandit. Finalement, les fruits d'un tel labeur devinrent évidents pour Wesley et pour les autres Méthodistes. Bien que l'idée fût encore controversée, la Conférence de Manchester de 1787 nomma officiellement sa première prédicatrice dans le circuit Norwich, Sarah Mallet, avec cette déclaration: «Nous donnons la main d'association à Sarah Mallet et nous

---

[22]    Lettre à Sarah Crosby, 14 février 1761 (Telford 4.133).
[23]    Lettre à George Robinson, 25 mars 1780 (Telford 7.9).

n'avons aucune objection à ce qu'elle devienne prédicatrice dans notre mouvement, tant qu'elle prêche les doctrines méthodistes et respecte notre discipline. »[24]

## La question est close

Tout au long des années tumultueuses décrites ci-dessus, Wesley resta remarquablement vigoureux pour une personne de son âge. Les textes de son Journal figurant aux dates de ses anniversaires célèbrent sa bonne santé ; il poursuivait son activité de prédicateur itinérant, bien qu'il le fît plus souvent en calèche qu'à cheval. Il fit même deux séjours de vacances estivales en Hollande en 1783 et en 1786, courtes pauses dans ses activités autrement incessantes.

Il fut finalement rattrapé par l'âge, mais il survécut à ses plus proches amis et à tous les membres de sa famille sauf un, sa sœur Martha. John Fletcher mourut d'une mort prématurée à cause d'une fièvre un peu avant son cinquante-sixième anniversaire en 1785. Trois ans plus tard, Charles Wesley décéda. En travaillant sur les poèmes de son frère décédé à la fin de l'année 1788, Wesley nota dans son Journal que l'âge le rattrapait. À l'âge de quatre-vingt cinq ans, sa vue était très affaiblie, mais il se réjouissait de ne pas être devenu un fardeau, de pouvoir voyager et que sa mémoire et sa compréhension ne s'étaient pas estompés à ce qu'il pouvait en juger.[25] Il reconnaissait dans son Journal à la date de son anniversaire de l'année suivante, en 1789 : « Je vois maintenant que je vieillis », soulignant spécialement sa vigueur et sa mémoire défaillante. L'anniversaire de Wesley en 1790 devait être son dernier et, à ce stade, il savait qu'il était proche de la fin.

Wesley participa à sa dernière Conférence annuelle en août 1790. En octobre, il termina sa dernière tournée de prédication et publia la dernière section de son Journal et il continua à tenir un journal intime jusqu'à une semaine avant sa mort. En novembre, Elizabeth Ritchie, une des jeunes amies et « fille adoptive » de Wesley, accepta de s'occuper de lui en tant que femme de ménage et aide à domicile ; nous voyons son nom cité presque tous les jours dans son journal intime. Elle lui faisait la lecture parce qu'il ne parvenait plus à lire par

---

[24]  Zachariah Taft, *Biographical Sketches of the Lives and Public Ministry of Various Holy Women* [Notes biographiques sur la vie et le ministère public de diverses femmes saintes], 2 vol. (Londres : publié pour l'auteur par M. Kershaw, 1825), 1.84.

[25]  *Journal,* 15 décembre 1788 (24.116-17).

lui-même. C'est de sa main que nous avons le récit des derniers jours de Wesley.[26]

Vers la fin du mois de février 1791, Wesley prêcha son dernier sermon. Il tomba rapidement malade de la fièvre et c'est une maladie dont il ne guérira jamais. Le 1er mars, les amis de Wesley savaient qu'il vivait ses derniers jours et ils se rassemblèrent autour de lui. Il demanda un stylo et du papier pour écrire quelque chose, mais il n'eut pas la force de les utiliser. Quand Elisabeth Ritchie lui demanda ce qu'elle devait écrire, il répondit: «Rien, à part que Dieu est avec nous». Il rassembla ses forces pour chanter un hymne, un de ses préférés et les paroles de cet hymne flottèrent sur ses lèvres toute la nuit même s'il n'avait plus d'énergie pour les chanter. Le lendemain, le 2 mars 1791, à 10 heures du matin, Wesley rendit son dernier souffle. Il fut enterré dans les sous-sols de la chapelle de City Road, son cercueil fut porté au cimetière, comme il l'avait demandé, par six hommes pauvres qui reçurent chacun une journée de salaire pour leur peine. «Je souhaite en particulier, note-t-il dans son testament, qu'il n'y ait aucun fourgon mortuaire, aucune voiture, aucun écusson, aucune pompe, rien que les larmes de ceux qui m'ont aimé et qui me suivront dans le giron d'Abraham.»[27]

Ainsi se termina la vie d'un homme remarquable. Aimé de ceux qui ressentaient l'impact positif de son mouvement méthodiste, vilipendé par ceux qui s'irritaient de ses choix de dirigeant ou qui s'opposaient à sa théologie, John Wesley était néanmoins l'évangéliste et l'organisateur religieux le plus brillant que l'Angleterre ait jamais connu. Ce fut une vie remplie de contradictions mais aussi de grandes idées. Ainsi, avec ces informations sur sa vie à portée de main, il est temps de nous tourner vers ses pensées qui composent son héritage théologique.

---

[26]  Le récit complet est fourni dans le *The Journal of the Rev. John Wesley, A.M.* [*Journal du Rev. John Wesley, A.M.*], publié par Nehemiah Curnock, 8 vol. (Londres: Epworth Press, 1938), 8.131-144.

[27]  Curnock, 8.343.

# VIII

# La méthode théologique de Wesley

Ayant terminé notre brève vue d'ensemble de la vie de Wesley, nous nous tournons à présent vers son héritage théologique. Nous commencerons notre tour des pensées de Wesley en étudiant son orientation sur la théologie elle-même. Wesley avait une méthode théologique distincte, un modèle de pensée pouvant être utilisé pour dire quelque chose de sensé sur Dieu. La méthode théologique traite des sources utilisées par un théologien et de la manière dont il génère de nouvelles conclusions à partir d'anciens points de départ. D'une certaine manière, la méthode théologique est comme la «grammaire» du langage de la théologie, à savoir, les règles d'assemblage qui permettent d'en tirer le sens. Savoir comment les théologiens ont fait leur travail nous aide à comprendre ce qu'ils ont écrit; ainsi donc, la méthode théologique nous fournit un point de départ idéal pour commencer l'exploration de leur pensée. Cependant, aussi pratique que puisse être cette approche, nous devons aussi reconnaître qu'elle est artificielle.

Nous n'apprenons pas appris notre langue maternelle en étudiant la grammaire; c'est en parlant que nous apprenons à parler. La grammaire vient ensuite pour nous aider à comprendre ce que nous faisons quand nous parlons. De la même manière, Wesley n'a pas d'abord conçu une méthode théologique avant de commencer à faire de la théologie. Comme la plupart des artisans, Wesley a appris l'art de la théologie en faisant de la théologie. La théologie n'a jamais été pour lui une tour d'ivoire dans laquelle on trouve toutes les réponses avant de les écrire dans un livre. Au contraire, Wesley agissait comme si la théologie était une activité quotidienne de la vie chrétienne, même si elle pouvait parfois être compliquée. Lorsqu'il se trouvait face à un problème, Wesley se lançait simple-

91

ment et commençait à faire de la théologie, tentant de comprendre ce qui fonctionnait et ce qui ne fonctionnait pas à mesure qu'il avançait. Bien qu'il eût personnellement du mal à admettre qu'il avait tort, la pensée de Wesley montre tout de même des marques distinctes de développement. Ce développement est marqué par un ensemble d'intuitions bien utiles et un modèle dynamique cohérent, qui peuvent encore nous aider à faire de la théologie aujourd'hui.

La méthode théologique de Wesley ne se distingue pas par une découverte particulière concernant l'exercice théologique que personne n'avait trouvé avant lui. Tout ce que Wesley a bâti théologiquement, il l'a bâti avec les mêmes outils que tous les autres. La singularité de Wesley se trouve dans la manière dont il utilisait ces outils et maintenait en équilibre plusieurs forces qui poussent souvent la théologie jusque dans le fossé. Deux de ces exercices d'équilibriste sont particulièrement importants pour ceux qui veulent marcher sur les pas de Wesley dans sa pensée théologique : l'équilibre entre la théologie académique et la théologie pratique, et l'équilibre entre les sources et les outils qui alimentent la réflexion théologique.

De nombreuses personnes considèrent la théologie comme une discipline académique, une réalité très éloignée de la vie ordinaire de la foi et de l'Église ; mais ce n'est pas ainsi que Wesley traitait la théologie. Comme nous l'avons vu, Wesley a reçu une formation d'élite à Oxford, mais il trouva un moyen de faire de la théologie qui combinait le travail d'érudition avec une orientation pastorale. Il s'intéressait assez à la bonne théologie pour écrire des pages et des pages sur ce thème. Cependant, il s'intéressait encore davantage au Dieu vers lequel toute cette théologie était censée être orientée, un Dieu activement impliqué dans le monde pour sauver son peuple. Wesley dépensa son énergie théologique sur les choses qui, selon lui, avaient un plus grand impact. Il disait : «Je conçois des vérités simples pour les personnes simples».[1] La rigueur académique était toujours mise au service de la pratique pastorale. Ceci nous aide à comprendre pourquoi Wesley se concentre sur des thèmes tels que le péché et le salut et ignore tout bonnement d'autres thèmes.

L'exercice d'équilibriste de Wesley entre la théologie académique et la théologie pratique est lié à un autre exercice, à savoir la recherche d'équilibre entre les diverses sources et les outils utilisés pour faire de la théologie. Nous explorerons cela plus en profondeur car c'est là que Wesley nous offre un modèle pour faire de la théologie qui est encore productif aujourd'hui, plus de deux cents ans

---

[1] Préface, *Sermons on Several Occasions [Sermons pour plusieurs occasions]*, §3 (1.104).

après sa mort. La plupart des théologiens reconnaissent que les Écritures, la tradition, la raison et l'expérience sont toutes importantes, d'une certaine manière, pour faire de la théologie. Depuis les années 1960, les disciples de Wesley ont souvent fait référence à ces quatre aspects sous le nom de quadrilatère wesleyen, mais ce terme est un peu trompeur étant donné qu'il n'y a rien d'unique dans le fait que Wesley les utilise. Ce qui est unique, c'est la manière dont Wesley les combinait. La nature exacte de l'utilisation que faisait Wesley de ces sources et de ces outils est encore à ce jour sujet à débat parmi les spécialistes, mais la nature générale de ses intuitions est assez claire pour nous permettre de voir combien il nous sera bénéfique d'utiliser aujourd'hui les mêmes pratiques théologiques que Wesley appliquait à son époque. Ainsi, nous allons consacrer le reste de ce chapitre à étudier ces aspects et la manière dont Wesley les rassemblait.

## Les Écritures

Bien entendu, l'élément le plus important de la méthode théologique de Wesley, c'est le texte des Écritures; mais il n'est pas né avec une Bible à la main. Comme tout un chacun, c'est à travers sa tradition que Wesley prit contact avec les Écritures et nous explorerons la signification de cette observation ci-après. Cependant, ayant commencé en 1725 en tant qu'étudiant d'Oxford, Wesley décida que les Écritures devaient avoir la place principale dans sa vie s'il voulait suivre Dieu et son plan pour le salut.[2]

Les motivations affirmées de Wesley pour mettre les Écritures en première place montrent ses engagements théologiques, que nous explorerons dans les chapitres ultérieurs. Comme il le dit dans la préface du premier tome de ses sermons:

> Je suis une créature d'un jour, passant à travers la vie comme une flèche fend l'air. … Je tombe dans une éternité immuable! Je veux savoir une chose — le chemin qui mène au ciel; comment accoster en toute sécurité sur ce rivage du bonheur. Dieu lui-même a daigné nous enseigner: il est venu du ciel précisément dans ce but. Il l'a écrit dans un livre. Oh que l'on me donne ce livre! À n'importe quel prix, donnez-moi le livre de Dieu! Je l'ai: voici la connaissance qui me suffit. Laissez-moi être l'*homo unius libri* [l'homme d'un seul livre].[3]

---

[2]  Lettre à John Newton, 14 mai 1765 (Telford 4.299).

[3]  Préface, *Sermons on Several Occasions [Sermons pour plusieurs occasions]*, §5 (1.104-05).

Ici, la principale préoccupation de Wesley est le salut et il est convaincu que les Écritures contiennent les informations nécessaires pour poursuivre cet objectif. Bien que Wesley ne doute pas que la Bible ait des choses à dire sur la science ou l'histoire, ce n'est pas pour cette raison qu'il lit ce livre. Sa perspective sur les Écritures découle de son engagement à suivre la voie du salut fournie par Dieu et cette perspective n'est jamais séparée de cet engagement. La priorité ici est importante pour comprendre Wesley. Wesley ne croit pas au salut parce qu'il croit en la Bible; il croit en la Bible parce qu'il s'engage à écouter ce qui est dit par le Dieu qui le sauve. Cette perspective permet à Wesley de rester «concentré», pour ainsi dire, et il essaye de ne pas perdre de temps avec des spéculations bibliques qui n'affectent pas la manière dont nous vivons notre vie avec Dieu.

Dans cette citation, nous pouvons aussi entendre la croyance de Wesley en un Dieu qui communique ce que Dieu veut que les humains sachent. Wesley croit que nous n'avons aucun moyen de connaître «la voie qui mène au ciel» par nous-mêmes si Dieu ne nous montre pas le chemin. Notre propre raison et notre propre expérience ne peuvent nous donner la connaissance de Dieu et de son monde. Dieu doit nous révéler ces choses. Ainsi, les Écritures sont extrêmement importantes parce qu'elles sont notre seule source pour connaître Dieu.

Cette perspective sur les Écritures en tant que révélation pour le salut est le point de départ de la théologie de Wesley. Tout ce qu'il a découvert et redécouvert sur le salut et la vie chrétienne découle d'une recherche menée à travers le filtre des Écritures. Si une personne utilise les Écritures d'une manière qui contrarie la capacité des humains s'approcher de Dieu, c'est un abus et une mauvaise compréhension des Écritures. La perspective prudente de Wesley sur le rôle salvateur des Écritures primant sur tout le reste trouve sa place dans de nombreuses déclarations doctrinales relatives aux Écritures dans des églises issues de son héritage.[4]

L'engagement de Wesley envers les Écritures n'était pas uniquement un sujet académique; c'était une caractéristique centrale de sa vie entière. La quasi totalité des textes de son Journal quotidien dont nous disposons incluent un temps consacré à la lecture des Écritures. Le sermon était la forme habituelle de ses discours publics. Son Journal public, ses lettres et ses essais sont remplis des

---

[4] Ainsi, par exemple, l'Église méthodist unie dit que «la Bible est la principale autorité pour notre foi et notre pratique» *(www.umc.org)*. L'Église du Nazaréen décrit la Bible comme «révélant infailliblement la volonté de Dieu à notre égard pour tout ce qui est nécessaire à notre salut.» (*Manuel de l'Église du Nazaréen, 2013-2017*, §4).

paroles et des expressions de la traduction des Écritures la plus utilisée à son époque. Wesley vivait avec ce livre et cela formait aussi bien son caractère que ses pensées. Si nous ôtions les Écritures de la théologie de Wesley, il ne resterait presque rien.

## La tradition

Les Écritures occupent la place la plus importante pour Wesley, mais uniquement parce qu'il appartenait à une tradition qui l'aidait à voir son importance. Nous pouvons définir la tradition comme toutes ces réflexions portant sur les Écritures et sur la vie que les personnes qui ont vécu avant nous nous ont transmises, soit en personne soit à travers leurs écrits. Les traditions montrent qu'aucun de nous ne commence à partir de rien, mais toutes les traditions n'ont pas la même valeur. Certaines traditions sont bonnes et nous dirigent vers la bonne route. D'autres, cependant, servent plutôt à nous rappeler où se trouvent les impasses. Wesley utilisait les traditions de manière prudente et nuancée, reconnaissant à la fois leurs valeurs et leurs dangers. En cela, il nous fournit un modèle viable pour se montrer «fidèle tout en restant critique» envers la tradition.

Comme nous l'avons vu, la famille de Wesley lui a fourni une vaste introduction aux diverses traditions du protestantisme réformé. En tant que bon Protestant, Wesley respectait la tradition, mais ne lui accordait jamais le dernier mot — qui n'appartenait qu'aux Écritures. S'il croyait qu'une tradition contredisait sa meilleure compréhension des Écritures, alors il était ravi de critiquer ou de rejeter cette tradition. Cependant, quand ce n'était pas le cas, il était aussi ravi de l'accepter et de l'utiliser. Il n'était ni étroitement attaché à la tradition ni en rébellion contre elle. Elle était pour lui un instrument. Elle pouvait servir de point de référence pour tester différentes interprétations des Écritures et leur application dans la vie de tous les jours. La tradition lui fournissait un point de départ et une destination, afin qu'il n'ait pas l'impression de se débattre seul avec les Écritures ou avec le ministère. La tradition était importante, mais pas ultime. Elle nous aide à voir les choses dans les Écritures et à les appliquer à notre vie. Sans elle, nous ne saurions peut-être pas où commencer, mais cela ne veut pas dire qu'elle nous dit toujours où il faut aller. Pour Wesley, la tradition était une servante des Écritures et de la vie chrétienne pratique — à utiliser quand on en avait besoin et à mettre de côté quand elle faisait obstacle.

On peut voir cette attitude «fidèle tout en restant critique» envers la tradition dans la manière dont Wesley utilisait les diverses traditions auxquelles il était exposé. Il était naturellement partial envers sa propre tradition anglicane, bien qu'il fût effrontément critique envers elle quand il pensait qu'elle ne respectait pas les Écritures ou ne remplissait pas son rôle pour rapprocher les humains de Dieu. Il appréciait aussi la tradition du piétisme allemand et son accent sur la vie spirituelle, bien qu'il pensât que certains Moraves spiritualisaient trop les choses. Finalement, Wesley accordait une attention particulière aux premiers Pères fondateurs de l'église, particulièrement ceux qui avaient vécu dans le monde romain du Nouveau Testament. Étant donné qu'ils étaient proches des événements des Écritures et qu'ils partageaient la pauvreté et la persécution de l'église primitive, Wesley trouvait leurs réflexions sur la foi et les Écritures particulièrement importantes. Cependant, lorsque Constantin arriva au pouvoir au début des années 300 et commença à accorder des statuts et des richesses à l'église, la tradition fut corrompue et eut besoin d'être approchée de manière plus critique. À la fin de sa vie, Wesley craignit que la même chose ne se passât aussi dans sa propre tradition, le méthodisme.

Malgré cette prudence, Wesley trouva de nombreux écrits et témoignages de toute l'histoire de l'église intéressants et utiles pour comprendre les Écritures et pour vivre la vie chrétienne. Les œuvres de sa *Bibliothèque chrétienne* montrent qu'il désirait introduire ses fidèles à une large gamme de traditions, bien qu'il eût éliminé les sources de toute chose qui, selon lui, heurtait les Écritures ou la raison ou qui auraient pu entraver l'expérience chrétienne. Nous voyons donc que Wesley était fidèle à la tradition quand il le pouvait tout en se montrant critique quand il le devait et, en cela, il nous donne un exemple qui vaut encore la peine d'être étudié aujourd'hui.

## La raison

La raison occupe une place particulière, aux côtés des Écritures, dans la méthode théologique de Wesley. En fait, sa façon normale de définir la «bonne théologie» était de parler d'une théologie à la fois scripturaire et rationnelle. Comme il le faisait avec les Écritures, Wesley avait une entière confiance en la raison — bien que, encore comme avec les Écritures, il n'avait pas confiance en l'utilisation que tous pouvaient en faire. Pour Wesley, la raison était principalement un outil de traitement et une formation était nécessaire pour apprendre à relier correctement entre elles des vérités connues et à utiliser la raison pour nous ouvrir à de nouvelles vérités. Considérer la raison comme un outil signifiait aussi que Wesley n'utilisait pas la raison comme source pour la théologie, étant donné que tout contenu traité par la raison devait provenir d'un autre domaine.

Il est important de comprendre comment Wesley considérait la raison et sa connexion avec l'expérience, afin de comprendre à la fois sa méthode théologique et sa théologie.

Wesley étudia à Oxford à une époque où l'influence de l'ancien penseur grec Aristote était particulièrement forte et il adopta l'approche philosophique d'Aristote. Quand Wesley disait qu'une chose était «rationnelle», cela signifiait généralement pour lui que cette chose suivait les règles définissant une réflexion juste, des règles qu'Aristote appelait la «logique». Pour Aristote et pour Wesley, la logique apporte à la pensée un ensemble de marqueurs objectifs, un moyen de déterminer une vérité qui ne dépend pas des intuitions subjectives ou des sentiments. La raison était l'outil de Wesley pour montrer ce qui était vrai et ce qui ne l'était pas, en montrant à quel point elle s'accordait ou ne s'accordait pas avec d'autres choses qui étaient affirmées comme des vérités.

La fiabilité objective de la logique — en particulier en tant que contrepoids à des émotions qui prêtent quelquefois à confusion — était importante pour Wesley et pour sa théologie. Dans ses propres écrits et ses sermons, Wesley prenait toujours garde à faire des connexions logiques entre ses idées et à ne pas se contenter d'offrir des illustrations métaphoriques ou des astuces rhétoriques. Quand il analysait les écrits d'autres auteurs, une de ses activités favorites était de formuler leurs affirmations sous forme logique et de démontrer ensuite qu'elles étaient construites sur de mauvaises hypothèses ou qu'elles provenaient de raisonnements erronés. Wesley était tellement attaché aux règles de la juste pensée qu'il alla jusqu'à traduire son propre manuel universitaire de logique du latin en anglais, afin de pouvoir l'enseigner à ses prédicateurs laïcs.

Cette vision de la raison en tant qu'outil objectif de traitement est liée à une autre caractéristique importante de la compréhension de la raison selon Wesley, à savoir, que tout ce que la raison traite vient à la raison à partir de l'extérieur. «Il n'y a rien dans l'esprit qui ne soit pas déjà dans les sens» disait Wesley, répétant un célèbre résumé des enseignements d'Aristote.[5] Ainsi donc, la vision qu'avait Wesley de la raison est intimement liée à sa vision de l'expérience et cela demeure vrai même pour notre connaissance de Dieu. Pour Wesley, les êtres humains naissaient athées, sachant uniquement qu'il doit exister quelque chose que nous ne connaissons pas.[6] La vision de la raison selon Wesley

---

[5]   Sermon 117, «On the Discoveries of Faith» [«Sur les découvertes de la foi»] §1 (4.29).
[6]   Sermon 44, «Le péché originel» (II.2 à 7).

s'accorde bien avec la priorité que Wesley accorde aux Écritures. Puisque nous ne connaissons rien de Dieu au début de notre vie, nous devons apprendre. Cela signifie que nous avons besoin d'une source à partir de laquelle nous pouvons apprendre. Cela signifie que nous avons besoin de la Bible. Aucune dose de raison ne peut nous enseigner quoi que soit sur Dieu ; seules les Écritures le peuvent.

Tout comme la tradition, la raison fonctionne en théologie en nous donnant un point de départ en consultant les Écritures et l'œuvre de Dieu dans le monde. D'une part, nous reconnaissons une nouvelle vérité quand elle s'accorde avec d'autres vérités que nous connaissons déjà. D'autre part, nous en arrivons à remettre en question d'anciennes croyances quand ces dernières ne s'accordent plus avec toutes les nouvelles croyances qui s'accordent si bien ensemble. Mais la raison doit avoir matière à travailler. Si l'on commence avec une erreur, même un bon raisonnement ne mènera qu'à de nouvelles erreurs. La raison ne fonctionne que lorsqu'elle travaille en partant de la bonne substance. En ce qui concerne la théologie, la raison trouve sa « substance spirituelle » dans les Écritures, mais elle tire tout le reste de l'expérience.

## L'expérience

Nous arrivons à présent à la contribution la plus remarquable — mais aussi la plus controversée — de Wesley à la méthode théologique. Alors que les collègues anglicans et les supérieurs de Wesley auraient d'emblée affirmé l'importance des Écritures, de la raison et de la tradition, ceux-ci étaient plutôt nerveux à l'idée de laisser l'expérience influer sur les questions liées à Dieu. Il y avait, bien entendu, des traditions qui faisaient de l'expérience la catégorie la plus fondamentale pour la pratique théologique : des traditions telles que les Quakers et ceux que Wesley aurait appelé les « mystiques ». Les humains peuvent imaginer toutes sortes de doctrines ou de pratiques et ensuite les justifier en disant : « Dieu m'a dit » — une revendication qu'il est pratiquement impossible de tester ou de mettre en question. À l'époque de Wesley, les croyants appelaient cela « l'enthousiasme » et cela provoquait la frayeur des Anglicans, eux qui étaient si calmes et si respectables. L'évêque Butler parlait pour de nombreux Anglicans quand il disait à Wesley : « Monsieur, prétendre à des révélations et des dons extraordinaires provenant du Saint-Esprit est une chose horrible, une très horrible chose. »[7]

---

[7]   « Wesley`s Interview with Bishop Butler » [« Entretien de Wesley avec l'évêque Butler »] (19.471).

Wesley était sensible aux problèmes créés à la vérité divine par les revendications subjectives et il partageait la crainte de ses collègues face à ces dernières. Il a lui-même écrit pour s'opposer à ce problème de l'enthousiasme, le condamnant tout autant que l'évêque Butler.[8] La vision qu'avait Wesley des Écritures et de la raison signifiait que l'expérience n'était pas autorisée à s'exprimer «de manière indépendante». Les affirmations subjectives devaient être testées en rapport à ces autorités objectives. Cependant, Wesley croyait qu'abandonner l'expérience personnelle revenait à abandonner le christianisme. Wesley croyait que Dieu agissait effectivement dans la vie des personnes d'une manière qui peut être perçue et que, en quelque sorte, c'était là l'un des principaux objectifs du christianisme. Dans la préface de ses sermons, il expliquait vouloir «décrire la véritable religion expérimentale et scripturaire», qu'il appellera plus tard la «religion du cœur».[9] Selon Wesley, un christianisme qui ne pouvait pas être vécu à travers l'expérience n'était pas le christianisme de la Bible.

Cependant, la vision qu'avait Wesley de l'expérience s'étend au-delà des choses que nous identifions généralement comme des expériences religieuses intérieures ou personnelles. Sa théologie était basée sur un Dieu qui agissait dans le monde physique de tous les jours. Il était donc toujours important pour lui de tester ses interprétations des Écritures dans le monde de notre expérience sensorielle pour voir si elles fonctionnaient. Et si elles ne fonctionnaient pas, Wesley disait qu'il souhaitait les abandonner. En parlant de l'entière sanctification, Wesley écrivit :

> Si j'étais convaincu que personne, en Angleterre, n'a obtenu ce qui a été si clairement et si fortement prêché, par un grand nombre de prédicateurs, en beaucoup de lieux et pendant longtemps, je serais persuadé que nous nous serions tous mépris sur la signification de ces passages de l'Écriture, et par conséquent, je devrais aussi enseigner, désormais, que le péché demeurera jusqu'à la mort.[10]

Dans la méthode théologique de Wesley, l'expérience était, en un sens, le but de la théologie. Cependant, elle était aussi le creuset dans lequel l'on pouvait voir si toutes ces belles paroles sur Dieu changeaient réellement les choses. Wesley croyait que l'expérience ne pouvait pas enseigner quoi que ce soit à qui que ce soit sans la Bible, mais les humains ne savent pas s'ils ont compris la

---

[8]   Sermon 37, «Le faux enthousiasme».

[9]   Préface, *Sermons on Several Occasions [Sermons pour plusieurs occasions]*, § 6 (1.106).

[10]   *Une exposition claire et simple de la perfection chrétienne*, §19.Q30.

Bible correctement tant qu'elle ne produit pas d'effet dans le monde. Comme nous l'avons noté plus haut, la théologie de Wesley était pratique et se concentrait sur l'œuvre salvatrice de Dieu dans le monde. La manière dont il traite l'expérience dans sa théologie ancre solidement cette approche.

Voilà donc les principaux éléments de la méthode théologique de Wesley. Les Écritures sont la source de tout ce que nous pouvons connaître sur un Dieu qui est au-delà de ce monde mais qui se révèle dans le monde. La tradition nous aide en nous présentant un historique des réflexions sur Dieu et en nous montrant de bons et de mauvais exemples de ce principe. La raison nous enseigne à réfléchir avec prudence et objectivité et à nous assurer que toutes les choses que nous affirmons s'accordent entre elles. Enfin, l'expérience nous fournit à la fois un but pour tout ce travail de théologie et un moyen de tester la valeur pratique de nos paroles. En équilibrant ces quatre aspects les uns par rapport aux autres, Wesley a trouvé une manière de faire de la théologie qui fonctionnait bien dans son monde et qui pourrait fonctionner tout aussi bien dans le nôtre. Cependant, Wesley n'avait pas pour objectif d'écrire un manuel de théologie. Son objectif était de prêcher l'Évangile. Maintenant que nous connaissons mieux le fonctionnement de sa théologie, nous sommes prêts à en écouter le contenu. Nous nous tournons donc à présent vers la substance de sa théologie.

# IX

# Les pensées de Wesley sur Dieu

Les croyances de Wesley sur Dieu sont étroitement liées à ses croyances sur le salut. En effet, il écrit rarement à propos de Dieu seul. Même en discutant d'idées aussi abstraites que l'omniprésence ou l'éternité, Wesley les connecte généralement au rôle qu'elles jouent dans l'œuvre salvatrice de Dieu en nous. Toutefois, alors que nous commençons à étudier les pensées de Wesley, il est utile de recueillir ses idées fondamentales sur Dieu à partir de leur contexte orienté vers le salut et de les mettre sur la table de manière indépendante. Les voir ainsi nous aide à mieux comprendre les autres aspects de sa pensée car ces idées viennent logiquement en premier. Le salut est ce qu'il est — du moins en ce qui concerne Wesley — parce que Dieu est ce que Dieu est.

## La transcendance de Dieu

L'hypothèse probablement la plus fondamentale de Wesley sur Dieu est l'altérité ou la transcendance de Dieu, pour utiliser le terme théologique usité. Bien que Dieu soit actif dans le monde, Dieu n'est pas une partie du monde. Pour Wesley, la première chose significative à savoir sur Dieu — un point que nous avons évoqué dans le chapitre précédent — est que Dieu ne peut être connu que dans la mesure où Dieu se révèle. Wesley souligne aussi l'altérité de Dieu en discutant de sa nature spirituelle, de sa nature éternelle et du fait que Dieu est omniprésent, omniscient et omnipotent. Il partage la plupart de ces idées avec la grande majorité des théologiens, mais les pensées de Wesley sur la puissance de Dieu sont différentes de la vision classique du protestantisme réformé. Nous étudierons tour à tour chacune de ces caractéristiques divines.

## Dieu en tant que mystère

Nous commençons avec l'implication selon laquelle la transcendance de Dieu rend Dieu mystérieux parce que la manière dont nous traitons cette intuition façonne tout ce que nous pourrions prétendre savoir sur Dieu. Dans la petite liste d'attributs divins établie dans le sermon intitulé «Sur l'unité de l'Être divin», Wesley commence avec l'idée que Dieu ne peut être connu que dans la mesure où Dieu se révèle. La croyance de Wesley en la transcendance de Dieu l'a incité à voir d'un mauvais œil notre capacité à connaître Dieu par nos propres moyens. Étant donné que Wesley croit que nous naissons sans aucune connaissance de Dieu, même l'idée qu'un monde spirituel existe n'est, selon les termes de Wesley, «qu'une vague conjecture»[1] si elle est basée sur notre capacité. Nous autres êtres humains ne pouvons savoir à quoi ressemble Dieu que parce que Dieu s'est révélé à nous à travers les Écritures.

Cette conviction théologique nous aide à voir pourquoi la Bible était si importante pour Wesley et pourquoi il n'a jamais voulu s'éloigner trop loin de cette source quand il parlait de Dieu. Il ne tenait pas vraiment à utiliser le terme «trinité» pour décrire Dieu — bien qu'il crût en la trinité — précisément parce que le terme lui-même n'est pas un terme biblique.[2] Cela fait de Wesley un théologien biblique plus qu'un théologien systématique. Il s'attèle à rassembler les diverses affirmations de la Bible concernant Dieu pour les rendre compréhensibles, mais il se préoccupe plus d'être fidèle aux Écritures que d'être cohérent. Lorsque les pièces ne s'accordent pas bien, Wesley a tendance à affirmer sa foi envers les mystères révélés par les Écritures plutôt qu'à essayer de spéculer sur la manière dont ces pièces pourraient s'accorder entre elles. Ceci est particulièrement vrai quand de telles spéculations semblent basées plus sur la philosophie que sur la révélation biblique.

Ce que cela signifie pour nous, lecteurs de Wesley, c'est que nous devons accepter une certaine ambiguïté dans ses confessions concernant Dieu. Les lecteurs modernes pourraient ressentir une tension, par exemple, entre sa vision de l'omniscience de Dieu et sa vision de la liberté humaine; mais Wesley affirme simplement les deux parce qu'il pense que les Écritures affirment les deux. Il présente une vision de l'omniscience fidèle à la tradition arminienne (voir ci-dessous), mais il ne l'a pas testée de manière très approfondie. Cependant,

---

[1]   Sermon 70, «The Case of Reason Impartially Considered» [«Le cas de la raison considéré de manière impartiale»] §II.2 (2.593).

[2]   Sermon 55, «On the Trinity» [«Sur la trinité»] §4 (2.377-78).

même si ces choses devraient nous préoccuper lorsque nous appliquons la pensée de Wesley aujourd'hui, elles ne doivent pas nous préoccuper lorsque nous explorons sa pensée dans le contexte de son époque. Pour l'heure, nous décrirons simplement les pensées de Wesley bien que nous soyons conscients qu'en se limitant de la sorte, la tâche qui consiste à être un bon « Wesleyen » ne demeure qu'à moitié accomplie.

### Dieu en tant qu'Esprit

La confession « Dieu est esprit » (Jean 4.24) est l'un des éléments les plus importants de la conception qu'a Wesley de l'altérité de Dieu. Wesley se réfère à ce verset dans de nombreux sermons et il l'utilise toujours pour établir une distinction entre Dieu et sa création, particulièrement entre une adoration digne de Dieu et une adoration matérielle ou tournée uniquement vers l'extérieur. En fait, la « spiritualité pure » est pour Wesley une caractéristique exclusivement divine. Il semble penser que même les anges ont une sorte de corps matériel (c'est-à-dire, une nature créée), aussi raffinée soit-elle.[3]

L'idée de la nature spirituelle de Dieu selon Wesley est aussi liée aux affirmations classiques de la simplicité de Dieu. Cela signifie que Dieu n'est pas composé de parties, comme le sont toujours les entités matérielles. Quelle que soit la nature de Dieu, elle ne peut être compartimentée en quelque chose de plus simple que le « caractère divin ». Cela signifie aussi que Dieu n'est pas, par nature, soumis aux influences du monde matériel. Les êtres humains sont sujets aux passions, aux réactions biologiques involontaires face au monde matériel qui nous entoure. Ce n'est pas le cas avec Dieu. Wesley soutenait l'interprétation classique du premier des Trente-neuf articles de l'Église d'Angleterre, qui affirme que Dieu est « sans corps, parties ou passions ». Bien entendu, pour Wesley, cela ne signifie pas que Dieu ne nous aime pas — c'est même le contraire! Cela signifie simplement que l'amour de Dieu — spirituel, simple et volontaire — est différent de la passion — sentiment physique, complexe et involontaire — dont les êtres humains font l'expérience.

### Dieu en tant qu'Éternel

Sa nature spirituelle signifie que Dieu n'occupe pas un espace matériel de la même manière que ses créatures le font. De même, sa nature éternelle signifie que Dieu n'occupe pas le temps de la même manière que nous non plus. Dans

---

3 Sermon 120, « The Unity of the Divine Being » [« L'unité de l'être divin »] §8 (4.63).

son sermon « Sur l'éternité », Wesley définit cette notion comme une « durée sans limite », une succession de moments qui s'étend à l'infini du moment présent vers le passé et vers le futur. Dieu est la seule réalité qui occupe tous ces moments. Bien que Dieu accorde à la création une durée sans limite dans le futur, seul Dieu n'a pas de commencement. C'est là une autre caractéristique déterminante de l'altérité de Dieu selon Wesley. S'il y a une seule chose qui a toujours existé, là aussi, il s'agirait de Dieu. C'est pourquoi Wesley rejette l'idée que la matière a toujours existé.[4]

Cependant, Wesley présente dans ses écrits une autre conception de l'éternité de Dieu selon laquelle Dieu se tient complètement hors du temps et voit tout le temps — le passé, le présent et le futur — comme un ensemble unifié. Cette idée est plus étroitement connectée à la philosophie grecque et Wesley l'utilise spécifiquement pour traiter la question de la prédestination.[5] Comme nous le verrons, Wesley souhaite affirmer que Dieu connaît le futur sans affirmer que Dieu cause ce futur. Placer Dieu hors du temps lui permet de le faire. Ainsi, parler de préscience est une manière humaine de parler puisque pour Dieu, il n'y a pas ni avant ni après, juste le « maintenant ».

Il ne faut pas réfléchir longtemps pour voir que ces deux concepts de l'éternité ne vont pas ensemble et il existe un débat théorique sur la question de savoir quel concept est plus important pour Wesley. Dans sa préoccupation d'être au plus près de la Bible, du moins, Wesley ne tente pas de réconcilier ces interprétations antagonistes de la relation de Dieu avec le temps. Cependant, ce qui est cohérent entre les deux c'est que, contrairement à nous, Dieu n'est pas soumis au temps, que ce soit parce que Dieu l'occupe entièrement ou parce que Dieu se tient hors du temps. Ce qui est important, encore une fois, c'est l'altérité de Dieu. Alors que nous sommes limités par le temps, Dieu ne l'est pas.

### Les « doctrines omni »

La relation sans limites de Dieu avec le temps et l'espace mène naturellement à l'appréciation de Wesley de ce qui est quelquefois appelé « les doctrines omni » : l'omniprésence, l'omniscience et l'omnipotence de Dieu. Nous pourrions traiter ces idées séparément mais, chez Wesley, elles semblent être étroitement liées. Ces affirmations interconnectées expriment l'altérité de Dieu, mais

---

[4]Sermon 54, « On Eternity » [« Sur l'éternité »] §7 (2.361-62).

[5] Sermon 58, « On Predestination » [« Sur la prédestination »] §5 (2.417).

elles impliquent aussi quelque chose sur la manière dont Dieu travaille dans et à travers le monde — en d'autres termes, l'immanence de Dieu. Nous commencerons avec la compréhension de l'omniprésence selon Wesley, car c'est la moins controversée, avant d'aborder ses convictions concernant l'omniscience et l'omnipotence de Dieu. Ces deux derniers concepts montrent la distance théologique de Wesley par rapport aux opinions majoritaires du protestantisme réformé, bien qu'ils soient dans la lignée des élans arminiens de sa propre tradition anglicane.

**L'omniprésence.** C'est la seule «doctrine omni» que Wesley traite avec une attention ciblée, prêchant tout un sermon sur le sujet vers la fin de sa vie (1788).[6] Dans ce sermon, qui représente les intuitions que Wesley a gardé toute sa vie, il définit l'idée de l'omniprésence comme étant simplement «une présence sans limite», avec une analogie à l'éternité de Dieu et à son omnipotence (en tant que «puissance sans limite»). En se basant sur Jérémie 23 et sur le Psaume 139, Wesley affirme simplement que Dieu est dans cet endroit (quel que soit cet endroit) et dans tous les endroits, même les «endroits» qui peuvent se trouver au-delà des limites de la création. Wesley utilise cette idée pour souligner la relation inégale entre Dieu et sa création, renforçant encore une fois l'indépendance et l'altérité de Dieu. Alors que Dieu surpasse la création et peut exister sans elle, celle-ci s'effondrerait dans le néant si Dieu devait retirer sa présence féconde.

Dans ce sermon, Wesley relie aussi l'omnipotence à l'omniprésence, puisqu'il revendique que Dieu ne peut pas agir là où Dieu n'est pas présent. Ailleurs, Wesley liera l'omniscience avec l'omniprésence, revendiquant que Dieu connaît toutes choses parce que Dieu est présent pour toutes choses.[7] Cependant, Wesley ne se contente pas de ces spéculations formelles. Pour Wesley, le seul intérêt qu'il y a à discuter l'omniprésence, c'est sa conséquence sur notre manière de vivre. Si Dieu est partout, alors cela devrait nous pousser à nous comporter de manière à plaire à Dieu. Et si nous nous comportons d'une manière qui plaît à Dieu, il est sûr que Dieu nous soutiendra, où que nous soyons.

**L'omniscience.** Comme la plupart des Chrétiens de son époque, Wesley affirmait l'idée que Dieu est omniscient. Wesley ne pouvait pas concevoir que Dieu pût être ignorant de quoi que ce soit. Sur ce point au moins, Wesley et ses

---

[6] Sermon 118, «On the Omnipresence of God» [«Sur l'omniprésence de Dieu»] (4.39-47).

[7] Sermon 120, «On the Unity of the Divine Being» [«Sur l'unité de l'être divin»] §6 (4.62).

opposants calvinistes pouvaient se mettre d'accord. Toutefois, ils n'étaient pas d'accord sur la source de la connaissance de Dieu et ce désaccord est important. La plupart des Calvinistes pensaient que la connaissance de Dieu découlait de sa puissance et de son activité. Pour eux, sa toute-puissance signifiait que Dieu est l'ultime cause de toute chose et Dieu connaît naturellement ce que Dieu cause. Dieu connaît les choses parce que Dieu a déjà décidé et mis en œuvre ces choses. En un sens, les choses existent parce que Dieu les connaît. Cette chaîne de raisonnement fait de Dieu la source ultime de sa connaissance. Comme nous l'avons vu plus haut, Wesley enracine la connaissance de Dieu dans son omni-présence et non dans son omnipotence et cela change tout.

Pour Wesley, Dieu connaît chaque partie de la création de Dieu parce que Dieu est présent pour chaque partie et non parce que Dieu est la cause de ces choses. Dieu, donc, «voit et sait».[8] La différence frappante ici est que la créa-tion — et non Dieu — est alors la source de la connaissance de Dieu. Wesley l'exprime ainsi dans son sermon «Sur la prédestination»: «Nous ne devons pas penser que les choses existent parce qu'il les connaît. Non; il les connaît parce qu'elles existent.»[9] Bien que la différence soit minime, sa signification est radi-cale et elle introduit le type de connexion que ce Dieu-qui-est-autre possède avec le monde que Dieu a créé. La raison de cette nuance est que Wesley croit que Dieu a créé les êtres humains libres, un concept que nous étudierons plus en profondeur dans le prochain chapitre. Parce que les êtres humains ont la liberté, ils peuvent eux aussi «être à l'origine» des choses. Dieu connaît ces choses parce que Dieu voit ce que ces êtres humains ont causé. Bien entendu, l'omniscience de Dieu est tout de même une caractéristique de son altérité, puisqu'aucune créature de Dieu ne possède cette qualité et que nous ne pou-vons même pas la comprendre complètement. Cependant, en reliant la connais-sance de Dieu à sa création, Wesley pointe vers une relation entre Dieu et la création qui est à double sens (entre Dieu et le monde) et non juste à sens unique (de Dieu vers le monde). Ceci nous prépare au rôle important joué par les relations dans le reste de la théologie de Wesley.

**L'omnipotence.** La relation bilatérale impliquée par la compréhension de l'omniscience de Dieu selon Wesley est entièrement exprimée dans sa compré-hension de l'omnipotence de Dieu. Wesley a traité le concept de l'omnipotence plus souvent que les deux autres «doctrines omni» à cause de ses débats avec les

---

[8]  Sermon 58, «On Predestination» [«Sur la prédestination»] §15 (2.420).

[9]  *Ibid.*, §5 (2.417).

Calvinistes et leur conception du rôle de la puissance de Dieu dans le salut. Nous reviendrons à l'idée du salut plus tard, mais pour l'heure, il est important de voir que la compréhension qu'avait Wesley de la toute-puissance de Dieu était façonnée par sa conception de ce que Dieu faisait de cette puissance. En d'autres termes, Dieu n'utilise la puissance de Dieu que pour des objectifs spécifiques. Une fois que Dieu a décidé ce que Dieu veut, Dieu n'utilisera sa puissance que de manière cohérente avec ces objectifs. Ainsi, bien que Wesley affirme que Dieu est tout-puissant, il affirmera aussi qu'il y a des choses que Dieu ne peut pas faire.

Wesley explore cette idée dans son sermon « Sur la divine providence ». Dans ce sermon, Wesley fait deux choses qui montrent qu'il comprend la puissance de Dieu d'une manière différente de celle de ses opposants calvinistes. Tout d'abord, Wesley relie la puissance de Dieu à la sagesse et à la bonté de Dieu. Dieu est bon et donc ne fera que de bonnes choses. De même, Dieu est sage et donc Dieu sait ce qui est mieux pour la création. Les spéculations théoriques sur ce que Dieu pourrait faire n'ont aucune place dans le monde de Wesley. Les Écritures nous disent ce que Dieu a fait et nous donnent des attentes concernant ce que Dieu fera et tout ceci nous montre un Dieu dont le pouvoir n'est jamais séparé de la sagesse et de la bonté.

La deuxième chose que fait Wesley pour «limiter» l'omnipotence de Dieu est de plaider fortement en faveur de l'auto-cohérence de Dieu. Ce que Dieu fait en une occasion sera cohérent avec ce que Dieu fait en toute autre occasion. Les moyens que Dieu utilise sont cohérents avec les objectifs que Dieu poursuit. Wesley l'exprime en ces termes : «Celui qui peut toutes choses ne peut se désavouer; il ne peut se contredire ou s'opposer à sa propre œuvre.»[10] C'est la raison pour laquelle Dieu ne détruit pas le péché et le mal. Bien qu'il ait le pouvoir de le faire, il «ne le peut pas» car cela contredirait l'œuvre antérieure de Dieu par laquelle il créa les humains en tant qu'êtres libres. L'argumentation de Wesley à ce sujet mérite d'être citée en entier, car c'est la plus claire expression de la différence entre sa conception de l'omnipotence et celle de ses opposants calvinistes.

> Car il [Dieu] a créé l'homme selon sa propre image; un esprit, comme lui-même; un esprit doté de compréhension, avec une volonté, ou des affections, et une liberté — sans laquelle ni sa compréhension ni ses affections n'auraient pu être utilisées, et il n'aurait pas non plus été capable ni de vice ni de ver-

---

[10] Sermon 67, « On Divine Providence » [« Sur la divine providence »] §15 (2.540).

tu. … Si la liberté était ôtée, les hommes seraient tout aussi incapables de ver-
tu que les pierres. Ainsi, (et ceci dit avec révérence), le Tout-Puissant lui-même
ne peut faire cette chose. Il ne peut se contredire ainsi, ou défaire ce qu'il a
fait. Il ne peut détruire dans l'âme de l'homme cette image de lui-même selon
laquelle il l'a créé.[11]

Nous retournerons au concept de la liberté humaine plus tard, mais pour
l'heure, nous pouvons voir que la vision qu'a Wesley de la puissance de Dieu
n'est pas celle d'un tyran arbitraire. Bien entendu, les limites de la puissance de
Dieu sont celles que Dieu autorise, ou celles dans le cadre desquelles Dieu choisit d'agir. Ainsi, l'indépendance, la liberté et l'altérité de Dieu sont tout de
même des aspects importants. Aucune des créatures de Dieu ne peut restreindre
l'activité de Dieu, mais il semble que Dieu puisse le faire.

## La sainteté, la bonté et l'amour

Le terme qui représente le mieux le souci de Wesley concernant l'altérité ou
la transcendance de Dieu est probablement le mot «saint». «Dieu est saint»
signifie que Dieu n'est pas comme nous; Dieu est au-dessus et au-delà de nous;
Dieu est distinct. Pour Wesley, cependant, la sainteté de Dieu comporte toujours également une qualité morale. On pourrait imaginer un dieu qui est distinct d'une manière qui n'a aucun rapport avec la moralité, et Wesley a le sentiment que c'est parfois ce que font certains Calvinistes.[12] Pour Wesley, l'altérité
de Dieu, la sainteté de Dieu, ne peuvent être séparées de la bonté de Dieu.
C'est pourquoi Wesley utilise le plus souvent le terme saint pour opposer Dieu
et l'état déchu et pécheur du monde. C'est aussi pour cette raison qu'il évite de
parler de la «gloire de Dieu» comme si celle-ci était uniquement liée à de
grandes démonstrations de la puissance de Dieu. La compréhension qu'a Wesley de la gloire de Dieu est toujours liée à la manifestation de la bonté de Dieu,
ou, pour le dire davantage selon les termes de Wesley, l'amour de Dieu.[13]

Avec cette idée, la boucle est bouclée. Le point de départ des pensées de Wesley sur Dieu est l'altérité de Dieu, la transcendance de Dieu, la distance de
Dieu par rapport à nous. Le point final, cependant, est l'intimité de Dieu,
l'immanence de Dieu, l'amour de Dieu. Un Dieu qui n'est qu'autre — saint,
omnipotent, omniscient, omniprésent, éternel, spirituel — nous serait complè-

---

[11]   *Ibid.*, (2.540-41).
[12]   Sermon 110, « Free Grace » [« La grâce libre »] §§23-26 (3.554-56).
[13]   *Predestination Calmyly Considered [La prédestination considérée calmement]*, §§47-50 (13.287-89).

tement étranger. La seule raison pour laquelle nous savons des choses sur Dieu est que Dieu est aussi un Dieu d'amour, un Dieu qui ne reste pas dans l'au-delà mais qui s'adresse au monde — tout d'abord en le créant, ensuite en le soutenant, en le gouvernant et en le rachetant.

En un sens, c'est l'idée même que Wesley a de Dieu qui est le message de l'Évangile. Le Dieu qui est au-delà de nous est un Dieu d'amour. «L'amour, dit Wesley, existe depuis l'éternité, en Dieu, le grand océan d'amour».[14] En fait, en ce qui concerne Wesley, l'amour est «l'attribut suprême de Dieu, l'attribut qui déverse une aimable gloire sur toute ses autres perfections.»[15] Dieu est tout-puissant, mais la puissance de Dieu est exprimée dans l'amour. Dieu est juste, mais la justice de Dieu est fondée sur l'amour. Dieu est saint, mais notre expérience de la sainteté de Dieu est une expérience de saint amour.

## Dieu et le monde

C'est à partir de cette synthèse dynamique de l'altérité de Dieu et de la proximité de Dieu, de la transcendance de Dieu et de l'immanence de Dieu, que Wesley réfléchit à la relation de Dieu au monde. C'est pourquoi Wesley préfère la métaphore familiale de Dieu en tant que père à la métaphore politique de Dieu en tant que roi. Il ne veut jamais séparer l'activité puissante de Dieu dans le monde de l'amour affectueux de Dieu pour le monde. Cet amour affectueux s'exprime à travers trois moyens fondamentaux. Premièrement, Dieu crée le monde et le monde reste toujours dépendant de la puissance féconde de Dieu. Deuxièmement, Dieu gouverne le monde, interagissant toujours avec lui et supervisant son activité. C'est ainsi que Wesley comprend la providence de Dieu. Troisièmement, Dieu est toujours engagé dans la rédemption de sa création déchue. Étant donné que la majorité des pensées de Wesley — et donc le reste de ce livre — concerne cette troisième idée, nous nous contenterons ici d'explorer brièvement les deux premières.

## Dieu le Père en tant que créateur ou tuteur

Peu nombreux auraient été ceux à l'époque du dix-huitième siècle de Wesley qui auraient douté que Dieu était le créateur de toutes choses. La plupart admettaient que Dieu a créé le monde et que le récit de la Genèse donnait un témoignage historique de ce processus de six jours. En tant que ferme croyant

---

[14]  Sermon 36, «La Loi établie par la foi (2ᵉ discours)» §II.3.

[15]  *Notes on the New Testament [Notes sur le Nouveau Testament]* (ci-après NNT), 1 Jean 4.8.

en la Bible, Wesley ne remettait pas cela en question. Les questions scientifiques sur l'origine du monde n'avaient pas encore été soulevées. En matière de science et de création, nous ne savons tout simplement pas comment Wesley aurait équilibré sa foi en les Écritures avec sa croyance que les Écritures devaient être mises à l'épreuve dans notre expérience. Cependant, les questions de sciences mises à part, Wesley fait quelques déclarations sur Dieu à travers ses réflexions sur Dieu en tant que créateur, des déclarations qui sont importantes quelle que soit la manière dont on lit le texte de la Genèse.

Tout d'abord, Wesley dit que la relation du Dieu-créateur avec le monde est une relation strictement à sens unique et tout dépend de Dieu. «Le Dieu éternel, tout-puissant, infiniment sage, infiniment bienveillant, est le créateur du ciel et de la terre. Il a créé tout l'univers à partir de rien par sa parole toute-puissante, tout ce qui est.»[16] Wesley adhère à l'idée classique de la création à partir de rien (*creatio ex nihilo*), qui préserve la priorité ultime de Dieu sur le monde — et son independence par rapport au monde. Dieu a une liberté complète dans la création et, dans le commentaire que fait Wesley de la Genèse, cet aspect capte son attention:

> Ainsi, en six jours, Dieu a créé le monde. Nous ne pouvons que croire que Dieu aurait pu créer le monde en un instant, mais il l'a fait en six jours, afin de montrer qu'il est son propre agent libre, qu'il fait sa propre œuvre, à sa manière et en son temps; afin que sa sagesse, sa puissance et sa bonté puissent nous être révélées et être méditées par nous, d'autant plus distinctement.[17]

Selon Wesley, Dieu n'est pas obligé de créer et l'acte de création ne découle pas spontanément de la nature de Dieu. L'acte de création est une expression de l'amour de Dieu, c'est un acte délibéré, entrepris d'une manière qui nous démontre la totale liberté de l'acteur. Comme nous le verrons, la liberté de Dieu est importante aux yeux de Wesley et constitue l'ancrage fondamental de notre liberté humaine.

Deuxièmement, Wesley voit la création dès le départ comme une arène d'amour, un endroit où Dieu peut étaler l'amour de Dieu et habiliter la création — en particulier l'humanité — à aimer Dieu en retour. Ainsi, les desseins de Dieu dans la création ne peuvent être séparés de l'amour de Dieu et Wesley reliera entre eux les dons de Dieu d'existence et de capacité à aimer. Wesley dit quelque part: «L'amour avait une place chez tous les enfants de Dieu, dès le

---

[16] Sermon 67, «On Divine Providence» [«Sur la divine providence»] §8 (2.537).

[17] *Notes on the Old Testament [Notes sur l'Ancien Testament]*, Genèse 1.31.

moment de leur création. Ils ont reçu en une fois de leur gracieux créateur le don d'exister et celui d'aimer. »[18] Utilisant l'analogie avec le soleil, il dit ailleurs :

> Tout comme la lumière et la chaleur n'étaient pas des conséquences de la création du soleil, mais ont commencé à exister avec lui, car en effet dès le moment où il a existé, le soleil a brillé ; de même la lumière et la chaleur spirituelle n'étaient pas des conséquences de la création de l'homme, mais elles ont commencé à exister avec lui. Dès le moment où il a commencé à exister, il a su et il a aimé.[19]

Nous en dirons plus sur cette capacité de réagir quand nous traiterons la création et l'humanité dans le prochain chapitre, mais il est important de la noter ici pour ce qu'elle nous apprend sur Dieu. Dieu est tout-puissant et aurait pu créer un monde dans lequel chaque événement était dicté par Dieu. Mais ce n'est pas ce que Dieu a fait, selon Wesley. Au lieu de cela, Dieu a créé un monde qui est capable d'avoir sa propre réaction, un monde avec lequel Dieu choisit l'interaction au lieu du contrôle pur et simple.

Cela signifiait en partie pour Wesley que l'œuvre du créateur ne s'est pas terminée avec l'acte de la création. Certaines personnes à l'époque de Wesley auraient défendu l'idée d'un Dieu qui a créé le monde comme un grand horloger. C'est-à-dire, Dieu l'a créé, l'a remonté, puis laissé seul afin qu'il fonctionne de manière autonome. Une telle vision de l'activité de création réalisée une fois pour toutes est souvent appelée déisme et cela implique que le monde est plus ou moins indépendant de Dieu une fois qu'il a été créé. Pour Wesley, cette vision des choses poussait trop loin l'indépendance du monde. Dieu a donné au monde une capacité de réagir, de répondre à Dieu, ce qui est différent de la capacité de mener sa propre action. Wesley rejetait la vision déiste et insistait sur le fait que le monde reste toujours dépendant du soutien permanent de Dieu pour son existence même.

> [Dieu] porte, affirme, soutient «toutes choses créées par la parole de sa puissance» [Hébreux 1.3], par la même parole puissante qui les a créées à partir de rien. Comme cela était absolument nécessaire pour le commencement de leur existence, il en va de même pour la continuation de cette existence ; si sa toute-puissante influence était retirée, elles ne pourraient subsister un seul instant de plus. ... S'il devait retirer sa main pour un instant, la création tomberait dans le néant.[20]

---

[18] Sermon 36, « La Loi établie par la foi (2° discours) » §II.3.

[19] *Doctrine of Original Sin, Part III [Doctrine du péché originel, IIIème Partie]*, §9.2 (12.342).

[20] Sermon 77, « La culte spirituel » §I.3.

Tout comme Dieu est la seule source d'existence, de même, Dieu est la seule source de «mouvement» ou d'action, la seule raison pour laquelle les choses peuvent se produire. Tout autre mouvement ou puissance dans le monde découle de Dieu. Quand il parle de la procréation humaine, par exemple, Wesley note:

> «Dieu est le créateur de tout homme qui vient au monde.» Car c'est Dieu seul qui donne à l'homme le pouvoir de perpétuer son espèce. Ou plutôt, c'est Dieu lui-même qui effectue l'œuvre, en utilisant l'homme comme un instrument. … Dieu est réellement le producteur de tout homme, tout animal, tout végétal dans le monde; tout comme il est le véritable *primum mobile*, la source de tout mouvement à travers l'univers.[21]

C'est l'action continue de Dieu qui rend toute action possible par les créatures; mais, encore une fois, nous devrions nous rappeler que ce que Dieu rend possible, c'est la réponse. Wesley a même utilisé l'idée de l'action constante de Dieu dans le monde pour contrer la revendication selon laquelle tout dans le monde — même l'activité humaine — était dicté par les forces déterministes de la nature. Il pense que Dieu peut intervenir dans le corps humain et dans le cerveau humain pour créer notre liberté et que Dieu ne nous laisse pas à la merci de ces forces.[22] Ainsi, pour Wesley, il est vrai — aussi bien au plan physique qu'au plan spirituel — que, sans l'action de Dieu, notre liberté de réponse serait impossible.

À présent, comme le dira immédiatement Wesley dans la suite de son argumentation, cela ne signifie pas que Dieu est la cause de toutes choses. Pour utiliser une distinction tirée de la logique si appréciée de Wesley, l'action de Dieu est nécessaire pour que toute chose se produise, mais elle n'est pas suffisante. L'entremise de Dieu rend les autres agents possibles, mais ceux-ci doivent concrétiser par eux-mêmes les possibilités que Dieu leur donne. Quand ils font cela, ils assument la responsabilité de ce qu'ils font avec le pouvoir que Dieu leur donne. La manière dont Dieu interagit avec les autres agents actifs dans le monde nous éloigne du rôle unilatéral en tant que créateur et tuteur et nous montre son rôle relationnel en tant que gouverneur.

---

[21]  *Doctrine of Original Sin, Part III [Doctrine du péché originel, IIIème Partie]*, §7.2 (12.330).

[22]  Thoughts Upon Necessity [Réflexion sur la nécessité], §§IV.4-5 (13.545-46).

## La providence et Dieu le Père en tant que gouverneur

La puissance créatrice et féconde de Dieu apporte à la création la possibilité de répondre à Dieu. La providence de Dieu serait donc la réponse de Dieu face aux réactions de la création. Wesley semblait séparer naturellement l'œuvre de providence ou de gouvernance de Dieu en deux catégories : la manière dont Dieu gère le monde inanimé et la manière dont Dieu gère le monde animé, en particulier, les êtres humains. Bien que nous soyons plus intéressés par la dernière catégorie, la première nous aide tout de même à compléter l'image de Dieu selon Wesley.

Wesley considère que l'interaction de Dieu avec le monde inanimé des roches, du feu, de l'eau et des autres éléments semblables relève du contrôle direct. Il ne spécule pas beaucoup à ce sujet mais, dans son esprit, il semble que le prétendu monde naturel ait peu d'indépendance par rapport à la volonté divine. Comme nous l'avons vu plus haut, Wesley croyait que Dieu agissait constamment dans le monde et donc il avait tendance à ne pas faire de distinction entre les événements naturels et ceux causés par Dieu. Pour Wesley, il y avait peu de différence entre les causes naturelles et les causes divines, étant donné que ce que nous appelons la nature est simplement notre observation du modèle normal d'activité de Dieu dans le monde. « Qu'est-ce que la nature même, écrit Wesley, sinon l'art de Dieu, ou la manière d'agir de Dieu dans le monde matériel ? »[23]. Bien que cette proche connexion soulève des questions sur le « mal naturel », Wesley ne semble pas s'en préoccuper. Sa préoccupation est de souligner la liberté de Dieu par rapport au monde. Bien qu'il partage les hypothèses scientifiques de sa culture concernant la régularité du monde, il insiste sur le fait que Dieu est toujours libre d'interrompre le modèle normal d'activité de Dieu. Wesley soutenait ainsi l'idée selon laquelle il y avait des miracles, des endroits où l'activité de Dieu devenait évidente. Étant donné sa perspective centrée sur le salut, Wesley préférait parler de « miracles de la grâce » — comme les conversions et les vies transformées[24] — plus que de guérisons miraculeuses ou d'événements inexplicables. Cependant, il affirmait effectivement ces choses et les commentait dans son Journal quand il en faisait l'expérience.

La vision qu'avait Wesley de l'interaction de Dieu avec les êtres humains est beaucoup plus significative que sa vision de l'œuvre de Dieu à travers la nature.

---

[23] *Serious Thoughts Occasioned by the Late Earthquake at Lisbon* [*Réflexions sérieuses occasionnées par le dernier tremblement de terre à Lisbonne*] (Jackson 11.6-7).

[24] Lettre à John Smith, Mars 22, 1748, §10 (26.290).

Ici, Wesley souligne le respect de Dieu pour la liberté humaine alors que Dieu conduit le monde vers le dessein ultime que Dieu a prévu. Pour Wesley, la caractéristique qui décrit le mieux cet exercice d'équilibriste est la sagesse divine. Si Dieu devait simplement imposer sa volonté au monde,

> [Cela] n'impliquerait aucune sagesse, mais un simple geste d'omnipotence. Alors que la sagesse infiniment variée de Dieu (tout comme sa puissance et sa bonté) est manifestée dans sa manière de gouverner l'homme en tant qu'homme; et non en le considérant comme du bétail ou comme une pierre, mais comme un esprit intelligent et libre, capable de choisir le bien ou le mal. C'est ici qu'apparaît la profondeur de la sagesse de Dieu dans son aimable providence![25]

Dieu est toujours à l'œuvre dans la création afin de fournir à l'humanité toute l'aide possible, afin que les humains puissent choisir le bien et se détourner du mal. Le Dieu d'amour agit constamment afin de donner ce qu'il y a de meilleur à ces créatures que Dieu a créées à son image. Mais Dieu s'est engagé, du moins aux yeux de Wesley, à n'œuvrer qu'avec la liberté que Dieu a créée et à ne pas l'outrepasser. Le fait que Dieu ne puisse pas faire cela et qu'il atteigne tout de même les desseins ultimes qu'il désire nous donne une meilleure raison de glorifier Dieu plutôt que de simplement constater la démonstration de sa puissance.

Parce que Dieu répond aux êtres humains lorsqu'ils répondent à Dieu, Wesley encourage l'idée des «cercles» ou niveaux de divine providence (qu'il tenait du Puritain du dix-septième siècle, Thomas Crane).[26] Dans son sermon «Sur la divine providence», Wesley décrit trois cercles. Le premier est celui qui contient toute l'humanité. Dieu agit par amour envers tout un chacun parce que, comme le note Wesley, «son amour n'est pas restreint».[27] Ceci dit, Wesley croit quand même que Dieu prend un soin plus immédiat de ceux qui sont chrétiens parce qu'ils ont répondu à Dieu de manière plus complète. Enfin, il y a le cercle des soins les plus intimes de Dieu, le cercle de ceux qui se sont donnés de tout leur cœur à Dieu et à son œuvre, ceux qui adorent Dieu «en esprit et en vérité» et qui marchent comme Christ lui-même a marché. Wesley n'explique pas ce que cela signifie en détail, mais c'est cohérent avec l'image de Dieu qu'il dépeint tout au long de ses œuvres. Si Dieu répond aux réponses de ses créatures, on

---

[25] Sermon 67, «On Divine Providence» [«Sur la divine providence»] §15 (2.541).

[26] Wesley extrait des textes du livre de Crane intitulé *Isagoge ad Dei Providentiam, ou du livre Prospect of Divine Providence* (1672) pour sa propre bibliothèque chrétienne.

[27] Sermon 67, «On Divine Providence» [«Sur la divine providence»] §16 (2.542).

comprend alors que la profondeur de ses réponses puisse correspondre à la profondeur des réponses des créatures. Et, bien entendu, Wesley utilisera cet argument pour encourager ses auditeurs et ses lecteurs à répondre d'autant plus profondément à Dieu afin que Dieu puisse leur répondre tout aussi profondément.

## La trinité

Avant d'en finir avec les considérations de Wesley sur Dieu, il convient d'étudier une autre doctrine traditionnelle qui relie les questions de la transcendance, de l'immanence et de l'interaction de Dieu avec le monde. Il s'agit de la doctrine de la trinité. La compréhension et l'utilisation de la doctrine de la trinité selon Wesley sont des sujets de débat parmi les spécialistes wesleyens. Certains déclarent que la doctrine de Wesley sur Dieu est profondément trinitaire, alors que d'autres disent que la doctrine en tant que concept n'était pas si importante pour lui. Ce n'est pas à nous de résoudre ce débat; nous tenterons plutôt de souligner les tensions qui sont à l'origine de ce débat dans l'utilisation que fait Wesley de la trinité.

D'une part, Wesley reconnaît et s'approprie clairement la doctrine. Quelquefois, il se réfère explicitement au Dieu chrétien comme le Dieu trois en un et il prêche sur des textes explicitement trinitaires. Bien qu'il n'ait publié qu'un seul sermon sur le sujet, dans ce sermon, il déclare clairement que la croyance en la trinité est l'une des croyances les plus importantes de la foi chrétienne.[28] De plus, Wesley a une idée très élaborée du Saint-Esprit, et cela serait impossible sans le fondement apporté par la doctrine de la trinité. Tout ceci suggère que la trinité était importante pour Wesley.

D'un autre côté, au-delà de la solide affirmation de la doctrine chez Wesley, il reste peu de choses à dire. Wesley se détourne de l'exploration de l'idée sur un plan théologique, au point même de condamner les tentatives de la comprendre. Ce sujet n'est pas traité dans ses écrits, et cet unique sermon qu'il a publié a été imprimé en 1775, assez tard dans son ministère. Même dans ce sermon consacré à la trinité, Wesley ne tente pas d'expliquer ce que signifie la trinité ou en quoi elle est liée à la vie de foi. Au contraire, il aide ses lecteurs à voir qu'ils peuvent, en effet, croire une chose qu'ils ne comprennent pas. Il affirme que tout ce que Dieu exige d'eux, c'est qu'ils admettent le fait de la trinité et non pas qu'ils expliquent le fonctionnement de la nature de Dieu.

---

[28] Sermon 55, « On the Trinity» [« Sur la trinité »] §2 (2.376).

Une manière de préserver l'unité de cette étrange combinaison d'affirmation et de négligence est de voir la doctrine de la trinité comme jouant un rôle important mais implicite dans les pensées de Wesley, un rôle qu'il n'a pas dû lui-même apprécier à sa juste valeur. Comme le dit Albert Outler, «Pour Wesley, comme pour les Piétistes en général, les doctrines absconses [c'est-à-dire difficiles à comprendre] sont plus simples à croire avec dévotion qu'à analyser rationnellement.»[29] Bien que Wesley n'utilise pas explicitement la doctrine du Dieu trois en un comme un concept théologique significatif, la pensée de Wesley est mieux coordonnée si son fondement trinitaire explicite est reconnu. C'est particulièrement vrai lorsque l'on considère l'importance de l'amour dans la conception que Wesley a de Dieu, étant donné que la trinité — notamment telle qu'elle est comprise par les Pères orientaux — montre comment Dieu peut être amour, comment le mot Dieu désigne, en un sens, une communauté d'amour constituée par le Père, le Fils et le Saint-Esprit. Ici encore, nous devrions nous rappeler que Wesley était un théologien pratique. À tort ou à raison, il trouvait peu d'applications pratiques à la doctrine de la trinité, et ne lui accordait par conséquent que peu d'attention. Cependant, étant donné toutes les autres affirmations de Wesley concernant Dieu, la doctrine de la trinité a tout de même comme rôle concret de relier plusieurs éléments de sa pensée les uns aux autres.

Voici donc un résumé des principaux points de la pensée de Wesley sur Dieu. Comme nous l'avons déjà souligné, sa principale préoccupation théologique était le grand drame du salut, et Dieu est incontestablement le principal acteur dans ce drame. Cependant, avant de nous engager dans l'étude directe de ce drame, nous devons tout d'abord explorer quelques-unes des idées fondamentales de Wesley sur la création en tant que décor dans lequel ce drame se déroule et sur les êtres humains en tant qu'acteurs secondaires — mais tout de même importants. Et c'est donc dans cette exploration que nous nous plongeons à présent.

---

[29]    Albert Outler, commentaire introductif au Sermon 55 « On the Trinity » [« Sur la Trinité »] (2.373).

# X

# Les pensées de Wesley sur la création et l'humanité

La manière dont Wesley comprend la création et l'état originel de l'humanité constitue la base de sa compréhension particulière du péché et du salut. Il comprenait le salut comme une sorte de restauration, une «nouvelle création» qui rétablit l'ordre créé par Dieu après que celui-ci a été détruit par le péché. Ainsi, nous devons savoir à quoi ressemblait cet ordre avant que le péché ne vienne tout gâcher. Comme la plupart des Chrétiens de son époque, Wesley considérait que les êtres humains étaient les principales cibles de l'œuvre salvatrice de Dieu, mais contrairement à de nombreux Chrétiens, il affirmait clairement que le salut englobait aussi tout le reste. Examiner la manière dont Wesley comprenait l'état original de la création nous aide à apprécier ce que Dieu fait quand Dieu la sauve, la rachète et la restaure.

Dans ce chapitre, nous aborderons rapidement deux intuitions fondamentales de Wesley concernant la création en général avant de nous concentrer davantage sur sa conception de «l'humanité originelle». Wesley considérait que la création était bonne sur un plan relationnel et dynamique. Il croyait aussi que la création consistait en deux parties qui sont séparées en principe, mais toujours intégrées dans la pratique — le spirituel et le physique. Après avoir exploré ces intuitions, nous étudierons les pensées de Wesley sur l'humanité originelle. Wesley comprend notre nature originelle comme étant enracinée dans l'idée que nous avons été créés à l'image de Dieu, mais il voit aussi en cette nature une combinaison unique des forces spirituelles et physiques qui gouvernent selon lui toute la création. Ces regards portés sur la création et l'humanité originelle nous apporterons le contexte dont nous avons besoin pour apprécier la vision qu'a Wesley de ce qui se passe mal quand la force corruptrice du péché pénètre dans le monde.

## La création

Wesley avait une très haute vision de la création, probablement plus haute que celle de la plupart des Chrétiens de son époque. De nombreuses personnes considéraient ce monde déchu et brisé comme une chose dont les humains devaient être sauvés. Wesley, quant à lui, considérait le monde entier — et pas seulement les êtres humains — comme le centre de l'activité rédemptrice de Dieu. Pour Wesley, Dieu ne cherche pas à aider les humains à échapper au monde mais Dieu veut plutôt que les humains participent à la rédemption du monde. Voici deux intuitions qu'il avait sur la création qui nous aident à comprendre son approche du salut: l'idée que la bonté de la création était une chose dynamique et relationnelle et l'idée que la création possède deux facettes distinctes mais imbriquées l'une dans l'autre. Nous étudierons un peu plus profondément chacune de ces intuitions.

### *La bonté dynamique de la création*

L'intuition la plus importante de Wesley concernant la création, c'est qu'elle est bonne et cette bonté est comprise comme une réalité dynamique et relationnelle. En cela, nous voyons la claire priorité des Écritures par rapport à l'expérience en tant que source des intuitions de Wesley. Certaines personnes sont tentées de douter de la bonté de Dieu — voire de l'existence même de Dieu — parce qu'elles voient un monde qui est loin d'être parfait autour d'elles. Bien entendu, Wesley ne nierait pas que le monde dans lequel nous vivons comporte beaucoup de mal; mais il pensait que c'était une erreur d'évaluer la création en commençant avec l'expérience présente que nous en avons. Si nous voulons comprendre la création, nous devons nous tourner vers les Écritures, et ce sont elles – du moins aux yeux de Wesley — qui font le lien entre la bonté de la création et la bonté de son créateur.

> Ainsi, toutes choses, sans exception, étaient très bonnes. Et comment pourrait-il en être autrement? Il n'y avait aucun défaut dans la puissance de Dieu, pas plus qu'il n'y en avait dans sa bonté ou sa sagesse… «Quant à Dieu, sa voie est parfaite» [2 Samuel 22.31] — et telles étaient originellement toutes

ses œuvres. Et elles redeviendront ainsi parfaites quand «le Fils de Dieu» aura détruit «les œuvres du diable» [1 Jean 3.8].[1]

La croyance de Wesley en la bonté originelle de la création est ainsi basée à la fois sur le témoignage biblique (tiré de Genèse 1) et sur le lien théologique entre le caractère de Dieu et le caractère de l'œuvre créatrice de Dieu. Remarquez également comment Wesley utilise la bonté originelle de la création pour pointer vers la bonté finale qu'elle aura une fois que Dieu aura terminé son œuvre rédemptrice.

Ce lien est important car de nombreuses personnes pensaient que la chute avait complètement effacé la bonté originelle de la création. Selon cette vision, le salut de Dieu signifie que Dieu doit tout recommencer, puisqu'il ne reste rien qui mérite d'être sauvé dans la création. Les êtres humains — et le monde physique lui-même — sont devenus si mauvais qu'ils ne méritent que le châtiment et la destruction. Le salut peut être offert à quelques personnes à qui Dieu témoignera sa grâce, mais le reste de la création est condamné, et ce à juste titre.

Wesley n'adhérait pas à cette vision. Il croyait que le salut était une nouvelle création, mais il considérait que cette nouvelle création était bâtie sur la création originelle. La chute a endommagé la création de sorte qu'elle ne fonctionne plus selon ce que Dieu voulait lorsqu'il l'a créée; mais cette vision est différente de la perte irrémédiable de toute bonté. Pour Wesley, l'œuvre rédemptrice de Dieu se présente plutôt comme une guérison qui restaure la santé; il ne s'agit pas d'un choix arbitraire d'exempter quelques petites parties de la création en les sauvant de leur juste châtiment.

Cette perspective est possible pour Wesley car il ne considère pas la bonté comme une «chose» qui peut être perdue. Au contraire, la bonté de la création se trouve dans l'interrelation dynamique entre toutes les choses que Dieu a faites et dans la relation que toute la création possède avec Dieu. Wesley présente cette vision dans son sermon sur Genèse 1.31 intitulé «L'approbation de Dieu face à ses œuvres». Wesley y écrit:

> Tout ce qui a été créé était bon selon son propre type, adapté au but pour lequel toute chose a été conçue, adapté à promouvoir le bien de l'ensemble et la gloire du grand créateur. Il a plu à Dieu de prononcer cette sentence pour chaque créature en particulier. Mais il existe une variation remarquable de l'expression en ce qui concerne toutes les parties de l'univers considérées en

---

[1] Sermon 56, «God's Approbation of His Works» [«Dieu approuve son œuvre»] §II.2 (2.399).

connexion les unes avec les autres, et constituant un seul système: «Dieu vit tout ce qu'il avait fait; et cela était très bon»[2].

Ainsi, la bonté est une idée relationnelle pour Wesley. Comme les organes dans le corps ou les rouages dans une machine, une bonne pièce est une pièce qui contribue au bon fonctionnement du tout. Et le tout est bon quand il remplit l'objectif pour lequel il a été conçu — l'objectif de la création étant la gloire de Dieu. C'est pourquoi la création toute entière peut être «très bonne», et même encore meilleure que n'importe laquelle de ses parties. Cela ne signifie pas grand-chose si la bonté est une qualité statique présente dans les choses; mais on le comprend bien si la bonté est une qualité dynamique présente dans les relations. Ainsi, bien que la fonction complète et correcte de la création ait été compromise par le péché, Dieu ne cherche pas à la jeter au loin afin de tout recommencer. Au contraire, il veut remettre ces pièces originelles ensemble afin qu'elles se remettent à fonctionner correctement.

Cette idée dynamique de la bonté crée une tension dans les pensées de Wesley quand on en vient à considérer l'idée de bonté ultime, qui est une idée importante pour sa compréhension du salut. D'une part, Wesley décrira quelques fois la création originale de Dieu comme étant d'une perfection qui semble statique. On le note particulièrement dans la manière dont Wesley compare le monde originellement parfait de Dieu avec le monde imparfait dans lequel nous vivons aujourd'hui.[3] Cependant, en d'autres occasions Wesley décrit le monde originellement parfait de Dieu comme étant parfaitement conçu pour être encore meilleur. Par exemple, Wesley déclare que Dieu a fait les animaux de sorte qu'ils soient capables de s'améliorer, ce qui signifie que leur état originellement bon pourrait s'améliorer encore plus.[4] Plus intéressant encore, il conçoit l'arbre de la tentation dans le jardin d'Éden comme étant conçu par Dieu pour donner à l'humanité une chance de gagner des récompenses encore plus grandes (même si les humains l'ont utilisé pour empirer les choses).

> Mais si Adam était originellement parfait dans la sainteté (c'est-à-dire parfaitement saint, fait à l'image morale de Dieu), quel était l'intérêt d'un autre procès? C'était pour qu'il y ait de la place pour plus de sainteté et de joie. L'entière sainteté n'exclut pas la croissance. De même, l'état parfait de toutes

---

[2]   *Ibid.*, §1 (2.387).

[3]   *Ibid.*, §II.3 (2.399). Voir aussi le Sermon 61, «The Mystery of Iniquity» [«Le mystère de l'iniquité»] §2 (2.452) et le Sermon 141, «The Image of God» [«L'image de Dieu»] §I.2 (4.294).

[4]   Sermon 56, «God's Approbation of His Works» [«Dieu approuve son œuvre»] §13 (2.396).

ses facultés ne lui donnait pas droit à cette pleine récompense qui aurait découlé de leur bonne utilisation.[5]

Ainsi donc, la création était parfaitement bonne, mais il semble que cela signifie qu'elle est parfaitement capable de devenir encore meilleure. Pour Wesley, la perfection, tout comme la bonté, sont mieux compris en tant que concepts dynamiques; et Wesley lui-même admettait qu'il y avait différents degrés de perfection.[6] Le fait qu'une chose soit aussi bonne que possible maintenant ne signifie pas que Dieu ne peut pas la rendre encore meilleure dans le futur. C'est cette capacité à croître et à s'améliorer toujours davantage qui a été perdue dans la chute, et c'est cela que Dieu cherche à restaurer dans le salut. Une fois restaurée, la création continuera à s'améliorer de sorte que la bonté du salut ultime de Dieu sera encore meilleure que la bonté «parfaite» de la création originelle de Dieu. Wesley spécule sur cet ultime état d'harmonie dans son sermon intitulé «Sur la nouvelle création». Il y affirme que «la terre sera alors un paradis encore plus beau que ce qu'Adam a pu voir»[7] et que les êtres humains jouiront d'un «état de sainteté et de joie sans réserve, de loin supérieur à celui dont jouissait Adam au paradis».[8]

Cette idée que la création a été conçue par Dieu pour la croissance et pour la «bonté relationnelle» influence profondément la manière dont Wesley comprend le salut. Avant tout, elle nous rappelle que toute la création forme un ensemble uni et que le plan de rédemption de Dieu l'inclut en entier — et non uniquement les êtres humains. Deuxièmement, elle présente une vision positive du monde au lieu d'une vision négative ou empreinte de méfiance. Le péché et le mal ne peuvent que retarder les plans de Dieu, sans pouvoir les frustrer définitivement. Le monde, sous la direction de Dieu, évoluera dans le sens voulu par Dieu. Ceci fait de la théologie de Wesley une théologie de l'espérance dès le départ. Enfin, cette vision de la création ancre la considération de Wesley sur le salut en tant que réalité dans le temps présent et non comme quelque chose que nous devons attendre de recevoir dans un monde à venir. Il y aura plus dans ce futur que ce qu'il y a maintenant, c'est certain. Mais quoi que Dieu fasse à ce moment-là, ce sera intimement lié à ce que Dieu fait maintenant.

---

[5]  *The Doctrine of Original Sin, Part II, [La Doctrine du péché originel, IIème Partie]*, §VI.2 (12.300).

[6]  Sermon 40, «Perfection chrétienne», §I.9.

[7]  Sermon 64, «The New Creation» [«La nouvelle créatio»] §16 (2.508).

[8]  *Ibid.*, §18 (2.510).

## Les dimensions physique et spirituelle de la création

Wesley possède une autre forte intuition sur la création, et celle-là aussi façonne sa conception du salut. Il s'agit de l'idée que la création est constituée de deux parties distinctes — le physique et le spirituel. Chaque facette de la création possède ses propres caractéristiques mais celles-ci travaillent toujours ensemble. Nous explorerons l'impact particulier de cette idée sur les pensées de Wesley concernant les êtres humains par la suite. Pour l'heure, nous aborderons simplement sa signification en général.

Pour Wesley, le monde physique est le monde de nos sens et le monde déterminé par les strictes lois de la science. C'est le monde de la matière et il est essentiellement passif. Le monde spirituel constitue cette partie de la création qui n'est pas accessible à nos sens. C'est le monde des anges, des démons et de l'âme humaine. C'est le monde d'activité et de liberté, bien qu'il ait lui aussi ses limites. Comme nous l'avons vu dans le chapitre précédent, seule la nature de Dieu est dépourvue de toutes limites extérieures ; ainsi, même la création spirituelle a ses limites.

Nous avons traité une implication importante de cette idée quand nous avons abordé l'importance de la révélation pour notre connaissance du monde spirituel. Étant donné la distinction nette entre le physique et le spirituel, notre manière ordinaire de parvenir à la connaissance des choses (c'est-à-dire, à travers nos sens) ne peut nous aider avec les réalités spirituelles. Ces limites sont importantes pour Wesley et il écrit deux sermons distincts sur ce sujet.[9] Ainsi, bien que Wesley ait une haute estime pour ce qu'il peut apprendre grâce à la logique et grâce à l'expérience, il confine leur activité au monde physique. Pour accéder au monde spirituel, nous avons besoin de la «foi», que Wesley traite souvent comme un sens qui nous donne accès au monde spirituel, le plus souvent à travers les Écritures. Sans la foi et sans la Bible, nous ne saurions même pas qu'un tel monde spirituel existe.

Cependant, bien que la foi soit nécessaire pour ceux d'entre nous dans le monde physique qui veulent connaître le monde spirituel, les deux mondes ne sont pas déconnectés l'un de l'autre — bien au contraire. La foi nous permet simplement de voir la vérité, qui est que le monde physique dépend du monde spirituel et que le spirituel est accessible dans et à travers le physique. Nous

---

[9] Sermon 69, « The Imperfection of Human Knowledge » [« L'imperfection de la connaissance humaine »] (2.567-86) et Sermon 70, « The Case of Reason Impartially considered » [« Le cas de la raison considérée de manière impartiale »] (2.587-600).

avons déjà vu cela dans la compréhension selon Wesley de la providence et de la nature en tant que «art de Dieu»; Dieu à l'œuvre à travers les causes naturelles. En fait, Wesley attribuera finalement tout mouvement dans le monde physique à des causes spirituelles — que ce soit à travers Dieu, les anges, les démons ou les âmes des êtres humains. Rien ne se passe dans le monde physique qui n'ait pas été mis en œuvre par le spirituel. En fait, il dit que le principe de mouvement propre, c'est-à-dire être à l'origine d'une action, est «l'élément distinctif entre l'esprit et la matière, laquelle est totalement, essentiellement passive et inactive, comme il en résulte d'un millier d'expériences.»[10]

Wesley ne partage pas la méfiance de certaines personnes qui incite à croire que les mondes spirituel et physique sont supposés être antagonistes ou que le monde physique est mauvais alors que le monde spirituel est bon. Dans l'esprit de Wesley, ils forment deux parties d'un ensemble intégré et bon. Bien entendu, le monde spirituel est la partie la plus importante et la plus durable, mais le monde physique — du moins quand il est utilisé selon les intentions de Dieu — est conçu pour promouvoir les mêmes idéaux que le monde spirituel: la relation avec Dieu et entre ses créatures. Le péché détériore cette interaction, mais il ne la détruit pas. Lorsqu'on le regarde avec les yeux de la foi, le monde physique atteste de l'existence du spirituel. En fait, dans l'esprit de Wesley, cela semble être l'une de ses principales fonctions.

L'un des ouvrages les plus volumineux de Wesley s'intitule *Survey of the Wisdom of God in Creation, or A Compendium of Natural Philosophy* [Enquête sur la sagesse de Dieu dans la création, un recueil de philosophie naturelle]. L'ordre du titre et du sous-titre ici est significatif; en effet, il montre l'approche générale de Wesley par rapport à la création. Les choses physiques peuvent être intéressantes en elles-mêmes et leur étude peut s'avérer utile, mais leur meilleur usage consiste à orienter vers le Dieu qui les a faites. Dans cette œuvre, que Wesley a largement adaptée d'une source latine, il enquête sur les merveilles de la création allant du corps humain aux animaux, aux plantes, aux fossiles, à la terre et aux cieux. Chaque section contient des descriptions détaillées des parties de la création, mais celles-ci sont présentées de manière à orienter vers Dieu. En lisant cet ouvrage, on a l'impression que Wesley considérait le monde comme étant extraordinaire et merveilleux et qu'il considérait le créateur du monde comme étant encore plus extraordinaire. Le monde est bon, mais la

---

[10]   Sermon 60, «The General Deliverance» [«Deliverance général»] §I.1 (2.438-39).

bonté du monde annonce la plus grande bonté de Dieu qui est derrière et au-delà. Comme le dit Wesley :

> En résumé, le monde autour de nous est le tome puissant dans lequel Dieu s'est déclaré lui-même. Les langages et les caractères humains sont différents dans chaque nation. Et les membres d'une même nation ne sont pas compris par les autres. Mais le livre de la nature est écrit avec des caractères universels que tout homme peut lire dans sa propre langue. Il ne s'agit pas de mots, mais de choses qui dessinent les perfections divines. … Chaque élément de la nature nous oriente vers la nature de Dieu.[11]

Ailleurs, Wesley équilibre son appréciation de ce qui est souvent appelé « révélation générale » avec la préoccupation que nous avons noté ci-dessus — selon laquelle la « révélation spéciale » (les Écritures) peuvent tout nous dire sur Dieu. La combinaison des deux signifie que même les « païens » qui n'ont pas accès aux Écritures ont tout de même assez de connaissance et de grâce pour savoir qu'un Dieu existe. Cependant, sans les Écritures, ils n'ont aucun moyen de savoir à quoi ressemble réellement ce Dieu.

L'interconnexion entre les mondes physique et spirituel aura des implications dans de nombreux aspects de la pensée de Wesley, tels que le salut, qui est une réalité aussi bien physique que spirituelle et l'œuvre de l'Église, dans laquelle les sacrements sont des formes physiques qui communiquent une grâce spirituelle. Cependant, cette interconnexion est plus évidente dans cette composante particulière de la création que Dieu a conçue comme principale passerelle entre les deux mondes, et c'est donc vers les idées de Wesley concernant l'humanité que nous nous tournons à présent.

## L'humanité et l'image de Dieu

L'expression favorite de Wesley lorsqu'il évoque la nature essentielle des êtres humains — ce qui fait qu'un être humain est véritablement « humain » — était le terme biblique « image de Dieu ». Il tire l'expression de Genèse 1.27 mais pour lui, elle représente bien plus que ce que dit ce verset. Il l'utilise pour inclure de nombreuses choses que les Écritures révèlent à l'humanité sur elle-même. La plus importante, cependant, est que les êtres humains ont été créés pour entrer en relation avec Dieu.

---

[11] *A Survey of the Wisdom of god in Creation : A compendium of Natural Philosophy [Une enquête sur la sagesse de Dieu dans la création : un recueil de philosophie naturelle]*, §II.6.9.

## L'image relationnelle

Dans son sermon intitulé «Dieu approuve ses œuvres», Wesley raconte de nouveau toute l'histoire de la création, culminant avec la création des êtres humains. C'est l'apogée de la création de Dieu parce que l'humanité possède quelque chose d'unique, une chose qui la met à part — et même au-dessus – du reste de la bonne création de Dieu. Les êtres humains sont «créés à l'image de Dieu, et conçus pour connaître, aimer et jouir de leur créateur pour toute l'éternité».[12] Pour Wesley, ces deux affirmations sur l'humanité ne sont pas dissociées; elles sont deux manières de dire la même chose. Les êtres humains portent l'image de Dieu et cela signifie qu'ils ont été conçus pour entrer en relation avec Dieu et trouver leur bonheur en Dieu et en Dieu seul.

Parmi toutes les créatures de Dieu — qui sont toutes bonnes — les êtres humains sont les seuls à être assez semblables à Dieu pour être «capables de Dieu»[13] comme le dit Wesley dans un autre sermon. Ils sont les seuls à être des «personnes» tout comme le Dieu trois en un est un Dieu en trois personnes. Cette capacité à entrer en relation, voilà toute la raison pour laquelle Dieu a créé les êtres humains!

> Ayant préparé toutes choses pour lui, il 'créa l'homme à sa propre image, à sa ressemblance'. Et quel était le but de la création? C'était ceci et rien d'autre: afin qu'il connaisse, qu'il aime, qu'il jouisse de son grand créateur et qu'il le serve pour toute l'éternité.[14]

Encore et encore, Wesley relie l'idée d'être créé à l'image de Dieu avec l'idée d'être créé pour entrer en relation avec Dieu. Dans un autre sermon, il le dit encore plus simplement: «Vous avez été créés pour être heureux en Dieu».[15]

Wesley est quelques fois qualifié d'eudémoniste, un mot compliqué pour désigner une personne qui croit que le principal objectif de l'existence est le bonheur. Pour Wesley, cependant, le bonheur pour lequel les êtres humains ont été créés ne peut être trouvé que dans une relation adéquate avec Dieu. Le bonheur est souvent recherché dans des éléments de la création plutôt que dans le créateur, mais cette quête est futile. Ceci est si essentiel pour notre véritable humanité que Wesley dira même que ceux qui ne vivent pas «l'image de Dieu» au grand jour — qui refusent de connaître, d'aimer et de jouir de Dieu et de trou-

---

[12]  Sermon 56, «God's Approbation of His works» [«Dieu approuve son œuvre»] §I.14 (2.397).

[13]  Sermon 60, «The General Deliverance» [«Deliverance général»] §I.5 (2.441).

[14]  Sermon 116, «What is Man?» [«Qu'est-que l'homme?»] §13 (4.25-26).

[15]  Sermon 120, «The Unity of the Divine Being» [«L'unité de l'être divin»] §10 (4.64).

ver leur bonheur en Dieu seul — ont délaissé leur véritable humanité et se sont rabaissés eux-mêmes au niveau de simples bêtes.[16]

C'est un concept simple, mais nous ne pouvons trop insister sur son importance dans la pensée de Wesley. La vision qu'a Wesley de la nature humaine est fondamentalement relationnelle. Alors que certaines traditions peuvent comparer les êtres humains à des instruments — voire des outils — que Dieu utilise pour apporter de la gloire à la personne de Dieu, Wesley assimile «donner gloire à Dieu» avec «être heureux en Dieu».[17] L'empreinte de l'image de Dieu sur la nature humaine rend notre bonheur en Dieu à la fois possible et nécessaire. Notre véritable humanité, nous la trouvons quand nous trouvons Dieu et nous la perdons quand nous perdons le contact avec Dieu. Cette image en tant que relation a été endommagée par la chute, et c'est donc l'image en tant que relation que Dieu renouvelle dans le salut.

Wesley, cependant, ne se contente pas d'affirmer que les êtres humains sont «capables de Dieu». Il veut savoir comment cela est possible. Quelles sont ces caractéristiques de la nature de Dieu que Dieu partage avec l'humanité et qui permettent à l'humanité de répondre à Dieu en retour? Empruntant un ensemble d'idées à Isaac Watts,[18] Wesley divise l'idée de l'image de Dieu en trois facettes: l'image naturelle, l'image politique et l'image morale. Nous allons brièvement aborder chacune de ces images.

### L'image naturelle

Pour Wesley, l'image naturelle de Dieu dans l'humanité consiste en ces capacités spirituelles qui permettent d'établir des relations personnelles, et elles sont au nombre de trois: la compréhension, la volonté et la liberté. Ces capacités ne sont pas l'apanage des êtres humains — les animaux les possèdent aussi dans une certaine mesure[19], et les anges et les démons les possèdent également.[20] Il y a cependant des moyens indispensables par lesquels nous menons nos relations personnelles avec Dieu et avec les autres. Sans ces moyens, peu de relations sont possibles.

---

[16]  Sermon 60, «The General Deliverance» [«Deliverance général»] §III.11 (2.449-50).

[17]  Sermon 120, «The Unity of the Divine Being» [«L'unité de l'être divin»] §10 (4.64).

[18]  Isaac Watts, «The Ruin and Recovery of Mankind» [«La chute et rédemption de l'humanité»] (1740).

[19]  Sermon 60, «The General Deliverance» [«Deliverance général»] §I.4 (2.440-41).

[20]  Sermon 71, «Of Good Angels» [«Sur les anges bons»] §I.1 (3.6) et Sermon 72, «Of Evil Angels» [«Sur les anges mauvais»] §I.1 (3.17).

Dans son sermon intitulé «Qu'est-ce que l'homme» Wesley réfléchit quelque peu sur la nature incarnée de l'humanité — un argument vers lequel nous nous tournerons plus tard — puis il commence à explorer le côté spirituel de l'humanité en ces termes:

> Mais en plus de cette étrange combinaison de quatre éléments, la terre, l'eau, l'air et le feu, je trouve quelque chose en moi d'une nature quelque peu différente, quelque chose qui ne s'apparente à aucun de ces éléments. Je trouve quelque chose en moi qui pense. … Quelque chose qui voit, qui entend, qui sent, qui goûte, qui ressent; et tous ces éléments sont autant de modes de pensée. Cela va encore plus loin: une fois que les objets ont été perçus par n'importe lequel de ces sens, ce quelque chose forme des idées intérieures sur ces objets. Il porte des jugements sur ces objets. … Il raisonne sur ces objets. … Il réfléchit sur ses propres opérations. Il est doté d'imagination et de mémoire.[21]

C'est la définition wesleyenne de la «compréhension», une chose qu'il assimile pratiquement à la vision d'Aristote de la raison comme nous l'avons vu plus haut. C'est une qualité spirituelle et non physique (la matière ne pense pas, selon Wesley), et elle est donc ultimement connectée à la nature de Dieu. Pour Wesley, la capacité de connaître est une des choses qui rend les relations personnelles possibles. C'est ce qui marque la différence entre s'engager avec quelque chose d'extérieur à soi-même et réagir simplement face à cette chose. Tous les types de créatures réagissent à leur environnement, mais Dieu a donné aux êtres humains la capacité de comprendre. Cette capacité permet de transformer leurs rencontres avec les autres et avec Dieu en relations. En fait, Wesley semble penser que la compréhension recherchée pour elle-même — hors du contexte de la relation avec Dieu et avec les autres — peut facilement se transformer en «idolâtrie spirituelle» et finir par faire plus de mal que de bien.[22]

Après quelques spéculations sur l'endroit dans le corps physique où la fonction spirituelle de la pensée pourrait résider, Wesley poursuit sa réflexion en ces termes:

> Ce principe intérieur … est non seulement capable de pensée, mais aussi d'amour, de haine, de joie, de peine, de désir, de peur, d'espérance, etc. et de toute une série d'autres émotions intérieures communément appelées «passions» ou «affections». Elles sont façonnées par une appellation générale, «la volonté», et elles sont mélangées et diversifiées de milles manières. Et elles

---

21  Sermon 116, «What is Man?» [«Qu'est-que l'homme?»] §5 (4.21).
22  Sermon 78, «Spiritual Idolatry» [«Idolâtrie spirituelle»], §§13-14 (3.108-09).

semblent constituer la seule source d'action de ce principe intérieur que j'appelle l'âme.[23]

La volonté, pour Wesley, c'est ce qui nous pousse à vouloir des choses ou à vouloir faire des choses. Bien que chez les êtres humains ces émotions et ces désirs soient toujours incarnés physiquement, Wesley voit l'acte de désirer comme un héritage spirituel, une partie de l'image de Dieu. C'est là que Wesley situe la possibilité d'amour dans la vie humaine, et nous avons déjà vu à quel point cette idée était centrale dans la conception de Dieu selon Wesley. Depuis la chute, bien entendu, d'autres désirs sont apparus qui ont poussé l'humanité loin d'une bonne relation avec Dieu et avec les autres, mais cela doit être considéré comme une corruption de notre nature humaine et non comme une expression de cette nature. Les êtres humains ont reçu la capacité de désirer afin qu'ils puissent aimer Dieu et leur prochain. La restauration de cette volonté, comme nous le verrons, est en grande partie ce que Wesley considère comme étant l'œuvre de sanctification de Dieu.

La troisième caractéristique de notre nature humaine qui provient de la nature de Dieu est une caractéristique qui fait des êtres humains des personnes «responsables» (et capables de répondre). Cette propriété, c'est la liberté. En un sens, il s'agit de l'élément central de l'anthropologie théologique de Wesley, le pivot sur lequel tourne toute sa théologie. Si l'humanité ne jouissait pas de la liberté, dit Wesley, «tout le reste aurait été vain, et [l'homme] n'aurait pas plus été capable de servir son créateur qu'une motte de terre ou un morceau de marbre».[24] Dans son sermon intitulé «Qu'est-ce que l'homme?» Wesley décrit ainsi la liberté:

> Je suis conscient d'une propriété supplémentaire, communément appelée liberté. Elle est souvent confondue avec la volonté; mais elle est d'une nature très différente. ... C'est un pouvoir d'auto-détermination. ... Je suis pleinement certain de cela, que je suis libre en ce qui concerne les actes suivants: parler ou ne pas parler, agir ou ne pas agir, faire ceci ou son contraire, comme je le suis de ma propre existence. ... Et bien que je n'aie pas de pouvoir absolu sur mon propre esprit à cause de la corruption de ma propre nature, par la grâce de Dieu qui m'assiste, j'ai le pouvoir de choisir et de faire le bien aussi bien que le mal. Je suis libre de choisir qui je servirai; et si je choisis la meilleure part, de continuer ainsi jusqu'à la mort.[25]

---

23  Sermon 116, «What is Man?» [«Qu'est-que l'homme?»] §7 (4.22).

24  Sermon 60, «The General Deliverance» [«Deliverance général»] §I.1 (2.439).

25  Sermon 116, «What is Man?» [«Qu'est-que l'homme?»] §11 (4.23-24).

Comme nous l'avons noté plus haut, Wesley croyait que la matière était inerte et que seul l'esprit était capable d'initier une action. Ainsi donc, la liberté est la qualité qui rend cela possible. Alors que la compréhension nous permet de savoir ce qui est et que la volonté nous donne la motivation d'aller vers ce que nous savons ou de nous en éloigner, c'est la liberté qui exerce le choix d'agir.

Wesley est sensible au fait que de nombreuses personnes confondent la liberté et la volonté parce que les humains ont tendance à choisir ce qu'ils désirent. Cependant, Wesley opère une distinction entre les deux, une distinction qui est importante pour sa conception du renouvellement de l'image de Dieu dans le salut. La liberté est influencée par la compréhension et par la volonté, mais elle n'est pas dominée par ces deux éléments. Comme il le dit dans une citation, il est libre de choisir entre le bien et le mal. Connaître le bien ne mène pas toujours à faire le bien ; on peut connaître le bien et faire quand même le mal parce que Dieu nous a fait libres. Cependant, tout comme nous sommes libres de suivre nos désirs, nous sommes aussi libres de nous opposer à eux. La liberté, ce n'est donc pas de faire tout ce que l'on veut — c'est précisément la confusion que Wesley veut éviter. Quelquefois, particulièrement dans notre état déchu, nous voulons les mauvaises choses. Wesley comparera la liberté de faire uniquement ce que nous voulons à la liberté des diables en enfer.[26] Ce n'est pas la liberté de ceux qui ont été créés à l'image de Dieu.

Une autre facette de la compréhension de la liberté selon Wesley, c'est qu'elle est toujours liée à la responsabilisation, à laquelle nous devons nous attendre si la liberté a été conçue pour fonctionner dans les relations. C'est la liberté qui nous rend capables de répondre et par conséquent, nous rend responsables. Nous exerçons notre liberté humaine dans un cadre de conséquences, en partie établi par Dieu et en parti établi par les autres êtres humains. Ainsi, par exemple, Wesley défendra la liberté religieuse en société parce que chaque personne est tenue pour responsable devant Dieu et Dieu seul de la manière dont elle adore.[27] Cependant, les individus doivent obéir aux lois rationnelles qui sont établies par la société humaine parce qu'exercer ses choix hors de telles limites, ce n'est pas la liberté mais de la débauche.[28] Cette idée aussi façonnera la manière dont Wesley comprend notre entière humanité —

---

[26]   *Some Observations on Liberty [Quelques observations sur la liberté]*, §34 (Jackson 11.105).

[27]   *Thoughts Upon Liberty [Pensée sur la liberté]*, §16 (Jackson 11.37-38).

[28]   *Ibid.*, §22 (Jackson 11.42)

notre image de Dieu — restaurée en nous à travers l'œuvre de sanctification de Dieu.

Une dernière facette de la connexion de la liberté avec l'image de Dieu dans l'humanité concerne l'équilibre entre les choix humains et les choix divins dans le processus du salut. Wesley et ses disciples ont toujours été accusés par leurs opposants calvinistes de ce qui est connu sous le nom d'hérésie pélagienne. Il s'agit de la croyance selon laquelle les êtres humains ont suffisamment de liberté pour choisir ou rejeter Dieu sans l'aide de Dieu. Dans le protestantisme en particulier, cette position semble contredire le message de l'Évangile selon lequel nous ne pourrions rien faire pour nous sauver nous-mêmes en tant qu'êtres humains. Tout dans le salut arrive par la grâce, et par la grâce seule. De nombreuses personnes craignaient que l'attention portée par Wesley à la liberté humaine ne compromette l'œuvre de Dieu et ne fasse du salut une affaire d'œuvres humaines.

Wesley a mené cette bataille toute sa vie. Nous reviendrons à cette question quand nous étudierons sa conception de la grâce, mais pour le moment, nous pouvons nous orienter vers la distinction que fait Wesley entre l'image naturelle telle qu'elle apparaît en premier lieu en Adam et l'image naturelle que nous sommes capables de récupérer aujourd'hui. Selon Wesley, Adam était fondamentalement pélagien. Il avait reçu suffisamment de grâce lors de sa création pour suivre sa parfaite compréhension et sa parfaite volonté et faire une utilisation parfaitement obéissante de sa liberté devant Dieu. Mais ce n'est pas ainsi qu'il a agi et, par conséquent, nous ne bénéficions plus de sa liberté originelle. Si une quelconque liberté est restaurée en nous, ce n'est que par la grâce. C'est pourquoi Wesley mentionne «la grâce de Dieu qui m'assiste» dans la citation sur la liberté ci-dessus. La différence entre Calvin et Wesley n'est pas une différence entre la grâce en tant qu'œuvre de Dieu et la liberté en tant qu'œuvre humaine. La différence est de savoir si la grâce de Dieu accomplit le salut par elle-même ou si elle restaure en nous une liberté suffisante pour coopérer. Comme nous l'avons noté plus haut, la liberté que Dieu donna à Adam à l'origine — la liberté que Christ restaure en nous — est conçue pour fonctionner dans un but particulier, à savoir, une relation adéquate avec Dieu qui aboutit à des relations adéquates avec les autres êtres humains et avec le reste de l'ordre créé de Dieu.

## L'image politique

Wesley accorde moins d'attention à l'idée selon laquelle les êtres humains sont créés à l'image politique de Dieu qu'à l'image naturelle et à l'image morale et un certain nombre de spécialistes de Wesley ont noté les problèmes que cette négligence pouvait générer.[29] Cependant, il le mentionne, et cela entraîne des implications importantes sur la manière dont l'humanité entre en relation avec Dieu et avec le reste de la création de Dieu.

Wesley utilise l'expression «image politique» pour signifier le rôle de l'humanité en tant que «gouverneur de ce monde inférieur, ayant une domination sur les poissons de la mer et sur les oiseaux du ciel et sur le bétail et sur toute la terre».[30] Ailleurs, Wesley résume sa discussion de l'image de Dieu dans l'humanité en soulignant que Dieu a choisi de gouverner l'ordre créé à travers l'humanité, «de sorte que l'homme était le vice-gérant de Dieu sur terre, le prince et le gouverneur de ce monde inférieur; et toutes les bénédictions de Dieu ont coulé à travers lui vers les créatures inférieures. L'homme était le canal de transmission entre son créateur et toute la création animale».[31] Ainsi, l'image politique renvoie à la manière dont les êtres humains exercent le pouvoir et à la manière dont ils servent de médiateurs des bénédictions découlant du règne spirituel de Dieu pour le reste de la création physique de Dieu.

Cela implique, entre autres choses, que Dieu veut que les êtres humains utilisent leur pouvoir de la manière dont Dieu le fait. Il y a une différence entre «maîtrise» et «domination». Tout comme Dieu agit toujours en direction du bien de tout ce qui est sous la puissance de Dieu, ainsi les êtres humains ont également été créés pour utiliser leur pouvoir pour le bien du «monde inférieur» dont ils ont été nommés gouverneurs. Dans la création originelle et bonne de Dieu, le pouvoir devait être utilisé de manière aimante — et non égoïste. Wesley établit ses arguments sur la base d'un contraste; mais le monde dans lequel nous vivons souffre de la mauvaise utilisation que fait l'humanité du pouvoir qui lui a été confié.

---

[29] Voir en particulier l'oeuvre de Theodore R. Weber, *Politics In the Order of Salvation: Transforming Wesleyan Political Ethics* (Nashville: Kingswood Books, 2001) et Theodore Runyon, *New Creation: John Wesley's Theology for Today* (Nashville: Abingdon, 1998).

[30] Sermon 45, «The New Birth» [«La nouvelle naissance»] §I.1.

[31] Sermon 60, «The General Deliverance» [«Deliverance général»] §I.3 (2.440). Le terme que Wesley utilise dans cette citation est en fait «vice-gérant» bien qu'il soit souvent mentionné «vice-régent», ce qui signifie essentiellement la même chose.

Puisque toute la création est inter-connectée, toute la création est détériorée par l'incapacité de l'humanité à vivre selon l'image politique reçue de Dieu. En particulier, le péché de l'humanité signifie que les humains ne peuvent plus servir de médiateurs des bénédictions de Dieu à l'intention du reste de la création et, par conséquent, toute la création souffre. À l'heure actuelle, la création subit les désirs égoïstes — la domination — des êtres humains, au lieu de bénéficier de leur attention aimante — c'est-à-dire, de leur maîtrise. C'est la raison pour laquelle «la création toute entière soupire» (Romains 8.22).[32]

Ainsi, l'idée que se fait Wesley de l'image politique de Dieu est liée à sa conception de l'intendance. Wesley décrit le type de pouvoir «confié» aux êtres humains par Dieu comme le pouvoir d'un intendant. Tout dans ce monde matériel est seulement confié à l'humanité pour un temps afin que les êtres humains puissent guider toutes choses vers les desseins de Dieu — et non vers leurs propres objectifs. Wesley explore ce thème en détail dans son sermon intitulé «L'économe fidèle»,[33] mais on le retrouve aussi dans la manière dont il approche le ministère et la parentalité.[34] Dieu partage son pouvoir avec l'humanité, non pour que les humains puissent faire tout ce qu'ils veulent, mais afin qu'ils aient l'opportunité d'imiter Dieu et d'œuvrer pour le bénéfice de ceux qui sont sous leur pouvoir. Étant donné que tout pouvoir est ultimement détenu par Dieu, Dieu jugera toutes les utilisations du pouvoir, récompensant ceux qui l'utilisent bien et punissant ceux qui l'utilisent mal.

Bien que Wesley ne lie pas explicitement ses préoccupations sur l'image politique de Dieu chez les êtres humains à l'ordre politique humain, les deux vont tout de même bien ensemble. Wesley a une piètre image des formes démocratiques et républicaines de gouvernance et il soutient explicitement l'idée d'une monarchie limitée. La raison étant en partie que l'intendance du pouvoir est plus facile à concevoir dans le deuxième cas que dans le premier. Dire que l'on devrait gouverner les êtres humains comme le fait Dieu — en utilisant le pouvoir uniquement pour le bénéfice de ceux qui sont à notre charge — semble être une approche très wesleyenne de la politique.

---

[32] *NNT*, Romains 8.19.

[33] Sermon 51.

[34] Sermon 97, «On Obedience to Pastors» [«Sur l'obéissance des pasteurs»] (3.373-83) et Sermon 95, «On the Education of Children» [«Sur l'éducation des enfants»] (3.347-60).

## *L'image morale*

La troisième facette de l'image de Dieu selon Wesley est l'image morale. En un sens, c'est cette image qui importe le plus pour Wesley. Alors que l'image naturelle de Dieu renvoie aux capacités humaines en tant que reflet de Dieu et que l'image politique de Dieu renvoie à la fonction de l'humanité, l'image morale renvoie au caractère humain, qui a été conçu pour être semblable à celui de Dieu. En fait, l'image morale donne l'orientation adéquate aux deux autres.[35] L'explication que fait Wesley de cette image mérite d'être citée en détail.

> « Et Dieu, le Dieu trois en un, dit : Faisons l'homme à notre image, selon notre ressemblance. Ainsi Dieu créa l'homme à son image, il le créa à l'image de Dieu » [Genèse 1.26-27]. Non pas uniquement selon son image naturelle … non pas simplement selon son image politique … mais principalement selon son image morale, qui, selon l'apôtre, est « la justice et la sainteté » [Éphésiens 4.24]. C'est selon cette image de Dieu que l'homme a été fait. « Dieu est amour » ; par conséquent, l'homme, à sa création, était rempli d'amour, qui était l'unique principe de tous ses tempéraments, ses pensées, ses paroles et ses actions. Dieu est rempli de justice, de miséricorde et de vérité : l'homme était également ainsi quand il a été formé par les mains de son créateur. Dieu est pureté sans tache : de même, l'homme était pur au commencement de toute souillure pécheresse. Autrement, Dieu n'aurait pas pu dire de lui — ni des autres œuvres de ses mains — que cela était « très bon » [Genèse 1.31][36]

Cette citation se trouve au début de l'un des plus célèbres sermons de Wesley sur le salut, et elle révèle le point de départ de Wesley pour aborder ce sujet. Comme nous l'avons noté plus haut, Wesley ne commence pas par l'idée de l'ampleur actuelle du péché de l'humanité ; il commence par les créatures glorieuses qu'étaient les êtres humains créés par Dieu. Bien entendu, l'argument central de ce sermon est de savoir comment nous pouvons retourner à cet état maintenant que nous avons perdu cette identité par la chute et le péché, mais cette différence de point de départ est très importante.

Encore et encore à travers ses sermons, Wesley exprime sa vision du salut et de la rédemption en tant que restauration ou renouvellement de l'image de Dieu chez les êtres humains. Ce que Dieu fait dans le salut est intimement lié à ce que Dieu a fait à la création. Comme nous le verrons dans le prochain chapitre, la tragédie du péché pour Wesley entraîne plus que la menace d'un châ-

---

[35]  Sermon 62, « The End of Christ's Coming » [« Le but de la venue du Christ »], §I.7 (2.475).

[36]  Sermon 45, « The New Birth » [« La nouvelle naissance »] §I.1 (2.188). Les parenthèses contiennent les notes de bas de page de Wesley.

timent à venir qui nous est réservé parce que nous n'avons pas respecté la loi de
Dieu. La tragédie est que nous avons perdu notre véritable identité, dilapidé
notre héritage.[37] La bonne nouvelle, cependant, c'est que Dieu veut nous aider
à récupérer tout cela.

Nous explorerons les pensées de Wesley sur le salut plus en détail dans les
prochains chapitres, mais il est utile ici de montrer comment ces pensées sont
enracinées dans ses intuitions sur l'humanité. Nombreux sont ceux qui pensent
que la justice et la sainteté sont absentes de la nature humaine, que ce sont des
dispositions étrangères qui devront être importées (ou imputées) à partir d'une
source extérieure, à savoir, Dieu. La nature humaine, selon cette vision des
choses, est une nature humaine déchue. Quelle qu'ait été la condition d'Adam,
dans ce cas, cela n'a pas d'importance pour nous. La vision de Wesley est cependant différente. Pour lui, l'essence de l'humanité se trouve dans le fait
d'avoir été créée à l'image de Dieu. Cela signifie qu'il est «naturel» pour les
êtres humains de refléter la justice et la sainteté de Dieu, la bonté morale, la
miséricorde et les autres éléments de même nature. Ces qualités ne sont pas
étrangères à la nature humaine; elles sont exactement ce que la nature humaine
était supposée être. C'est le péché qui n'est pas naturel. Nous ne péchons pas
parce que nous sommes humains. Au contraire, nous péchons — tout comme
l'ont fait nos premiers parents — parce que nous choisissons d'être quelque
chose d'inférieur à l'humain. L'insistance de Wesley sur le fait que l'empreinte
de l'image morale de Dieu est présente dans la nature humaine ouvre la voie à
une conception du salut beaucoup plus large que de se limiter à déclarer qu'une
personne qui était coupable devient innocente — indépendamment de
l'importance de ce point de départ. Le salut n'est rien de moins qu'une récupération de notre pleine humanité afin que nous puissions vivre comme Dieu
avait prévu que nous vivions, «en connaissant, en aimant et en servant» notre
créateur.[38]

C'est donc ainsi que Wesley voit l'humanité créée à l'image de Dieu. Nous
avons été créés pour vivre une relation adéquate avec Dieu, avec les autres et
avec le reste de la création de Dieu. Pour ce faire, Dieu nous a donné la faculté
de comprendre, la volonté et la liberté (l'image naturelle), Dieu a partagé son
pouvoir avec nous et nous a invités à être ses intendants sur tout ce que Dieu a
fait (l'image politique) et Dieu nous a marqués du sceau du caractère d'amour,

---

[37] *NNT*, Luc 15.11-32 [La parabole du fils prodigue].
[38] Sermon 56, «God's Approbation of His works» [«Dieu approuve son œuvre»] §I.14 (2.397).

de justice et de sainteté de Dieu (l'image morale). La tragédie du péché est que les êtres humains ont détérioré cette image en agissant selon leurs propres voies. La gloire du salut est que Dieu veut restaurer cette image afin qu'elle puisse à nouveau prospérer.

## Les humains en tant qu'esprits incarnés

Bien que Wesley exprime la plupart de ses idées clé concernant l'existence humaine en utilisant le concept de l'image de Dieu, il est une idée que Wesley traite séparément. C'est l'idée que les êtres humains sont une combinaison unique de ces deux parties de la création que nous avons examinées plus haut — le spirituel et le physique. Nous sommes des « esprits incarnés » dit Wesley. Alors, avant d'en finir avec la vision qu'a Wesley des êtres humains, nous devons examiner ce que cela signifie pour notre nature humaine.

L'idée que nous avons une âme, ou que nous sommes une âme, semblait s'imposer d'elle-même pour Wesley. Après tout, nous sommes capables d'auto-détermination et de mouvement propre et les choses purement matérielles ne peuvent faire cela. Cette âme est le siège de l'identité humaine — ce « je ne sais quoi » qui nous rend uniques en tant qu'individus [39] — et elle a reçu l'immortalité de la part de Dieu et donc existera pour l'éternité.[40] Ces croyances étaient communes à l'époque de Wesley, il donne donc peu d'arguments supplémentaires à ce sujet. La partie intéressante de la compréhension de Wesley, c'est qu'il considère que ces âmes sont toujours « incarnées » et cela entraîne quelques implications pour le salut et la « vie spirituelle ».

Wesley considérait notre incarnation comme étant simplement une caractéristique de la manière dont Dieu nous a créés. Puisque Wesley savait que le monde matériel était bon, il savait que nos corps physiques étaient également bons.[41] Il n'était pas tenté de penser que nos corps sont en quelque sorte mauvais ou que nous sommes physiques parce que nous sommes déchus. Il reconnaît volontiers que notre état déchu rend souvent notre nature physique pesante, mais c'est là pour Wesley un problème lié au péché et non un problème lié à l'incarnation. Pour Wesley, nous serons des esprits incarnés même à la nouvelle création qui durera pour toujours. « En effet, écrit Wesley, à l'heure

---

[39]   Sermon 116, « What is Man ? » [« Qu'est-que l'homme ? »] §10 (4.23).

[40]   Sermon 54, « On Eternity » [« Sur l'éternité »], §7 (2.362).

[41]   Voir, par exemple, la description exubérante que fait Wesley de la manière dont les quatre éléments terre, eau, air et feu œuvrent parfaitement ensemble dans un corps humain tel que Dieu l'a fait, dans le Sermon 57, « On the Fall of Man » [« Sur la chute de l'homme »] §II.1 (2.405).

actuelle, ce corps est si intimement connecté à l'âme qu'il me semble que mon être se compose des deux. Dans mon état actuel d'existence, mon être se compose indubitablement à la fois d'une âme et d'un corps. Et il en sera également ainsi après la résurrection pour toute l'éternité. »[42]

Cette interconnexion signifie que nous expérimentons les facettes physique et spirituelle de notre existence dans un même temps. Les causes physiques peuvent avoir des effets spirituels et les causes spirituelles peuvent avoir des effets physiques, et cela façonne la manière dont nous approchons à la fois notre vie physique et notre vie spirituelle. D'une part, notre nature déchue influence la manière dont l'image de Dieu en nous peut s'exprimer. Même si l'on peut souhaiter qu'il en soit autrement, il s'agit simplement d'une caractéristique de notre existence composite :

> Et par une triste expérience nous découvrons que ce «corps corruptible pèse sur l'âme. » Il entrave très souvent l'âme dans ses opérations ; et, au mieux, le sert de manière très imparfaite. Et pourtant, l'âme ne peut se passer de ses services, aussi imparfait soit-il. En effet, un esprit incarné ne peut former une seule pensée sans la médiation de ses organes corporels. Car la pensée n'est pas, comme le supposent de nombreuses personnes, un acte de pur esprit ; mais l'acte d'un esprit connecté avec un corps et usant d'un ensemble de données matérielles.[43]

D'autre part, Dieu utilise aussi notre nature physique d'une manière à valoriser notre nature spirituelle. Wesley prêche tout un sermon sur «Le devoir de communion constante», dans lequel il encourage ses auditeurs à recevoir la Sainte Cène — une expression très physique de l'adoration — aussi souvent qu'ils le peuvent parce que, selon ses termes : «Tout comme nos corps sont renforcés par le pain et le vin, de même nos âmes le sont par ces symboles que sont le corps et le sang de Christ. »[44] Pour Wesley, l'acte physique de prendre la communion est inséparable des avantages spirituels qu'elle confère.

Bien entendu, cette interconnexion peut aller dans l'autre sens, du spirituel au physique. Wesley affirmera que de nombreuses afflictions physiques ont des causes spirituelles. Selon Wesley, les passions désordonnées qui découlent de notre volonté corrompue peuvent entraîner des maladies,[45] et il croit aussi que

---

[42] Sermon 116, « What is Man? » [« Qu'est-que l'homme ? »], §10 (4.23).

[43] Sermon 57, « On the Fall of Man » [« Sur la chute de l'homme »], §II.2 (2.405-06).

[44] Sermon 101, « The Duty of Constant Communion » [« Le devoir de la communion constante »] §I.3 (3.429). Ce sermon semble être largement adapté d'une autre source, mais Wesley soutient complètement les idées qu'il exprime.

[45] Préface de *Primitive Physick*, *passim* (Jackson 14.307-16).

la plupart des maladies — en particulier les maladies mentales — sont directement causées par des forces démoniaques.[46] C'est pourquoi Wesley croit que « aucun homme ne peut être un consciencieux médecin sans être un chrétien expérimenté. »[47]

Un flux positif de l'esprit vers le corps est également possible. Wesley pense qu'avoir une vie spirituelle saine promeut tout aussi bien une bonne santé physique. Comme il le note à la fin de l'introduction de son ouvrage *Primitive Physick* [Médecine élémentaire] :

> L'amour de Dieu étant le remède souverain de toutes les misères, il prévient en particulier efficacement tous les troubles corporels induits par les passions, en gardant ces dites passions à l'intérieur de limites adéquates. Et par la joie indicible et le calme parfait, la sérénité et la tranquillité qu'il donne à l'esprit, il devient le plus puissant de tous les gages de santé et de longue vie.[48]

Si les êtres humains sont des esprits incarnés, et si Dieu va les sauver en tant que tels, alors le salut aura des effets à la fois physiques et spirituels. Certaines traditions chrétiennes se concentrent uniquement sur les effets spirituels de l'œuvre de Dieu. Ceci aboutit souvent à une définition du salut du type « le salut, c'est aller au ciel lorsque l'on meurt » qui ne produira que peu d'effet dans la vie quotidienne. D'autres traditions chrétiennes se concentrent tellement sur les questions physiques du temps présent — insistant sur des thèmes comme la justice sociale ou les moyens de vivre une vie heureuse — que les questions spirituelles ont peu d'importance. La vision de Wesley des êtres humains, au contraire, offre une vision équilibrée qui évite ces extrêmes. Ainsi, par exemple, une alimentation équilibrée et la pratique du sport vont de pair avec l'adoration et les dévotions spirituelles en tant que parties intégrantes de la vie des esprits incarnés. Lorsqu'une personne est malade, on prie pour sa guérison et on l'emmène chez le docteur. Au sein de l'expérience humaine, le spirituel et le physique, le sacré et le séculier sont des réalités distinctes, mais elles vont toujours de pair. Nous vivons toujours avec un pied dans chacun de ces mondes.

Voici donc une esquisse des fondements des intuitions de Wesley basées sur la Bible concernant ce que signifie être humain — ou tout du moins ce que cela signifiait quand Dieu créa l'humanité. Cependant, quelque chose s'est mal passé et nous ne vivons pas aujourd'hui dans la situation bénie décrite par cette

---

[46] Sermon 72, « Of Evil Angels » [« Sur les anges mauvais »], §II.13 (3.26).

[47] *Journal*, 12 mai 1759 (21.191).

[48] Préface de *Primitive Physick*, §VI.5. (Jackson 14.316).

image de la nature humaine. Ce «quelque chose», c'est le péché. Ce qu'est le péché et la manière dont celui-ci a mis en péril la nature humaine que nous avons reçue de Dieu, voilà le sujet de notre prochain chapitre.

# XI

# Les pensées de Wesley sur le péché

La dernière pièce que nous devons mettre sur la table avant de nous engager dans les pensées de Wesley sur le salut — la pièce centrale de sa théologie — c'est la notion de péché. Étant donné la haute opinion de Wesley concernant la bonté de la création originelle, nous pouvons voir que le péché ne faisait pas partie du plan originel de Dieu. Si le péché n'avait pas eu lieu, le salut n'aurait pas raison d'être. Cependant, il a bel et bien eu lieu et le monde dans lequel nous vivons aujourd'hui n'est pas le monde tel qu'il était prévu originellement. Dans bon nombre de ses sermons évangéliques, Wesley commençait en soulignant le problème en question avant de présenter la solution de Dieu à ce problème; ainsi donc, commencer l'histoire du drame du salut avec le péché, c'est tout simplement suivre l'approche même de Wesley.

Nous commencerons notre étude des pensées de Wesley sur le péché en abordant sa compréhension de la chute, qui marque le commencement du péché, et sa compréhension du «péché originel», à savoir, la manière dont les effets de cette chute nous sont transmis aujourd'hui. Nous examinerons ensuite le péché lui-même, soulignant sa nature en tant que corruption de l'image de Dieu en nous. Cette corruption se manifeste dans nos actes de rébellion, mais elle jaillit d'une source plus profonde. Avec la compréhension qu'a Wesley de notre nature déchue, nous serons enfin préparés à entendre la Bonne Nouvelle telle que Wesley souhaite la proclamer.

## La chute

À ce stade, nous avons laissé Wesley dépeindre une image très positive de la bonté relationnelle du Dieu éternel, de la création, et des êtres humains créés à l'image de Dieu. Cette image, cependant, ne s'accorde pas avec notre expérience. Notre monde semble être envahi par le mal. À moins que Wesley ne décrive un monde fantaisiste très éloigné du nôtre, il a dû se passer quelque chose pour que le monde que Dieu a créé — un monde bon conçu pour devenir encore meilleur — s'égare autant. Cette chose, pour Wesley, c'était la chute.

Selon la lecture que fait Wesley de la Bible, la chute est incontestablement un événement historique et c'est cet événement qui explique pourquoi le monde d'aujourd'hui n'est pas le monde tel qu'il devait être. Il explique pourquoi notre expérience est ainsi entachée et pourquoi on ne peut pas lui faire confiance sans le secours apporté par les Écritures. Il explique le pourquoi de la mort, de la souffrance et de la séparation d'avec Dieu, non seulement parmi les humains mais également dans tout l'ordre de la création. Et il nous décrit tous les obstacles fondamentaux que l'œuvre salvatrice de Dieu doit surmonter pour restaurer — et même amplifier — la bonté originelle des êtres humains et du reste de la création de Dieu.

La dynamique de la chute semble être assez simple selon Wesley, mais elle n'en est pas moins tragique pour autant. Adam et Ève ont été créés entièrement bons, avec un reflet « parfait » de l'image de Dieu dans toutes ses facettes — naturelle, politique et morale. Dans un premier temps, ils ont incarné cette image à la perfection et ils entretenaient de parfaites relations — avec Dieu, l'un envers l'autre et avec le reste de la création de Dieu. Cependant, le don de la liberté (ou de l'auto-détermination) faisait également partie de leur perfection. Ce don a été conçu pour être exercé par l'homme et la femme dans l'amour, l'orientation originelle à partir de laquelle Dieu les a créés et dans laquelle ils devaient vivre et être heureux. Être créés pour aimer signifie qu'ils étaient supposés s'orienter vers l'extérieur : vers Dieu, les uns vers les autres et vers la création dont ils étaient censés être les intendants. S'ils avaient conservé cette orientation et exercé leur liberté de manière adéquate, tout aurait fonctionné de la manière dont Dieu l'avait prévu originellement. Mais pour que la liberté soit réelle, elle devait être testée.

> La liberté de l'homme exigeait nécessairement qu'il fût mis à l'épreuve ; autrement, il n'aurait eu aucun choix d'y résister ou de succomber, c'est-à-dire, aucune liberté. C'est en vue de cette épreuve que Dieu lui a dit : « Tu pourras manger de tous les arbres du jardin ; mais tu ne mangeras pas de l'arbre de la connaissance du bien et du mal ».[1]

---

[1] Sermon 141, « The Image of God » [« L'image de Dieu »] §II.[0] (4.295-96). Voir Sermon 45, « La nouvelle naissance » [« The New Birth »] §I.2 (2.189).

Ainsi, le fonctionnement complet de la liberté exigeait qu'un choix soit posé devant Adam, et ce choix était fixé par une loi, une frontière délimitant la relation qu'il avait avec Dieu. Ainsi, l'amour de Dieu pour Adam s'exprimait en donnant à Adam la liberté d'aimer Dieu en retour. À la lumière de cette ligne de démarcation, Adam pouvait choisir de préserver la relation ou de la briser. Il est important de noter que, pour Wesley, c'était la relation, beaucoup plus que le fruit, qui était réellement en jeu dans ce commandement.

Bien sûr, tout le monde sait ce qui s'est passé ensuite. Inexplicablement, Adam et Ève ont utilisé leur don de liberté pour se détourner de Dieu et se centrer sur eux-mêmes. Cet éloignement par rapport à Dieu a brisé leur relation avec Dieu ; et cet événement, à son tour, les a amenés à briser la loi de Dieu. D'après Wesley, la violation de la relation s'est produite en premier ; la violation de la loi, par la suite.[2] Cet acte est l'événement qui a éloigné la création de son état originel de bonté et qui l'a précipitée dans cet état enclin au mal que nous connaissons. Pour Wesley, toute souffrance, tout mal, tout péché et toute mort, tout est enraciné dans cette mauvaise utilisation de la liberté. Dieu a donné aux êtres humains la liberté afin qu'ils puissent être capables d'amour ; et ils étaient pleinement capables d'exercer leur liberté avec un amour parfait.[3] Mais le don de la liberté comportait également le risque du mal. C'était un risque que Dieu était apparemment disposé à prendre.

Quand Adam et Ève ont choisi d'être égoïstes plutôt que d'aimer, ils ont brisé leur relation avec Dieu, avec autrui et avec le monde, d'une manière telle qu'ils ne pouvaient pas la rétablir à ce moment-là. Toutes les autres conséquences de leur péché, à la fois pour eux et pour leurs descendants, ont découlé de cette rupture. Ainsi, ils ont perdu à la fois leur relation avec Dieu («la faveur de Dieu» dit Wesley) et l'image de Dieu qui rendait cette relation possible.[4] Cependant, avant d'examiner la question de savoir en quoi notre condition présente découle de ces événements, nous devons dire quelques mots sur la manière dont Wesley comprend la chute dans le grand schéma de la rédemption.

Wesley est sensible à l'accusation selon laquelle Dieu est en quelque sorte en faute pour le mal qui a résulté de la chute parce que Dieu savait que cela allait se produire et il aurait pu l'empêcher. Wesley reconnaît que ces déclarations

---

[2]    «On the Fall of Man» [«Sur la chute de l'homme»] §I.1 (2.402-03).

[3]    Sermon 45, «La nouvelle naissance» [«The New Birth»] §I.2 (2.189).

[4]    Sermon 61, «The Mystery of Iniquity» [«Le mystère de l'iniquité»] §2 (2.452).

sont vraies, mais il déclare que Dieu a choisi de permettre la chute parce que Dieu avait prévu d'apporter quelque chose de plus grand, d'éternel, à partir de ces maux moindres et temporaires. Parce que Dieu a permis la chute, nous avons la démonstration de l'amour de Dieu pour nous en Christ, une démonstration que nous n'aurions pas eue autrement. Nous avons aussi la promesse de Dieu qu'à la fin, les choses seront meilleures que la «perfection» originellement créée par Dieu (comme nous l'avons noté dans le chapitre précédent). Wesley, donc, semble être partisan de la conception de la chute connue sous le nom de *felix culpa* («faute heureuse» en latin). Selon cette tradition, la chute elle-même n'est pas une bonne chose, mais Dieu la transforme en chose positive de manière rétroactive, pour ainsi dire, du fait du bien que Dieu en retire à la fin.

## Le péché originel

À cause de la chute, Wesley croit que les êtres humains d'aujourd'hui héritent d'une situation créée par Adam et Ève dans laquelle les relations sont brisées. Suivant sa tradition anglicane, il désignait cet état hérité de rupture par le terme «péché originel». Bien qu'il décrive la nature et l'effet du péché originel de plusieurs manières différentes à différents moments de sa vie, le nœud du problème a toujours été important pour lui — si important que le christianisme ne pourrait exister sans cet élément.

Le christianisme traditionnel subissait des attaques toujours plus importantes dans le climat intellectuel de l'Angleterre du dix-huitième siècle, même si des personnes ordinaires répondaient en masse au message de Wesley. Une des principales facettes de cette attaque intellectuelle était l'affirmation de la bonté et de la capacité humaines. Certains intellectuels commençaient à déclarer que si la société pouvait éduquer les citoyens de manière adéquate, une bonne société émergerait naturellement. Une fois que les humains sauraient le bien qu'ils doivent faire, ils le feraient naturellement. Dans ce cas de figure, les êtres humains sont maîtres de leur propre destin et parler du «besoin d'être sauvé» n'avait pas vraiment de sens. Quelques personnes pensaient même que l'idée d'un Dieu qui punit les humains pour le mal qu'ils font et qui les récompense pour le bien était une forme «primitive» de moralité qui devait disparaître pour qu'un véritable épanouissement humain émerge.

Cependant, la lecture que faisait Wesley de la Bible lui donnait peu de raisons d'adhérer à cette analyse. En effet, sa lecture encourageait la croyance contraire. C'est dans son sermon intitulé «Péché originel»[5] que nous trouvons sa description la blus brève de cette réalité. Dans ce texte structuré comme une explication de Genèse 6.5, Wesley affirme: «L'Éternel vit que la méchanceté des hommes était grande sur la terre, et que toutes les pensées de leur cœur se portaient chaque jour uniquement vers le mal.» Wesley abordait ce verset selon deux perspectives. Tout d'abord, la condition déchue dont nous avons hérité de nos premiers parents nous affecte tous, sans exception. Il n'existe pas de personnes parfaites; il n'existe donc aucune personne qui n'a pas besoin du salut que Dieu fournit en Christ.[6] Deuxièmement, non seulement le péché originel affecte toute personne, mais il affecte aussi tout ce qui la concerne. Aucun aspect de la vie humaine n'est à l'abri de cette maladie, étant donné qu'elle est à la racine de nos actions et de nos attitudes. Selon les termes de Wesley:

> À présent, Dieu voyait que «tout cela», tout l'ensemble «était mal», contraire à la droiture morale; contraire à la nature de Dieu, qui inclut nécessairement tout le bien; contraire à la volonté divine, la norme éternelle du bien et du mal; contraire à l'image de Dieu pure et sainte, selon laquelle l'homme a originellement été créé… contraire à la justice, à la miséricorde, à la vérité et aux relations essentielles que chaque homme entretenait avec son créateur et avec les autres créatures.[7]

Étant donné que Dieu est la seule source de bonté et étant donné que la race humaine s'est séparée de Dieu, les êtres humains ne peuvent manifester aucune bonté par eux-mêmes. Croire le contraire c'était, dans l'esprit de Wesley, nier la religion chrétienne en entier. Sa logique était simple. Si les humains sont capables de se sauver eux-mêmes, alors l'œuvre de Christ sur la croix n'était pas nécessaire. Cependant, si l'œuvre de Christ sur la croix était bien nécessaire, alors il n'existe aucune possibilité pour que les humains arrivent à se sauver eux-mêmes. L'affirmation de l'œuvre de Christ était liée au fait que l'humanité avait besoin de cette œuvre. L'idée du «péché originel» était, en un sens, le point de départ logique pour toutes les idées sur le salut chrétien que Wesley considérait comme importantes. Comme il le dit plus tard dans la conclusion de ce sermon:

---

[5]   Ce sermon est une version simplifiée et retravaillée de certaines sections de son ouvrage intitulé *The Doctrine of Original Sin: According to Scripture, Reason and Experience*, destiné à défendre sa conception du péché originel de manière plus longue et argumentée.

[6]   *NNT,* 1 Jean 1.8.

[7]   Sermon 44, «Le péché originel» (II.2 à 7).

> De là, nous pouvons apprendre une différence primordiale et fondamentale entre le christianisme considéré en tant que système de doctrines et le paganisme le plus raffiné... L'homme est-il par nature rempli de toutes sortes de mal? Est-il dépourvu de toute bonté? Est-il entièrement déchu? ... Acceptez cela et vous êtes sur ce point un chrétien. Niez-le et vous n'êtes toujours qu'un païen.[8]

Ainsi, même si Wesley croyait que les êtres humains étaient originellement créés par Dieu pour être bons, leur bonté ne fonctionnait plus correctement. Même si une partie de l'image de Dieu reste (en termes de compréhension ou de volonté ou de liberté), les humains ne l'utilisent plus pour entretenir une relation d'amour avec Dieu, avec autrui et avec le reste de l'ordre de la création de Dieu (ces «relations essentielles» comme il les appelle ci-dessus). Les êtres humains se trouvent à présent dans ce que Wesley appelle de manière trompeuse un état «naturel», expression par laquelle il veut désigner des êtres humains livrés à eux-mêmes — loin de Dieu et spirituellement morts.[9] L'idée est une abstraction pour Wesley, puisqu'il croyait que Dieu ne laisse pas les humains livrés à eux-mêmes, mais c'est tout de même une abstraction importante. Notre état de mort spirituelle est le point de départ «naturel» de notre expérience, et c'est donc là que Dieu commence l'application du salut à nos vies individuelles.

Pendant ses années à Oxford, Wesley décrivait cet mort spirituelle héritée en des termes fortement biologiques, tentant même de décrire comment l'acte physique qui consistait à manger la pomme avait créé des maladies qui avaient pu être transmises d'Adam et Ève à leurs enfants.[10] Pendant les premières années du réveil, Wesley a s'est davantage orienté vers une idée plus juridique, considérant Adam comme représentant de l'humanité dont les actions ont des conséquences héritées par ses enfants. Dans cette vision typiquement protestante, les êtres humains d'aujourd'hui sont à la naissance «morts à Dieu» et c'est là une partie du châtiment pour le péché d'Adam. En fin de compte, cependant, Wesley décida que cette vision compromettait la justice de Dieu puisqu'elle revenait à nous tenir pour responsables d'une chose que nous n'avons pas faite. Cela le mena, vers la fin de sa vie, à retourner vers une idée de la transmission du péché originel davantage fondée sur la biologie. Quelle que

---

[8]  *Ibid.*, §§III.1-2 (2.182-84).

[9]  Sermon 9, «L'esprit de servitude et l'esprit d'adoption» §§I.1-8; voir aussi Sermon 10, «Le témoignage de l'Esprit» §II.11 et Sermon 3, «Réveille-toi, toi qui dors!» §I.11.

[10]  Sermon 141, «The Image of God» [«L'image de Dieu»] §II.1 (4.296-98).

soit la manière dont il nous est transmis, le péché originel signifie que nous sommes à présent disposés à agir de la même manière qu'Adam, encourant la même culpabilité et le même châtiment que lui. C'est donc vers la nature du péché actuel que nous devons à présent nous tourner.

## Le péché et la corruption de l'image de Dieu

Le fait que Wesley ait changé sa compréhension de la manière dont le péché originel fonctionne montre que les idées sur le péché étaient dynamiques et actives dans l'esprit de Wesley. Wesley ne s'est pas contenté d'affirmer notre état inhérent de mort spirituelle ; il l'a analysé. Ici, les idées de Wesley sur le péché s'alignent très bien avec ses intuitions sur la nature humaine telles qu'elles sont exprimées dans sa conception de l'image de Dieu. Nous allons donc utiliser ce concept comme guide. Wesley lui-même établit cette connexion en utilisant les mêmes mots pour décrire le péché que ceux qu'il a utilisés pour décrire cette image. Ses multiples préoccupations sur le péché ont plus de sens quand elles sont considérées à la lumière de son intuition, à savoir : le péché est essentiellement une corruption de l'image de Dieu selon laquelle les êtres humains ont été créés.

### *Le péché et l'image relationnelle*

Comme nous l'avons noté dans le chapitre précédent, l'idée de base de l'image de Dieu pour Wesley était qu'elle rendait les êtres humains «capables de Dieu». Ils pouvaient ainsi entrer en relation avec Dieu de manière personnelle et aimante, mieux que toute autre composante de la création matérielle. Quand Adam et Ève ont fait mauvais usage de leur liberté et se sont détournés de Dieu, ils ont perdu cette capacité de relation. Les êtres humains sont devenus «incapables de Dieu». Ils ont brisé la relation par leur désobéissance, et — puisque leur capacité à entrer en relation avec Dieu était en elle-même un produit de la relation de Dieu avec eux — ils ont perdu la capacité d'entrer en relation tout en perdant également la relation elle-même. C'est comme s'ils avaient fermé la porte de leur vie à Dieu et qu'ils avaient jeté la clé. La relation était perdue, en même temps que toute possibilité de la restaurer.

En ce sens, l'image complète de Dieu dans l'humanité a été perdue. Il reste des parties de cette image, comme nous le verrons ci-dessous, mais elles ne peuvent plus fonctionner comme auparavant pour maintenir les êtres humains en relation avec Dieu. En fait, les fragments de l'image de Dieu en nous ont à présent tendance à uniquement fonctionner d'une manière qui tire les humains toujours plus loin de Dieu et d'autrui. Et les êtres humains dans leur état «naturel» — seuls sans l'aide de Dieu — sont tout à fait incapables de régler le problème.

À l'origine, Dieu avait défini cette frontière qui donnait à l'humanité la liberté d'aimer ou de rejeter Dieu sous forme de loi. Ainsi, le décalage créé par Adam et Ève dans la relation quand ils dépassèrent cette frontière peut être considéré comme une culpabilité légale. Cette idée du péché forme l'épine dorsale de la plupart des théologies du péché en Occident, et Wesley partage cet héritage — bien qu'il préfère utiliser des concepts légaux pour indiquer quelque chose de plus profond, comme la «loi de l'amour». Dans un contexte juridique, l'idée de culpabilité ne renvoie pas aux sentiments associés aux méfaits mais plutôt à l'objectivité de l'inexactitude. Lorsque nous dépassons cette limite ou que nous violons la loi, nous sommes coupables quels que soient nos sentiments à ce propos. Tant que nous n'examinons pas cette culpabilité objective, nous ne pouvons pas entrer en relation avec la personne à qui nous avons fait du tort ou entrer en relation avec la société dont les lois ont été transgressées.

La manière normale de répondre à la culpabilité, bien entendu, c'est le châtiment. Une fois qu'un contrevenant paie son amende ou effectue sa peine de prison, il paie sa «dette à la société», la culpabilité est expiée et les relations peuvent reprendre. Mais si le châtiment pour l'offense est la mort — comme cela a clairement été expliqué à Adam et Ève — il leur était impossible de subir ce châtiment puis de passer à autre chose. La culpabilité et son châtiment annulent la possibilité d'une relation avec Dieu; par conséquent, les êtres humains sont dans une impasse. L'idée est importante pour Wesley car elle fonde toute l'histoire du salut dans la grâce. Dieu fait pour nous une chose que nous ne pourrions jamais faire pour nous-mêmes.

La culpabilité, bien entendu, n'apparaît pas par magie chez une personne. Elle est le fruit des actions, des actions que nous appelons habituellement «péchés». Pour comprendre ces actions, nous devons aller au-delà de la perte générale de l'image de Dieu en l'humanité pour aller vers les moyens spécifiques par lesquels l'image naturelle de Dieu en l'humanité (la capacité de comprendre, la volonté et la liberté) et l'image morale (l'orientation vers la bonté) ont été corrompues dans leur aspect relationnel.

## Le péché, l'image naturelle et l'image morale

Parmi les idées les plus célèbres de Wesley on peut trouver sa définition du péché, à savoir : « une transgression volontaire [ou déterminée] d'une loi connue de Dieu ».[11] Bien que Wesley ne soit pas le seul à l'utiliser, cette expression lie sa compréhension du péché à sa conception de l'image de Dieu. Wesley concevait l'image naturelle de Dieu en termes de compréhension, de volonté et de liberté. Ainsi donc, le péché est un exercice de la liberté, un choix, qui implique à la fois la volonté (avec tous ses désirs, ses humeurs et ses affections) et la compréhension. De tels actes de péché résultent d'une corruption profonde de notre nature. Ainsi, tout comme la culpabilité est le résultat des actes de péché, de même les actes de péché sont le résultat de quelque chose de plus profond.

**Le péché en tant que tel.** Wesley insiste sur le fait que les seules actions qui peuvent être qualifiées de péchés sont les actions impliquant la liberté, la volonté et la compréhension qui perturbent les relations. « Strictement parlant, écrit-il, le péché n'est autre qu'une transgression volontaire d'une loi connue de Dieu. Ainsi, toute infraction volontaire à la loi de l'amour est un péché ; et rien d'autre, à proprement parler »[12]. Il s'agit là d'une véritable définition pour Wesley et non d'une simple description. Toutes les transgressions volontaires sont des péchés et seules les transgressions volontaires sont des péchés. Cette définition élargit sa conception du péché de manière à inclure tout ce qui perturbe sciemment les relations (« la loi de l'amour » selon Wesley), même si la Bible ne dit rien à ce sujet. D'un autre côté, cette définition réduit le sens du concept, à savoir que les péchés sont uniquement ces actions qui découlent de notre nature corrompue. Seules les actions qui sont des rébellions peuvent être qualifiées de péchés. Wesley insiste sur cette compréhension pour deux raisons.

Tout d'abord, Wesley comprend que les lois de Dieu peuvent être brisées d'une manière qui n'implique pas la compréhension ou la volonté. Les humains font des erreurs dans leur ignorance et causent des perturbations involontaires ou accidentelles dans leurs relations. De telles erreurs exigent le pardon ; et quand elles sont commises contre Dieu, elles doivent être couvertes par le sacrifice expiatoire de Christ. Cependant, Wesley insiste sur le fait que ces actions involontaires ne peuvent être adéquatement qualifiées de péchés. Elles décou-

---

[11]   Sermon 76, « On Perfection » [« Sur la perfection »], §II.9 (3.79). Voir aussi Sermon 96, « On Obedience to Parents » [« L'obéissance aux parents »], §II.8 (3.372).

[12]   Lettre à Mme Bennis, 16 juin 1772 (Telford 5.322).

lent de notre nature physique limitée, nous devons donc les gérer, mais elles ne nous rendent pas coupables.

Si nous traitons ces violations comme si elles étaient des péchés, selon Wesley, nous rendons le problème du péché insoluble. Wesley accuse les Calvinistes de commettre cette erreur[13] qui sape tout l'enthousiasme que nous pourrions exprimer pour faire sérieusement face au péché. Après tout, si nous gâchons nos relations parce que nous sommes limités et mortels et si nous n'y pouvons rien, à quoi bon essayer? Il est vrai que nous avons besoin du pardon constant de Dieu et d'autrui pour ces situations où nous compromettons nos relations de manière accidentelle. Cependant, les actes qui sont délibérément et sciemment perturbants indiquent un problème plus profond que le simple fait de notre nature limitée. Après tout, dans une relation interrompue, il y a une différence entre le fait de marcher accidentellement sur les orteils d'une personne et le fait d'écraser délibérément notre talon sur son pied pour la blesser. Ceci nous mène à la deuxième raison pour laquelle Wesley souhaite réserver l'appellation «péché» aux actes volontaires et délibérés.

Wesley n'est pas simplement intéressé par le fait que nous violons la loi de Dieu; il veut que nous connaissions la source de ces actions. Quel type de personne écrase délibérément et volontairement son talon sur le pied d'une autre personne? Quel type de personne rejette sciemment et volontairement les lignes de démarcations de Dieu et tente de s'établir en tant que dieu à la place de Dieu? Cela semble être impensable, mais les êtres humains le font quand même. Pourquoi? Qu'est-ce qui ne va pas chez ces personnes? La définition que donne Wesley du péché indique donc des problèmes plus profonds dans notre nature que le simple fait d'une performance inadéquate. En définissant le péché en termes de rébellion, Wesley souligne avant tout la corruption de notre compréhension et de notre volonté qui mène à notre comportement relationnel perturbé. Il indique aussi que toute notre conception de la bonté (l'image morale) doit aussi être perturbée. La définition que donne Wesley de l'acte de péché nous montre que le péché est plus qu'un simple acte. Il est mû par quelque chose. Le péché n'est pas qu'une affaire d'actes externes; c'est aussi une disposition intérieure.

**Le péché inné.** Wesley désigne par plusieurs termes la source de nos actes pécheurs, mais tous ces termes renvoient à quelque chose d'intérieur — par opposition aux manifestations extérieures du péché que sont nos transgressions.

---

[13]    *Ibid.*

148

Il utilise parfois l'expression de «péché intérieur»[14] ou encore «péché inné»[15] ou «principe»[16]. Quel que soit le nom que Wesley donne à cette source, l'intention reste cependant la même. Logée quelque part dans le noyau interne de notre personnalité, se trouve une orientation d'où découlent toutes nos actions externes. Ce principe (cette source) a été créé à l'origine pour être et agir comme Dieu, mais il a été complètement corrompu. Il est à présent, pour utiliser les versets favoris de Wesley sur le sujet, un «mauvais arbre» qui ne peut porter que du «mauvais fruit» (Mathieu 7.18, Luc 6.43).

Il s'agit ici d'une corruption de l'image naturelle et de l'image morale de Dieu dans l'humanité. Pour commencer, c'est une corruption de notre compréhension. En un sens, c'est un manque de compréhension. Wesley utilisera fréquemment la métaphore de la cécité pour souligner cette partie affaiblie de notre condition humaine. Nous sommes aveugles à la vérité, aveugles à notre propre nature, aveugles à toute bonne chose qui pourrait nous orienter vers Dieu. Parce que nous n'avons aucune compréhension de Dieu, notre volonté ne peut désirer ou vouloir Dieu, et nous ne pouvons donc aimer Dieu ou entrer en relation avec Dieu.[17] Le problème, cependant, est plus profond que l'ignorance. Nous ne manquons pas seulement de connaissance ; nous croyons connaître des choses que nous ne connaissons pas en réalité. Notre compréhension nous mène à considérer comme bonnes des choses qui sont en fait mauvaises.[18] Notre compréhension nous mène alors à agir de manière complètement opposée à ce qui était prévu au moment de la création.

Tout comme notre compréhension a tourné à la folie, notre volonté a tourné à l'égoïsme. Comme nous l'avons vu dans le dernier chapitre, la volonté humaine a été créée pour désirer le bien, pour aimer et désirer ce que Dieu veut. Aujourd'hui, la volonté déchue considère uniquement ses propres désirs et refuse de les réorienter en direction de la volonté de Dieu. Dans leur état «naturel» (c'est-à-dire sans Dieu), nos affections ont tendance à se tourner vers les choses de ce monde matériel plutôt que vers les choses de Dieu. Même nos

---

[14] Sermon 14, «La repentance chez les croyants» §II.4 et *Une exposition claire et simple de la perfection chrétienne*, §23.Q17.

[15] Sermon 8 «Les premiers fruits de l'Esprit» §III.4, Sermon 9 «L'esprit de servitude et l'esprit d'adoption» §II.9 et Sermon 47, «L'accablement résultant des épreuves» §III.9.

[16] Sermon 13, «Le péché dans les croyants» §§III.1 à 3, Sermon 43 «Le chemin du salut d'après la Bible» §I.6 et Sermon 44 «Le péché originel» §§I.2, II.8.

[17] Sermon 44 «Le péché originel» §II.5.

[18] Sermon 125, «On a Single Eye» [«Un œil unique»] §III.5-6 (4.128-29) et Sermon 126,0 «On Worldly Folly» [«La folie du monde»] (4.131-138).

désirs habituels et volontaires — nos «tempéraments» comme les appelle Wesley — sont orientés vers des choses qui augmentent notre malheur plutôt que notre bonheur, qui mènent à notre destruction au lieu de notre salut.[19] Aux yeux de Wesley, les êtres humains séparés de Dieu sont si allés si loin qu'ils ne veulent même pas être sauvés. Enfin, face à une compréhension corrompue et à une volonté égoïste, toute la liberté qui reste aux êtres humains est impuissante à choisir Dieu et devient esclave de l'ignorance, de la folie et du péché.

La corruption de notre compréhension et de notre volonté, ainsi que la perte de la liberté, vont ainsi de pair avec la perte de notre image morale de Dieu. Les êtres humains ne sont donc plus tournés vers le bien ou vers Dieu. Même si Dieu les a créés pour la sainteté et la justice, ils ne poursuivent plus à présent que le péché. Même si Dieu les a créés pour aimer Dieu et les autres, ils ne poursuivent que leurs propres désirs égoïstes. Ce qu'ils comprennent et veulent comme bien est en fait mauvais. Et ils ne le savent pas et ne s'en préoccupent pas. Ainsi donc, l'humanité est véritablement et complètement perdue.

Si les êtres humains ont été à ce point corrompus, alors nous avons besoin de plus que le simple pardon pour nos mauvaises actions. Certes, nous sommes coupables, mais une maladie plus profonde alimente cette culpabilité. Il doit y avoir quelque chose de radicalement mauvais en nous si nous désirons faire ces choses qui nous rendent coupables. Toutefois, aussi profondément que Wesley comprenne le problème du péché — et il est difficile de voir à quel point il pourrait être plus profond — Wesley voit la solution de Dieu au problème du péché comme étant encore plus profonde. Là où Wesley souligne la profondeur de la chute, il s'assure de souligner la profondeur encore plus grande de la grâce.[20] C'est vers cette grâce que nous nous tournons à présent.

---

[19] Sermon 48, «Le renoncement à soi-même» §I.3.

[20] Sermon 57, «On the Fall of Man» [«Sur la chute de l'homme»] §§II.9-10 (2.411) et Sermon 59 «God's Love to Fallen Man» [«L'amour de Dieu pour l'homme déchu»] §3 (2.424).

# XII

# Pensées de Wesley sur le salut
# Première partie

Nous en arrivons enfin aux pensées de Wesley sur le salut qui, comme nous l'avons dit, constituent la pièce maîtresse de sa théologie. Il le dit dans la préface du premier tome de ses sermons : «Je veux connaître une chose : le chemin qui mène au ciel»[1]. Pour Wesley, «le chemin qui mène au ciel» se trouvait dans le renouvellement de l'image de Dieu qu'il appelait tantôt la recherche de la sainteté, tantôt la sanctification ou encore la perfection chrétienne. Le Dieu qui est amour avait créé un monde qui pouvait servir d'environnement propice aux relations aimantes et un peuple à l'image de Dieu qui était capable d'entretenir de telles relations. Bien que les humains aient perdu cette capacité du fait du péché, Dieu désire toujours cette relation avec eux. Ainsi, l'œuvre de Dieu pour le salut est une œuvre de nouvelle création, de restauration de ce qui a été perdu, afin que l'amour puisse prospérer comme prévu à l'origine.

Vue sous cet angle, la compréhension du salut selon Wesley est singulière. C'est une combinaison réfléchie de diverses traditions chrétiennes influencées par ses propres nuances et ses propres réflexions. Toutefois, ce que nous allons étudier dans ce chapitre ne devrait pas constituer une surprise. Si nous comprenons les intuitions fondamentales de Wesley et ses confessions sur Dieu, sur la création, sur les êtres humains et sur le problème du péché, alors nous découvrirons que sa compréhension du salut est relativement facile à prévoir. Une fois

---

[1] Préface, *Sermons on Several Occasions [Sermons pour plusieurs occasions]*, §5 (1.105).

151

que nous distinguons les différents points, ils se connectent presque entre eux. Dans ce chapitre, nous allons examiner les pièces fondamentales que Wesley met bout à bout pour former sa doctrine du salut. Dans le prochain chapitre, nous étudierons en détail la manière dont ces pièces se coordonnent pour former l'intrigue du salut.

Nous aborderons les pensées de Wesley sur le salut d'une manière similaire à notre présentation de ses pensées sur le péché — avec les événements historiques qui ouvrent la voie pour tout ce qui va suivre. Pour Wesley, ces événements sont la vie, la mort et la résurrection de Jésus-Christ, et la venue du Saint-Esprit à la Pentecôte. De là, nous étudierons la compréhension fondamentale de Wesley sur la grâce et la foi, les deux ensembles de «réponses», pour ainsi dire — de la part de Dieu et de de notre part à nous — qui façonnent tout ce qui se produit dans le processus de salut. La section finale de ce chapitre sera une vue d'ensemble de «l'ordre du salut» (ou *ordo salutis* en latin), ce qui formera la structure de base de notre examen détaillé du processus du salut dans le prochain chapitre.

## Le salut : Les points d'ancrage historiques

Comme nous l'avons vu dans le dernier chapitre, Wesley considérait la chute comme un acte historique ayant des conséquences historiques. De la même manière, Wesley comprenait que les actes de salut de Dieu étaient aussi des actes historiques, et ces actes-là aussi ont des conséquences en cours dans le monde réel. L'œuvre de Dieu à travers Christ et le Saint-Esprit commence effectivement au moment où Adam et Ève ont péché, et elle continue tout au long de l'Histoire.[2] Cette œuvre prend cependant une importance nouvelle et connaît un nouveau niveau d'efficacité lorsque le Christ naît dans le monde et que l'Esprit-Saint est donné aux disciples de Christ à la Pentecôte.

### *Christ*

Wesley n'offre pas une réflexion très développée ou très nuancée sur la personne et l'œuvre de Christ. Ses réflexions sur Christ sont peut-être la partie la plus faible de son système théologique. La plupart des interprètes de Wesley reconnaissent qu'il adopte simplement une compréhension protestante basique du Christ et qu'à partir de ce postulat, il évoque le rôle du Christ dans le salut. Il ne prêche qu'un seul sermon qui évoque de manière explicite l'identité de

---

2    Sermon 61, «The Mystery of Iniquity» [«Le mystère de l'iniquité»] §3 (2.452).

Christ et, dans ce sermon, il souligne la divinité de Christ si fortement que l'humanité de Christ semble éclipsée.[3] Cependant, bien que cela représente un problème, cela permet aussi de souligner le caractère historique et divin des événements qui assurent notre salut.

Le fort accent mis pas Wesley sur la divinité de Christ souligne le fait que c'est Dieu et Dieu seul qui initie et accomplit le salut humain. C'est Dieu qui conçoit le plan de salut de l'humanité à travers la mort de Christ sur la croix et c'est Christ en tant que Dieu qui se plie à ce plan et dont l'obéissance permet qu'il soit un succès. Ainsi, le salut en tant que «nouvelle création» est comme la première création. Dans les deux cas, il s'agit d'actes que seul Dieu peut accomplir et Dieu les réalise sans conditions préalables et simplement du fait de sa propre décision fondée sur l'amour. La divinité de Christ souligne également l'importance de son enseignement — étant donné que cet enseignement sera considéré comme un enseignement provenant directement de la bouche de Dieu — et Wesley propose une série de treize sermons sur le Sermon sur la montagne (relaté dans les chapitres 5 à 7 de l'Évangile de Matthieu) qu'il publie dans la toute première édition de ses sermons.[4]

Bien que Wesley se concentre principalement sur la divinité de Christ, son humanité joue aussi un rôle dans le salut. Christ est la seule expression parfaite de l'image de Dieu dans une vie humaine et, en cela, il incarne notre véritable nature d'une manière dont lui seul était capable. Sa parfaite nature humaine s'exprimait dans une parfaite obéissance à Dieu, et sa soumission à la volonté de Dieu donne à Dieu une raison d'offrir encore une fois sa faveur à l'humanité.[5] Il faut rappeler que les êtres humains ont perdu à la fois la faveur (c'est-à-dire la bonne relation) et l'image de Dieu dans la chute. Christ permet le processus qui consiste à défaire cette chute de deux manières. Premièrement, il devient le vecteur par lequel Dieu entame une nouvelle fois une relation avec l'humanité. Deuxièmement, il est l'exemple de ce qu'est l'image de Dieu vécue dans une relation avec Dieu.

L'œuvre de «nouvelle création» de Dieu en Christ, tout comme l'œuvre de première création, est une chose que Dieu fait afin d'obtenir une réponse de la part des créatures que Dieu a créées. Ainsi, bien que Christ accomplisse l'acte

---

[3]   Sermon 123 « *On Knowing Christ after the Flesh,* » [« Connaître le Christ selon la chair »] (3.97-106).
      Cette perspective apparaît aussi fréquemment dans son *NNT*, par exemple dans ses commentaires sur le plein contrôle qu'avait Jésus sur ses émotions en Jean 11.33-35.

[4]   Sermons 21-33.

[5]   Sermon 20, "The Lord Our Righteousness" §§I.2-4, II.5 (1.452-53, 455).

du salut, ce fait doit tout de même être appliqué aux vies individuelles et aux communautés. Cette application est apportée par l'œuvre de la troisième personne de la trinité, à savoir, le Saint-Esprit.

## Le Saint-Esprit

Étant donné que les événements de la crucifixion et de la résurrection se sont produits il y a très longtemps, Wesley reconnaissait qu'il devait y avoir un moyen d'expression de l'œuvre salvatrice de Christ pour les vies de ceux qui n'étaient pas avec lui quand ces événements ont eu lieu. Il devait y avoir un moyen d'appliquer l'œuvre historique de Christ à d'autres époques et à d'autres histoires. C'est là qu'intervient, selon Wesley, l'œuvre du Saint-Esprit, dont la venue est également ancrée dans l'histoire par les événements de la Pentecôte.

Wesley ne souligne pas l'événement de la Pentecôte aussi souvent qu'il souligne les événements de la passion de Christ, mais son importance en tant qu'événement historique est néanmoins très claire dans ses réflexions. Les événements de la mort et de la résurrection de Christ seraient lointains et inefficaces s'ils n'étaient pas appliqués aux vies des croyants par la venue du Saint-Esprit. Wesley assimile le fait «d'être chrétien» avec le fait «d'être rempli du Saint-Esprit»[6] et il est très explicite en ce qui concerne le fait que toute l'étendue de la grâce de Dieu n'était disponible qu'après l'ascension de Christ au ciel et l'envoi du Saint-Esprit pour appliquer son œuvre.[7] Ainsi donc, c'est à propos du jour de la Pentecôte et de la naissance de l'Église — et non à propos du jour de la résurrection de Christ — que Wesley s'extasie en ces termes :

> C'était l'aube du jour même de l'Évangile véritable. C'était là l'église chrétienne telle qu'elle devait être. C'est à ce moment-là que le « soleil de la justice s'est levé » sur la terre, « avec la guérison sous ses ailes ». Il a « sauvé son peuple du péché » : il a « guéri » « toutes leurs maladies ». Non seulement il a enseigné cette religion qui est une véritable « guérison de l'âme », mais il l'a aussi effectivement plantée sur la terre ; remplissant les âmes de tous ceux qui croyaient en lui de justice, de gratitude envers Dieu et de bonne volonté envers l'homme, accompagnées d'une paix qui surpassait toute compréhension, d'une joie indicible et d'une pleine gloire.[8]

---

[6] Sermon 4, « Le christianisme scripturaire » §§IV.1-11.

[7] Sermon 40, « Perfection chrétienne », §11.

[8] Sermon 61, « The Mystery of Iniquity » [« Le mystère de l'iniquité »] §11 (2.455).

Certes, pour Wesley, le Saint-Esprit est l'Esprit de Christ,[9] et cette affirmation découle aussi de l'accent qu'il place sur la divinité de Christ et du Saint-Esprit, étant donné que leur nature divine est ce qui les unit. Pourtant, l'œuvre de Christ dans sa mort et sa résurrection et l'œuvre du Saint-Esprit à la Pentecôte ne sont pas les mêmes ; et cette différence est importante. Voici une manière de considérer cette différence. Christ vient pour établir le potentiel pour le salut ; le Saint-Esprit rend ce potentiel réel. C'est le Saint-Esprit qui donne aux croyants la capacité de vivre en cohérence avec le salut ; c'est cet Esprit qui les sanctifie, qui renouvelle l'image de Dieu en eux et qui garantit leur faveur nouvellement restaurée avec Dieu.[10] L'application du salut, cependant, ne se fait pas simplement par imposition ou par attribution. Elle se produit quand Dieu agit et quand les êtres humains répondent. Les caractéristiques de cette action et cette réponse se trouvent dans la compréhension de la grâce et de la foi selon Wesley.

## La grâce et la foi

Les termes « grâce » et « foi » sont communs en théologie mais leur sens n'en est pas pour autant toujours évident. Wesley utilise ces termes pour faire référence aux actions de Dieu et à notre réponse dans l'application de l'œuvre salvatrice de Dieu dans nos vies aujourd'hui. Pris ensemble, ils illustrent la dynamique fondamentale qui, selon Wesley, conduit le processus du salut.

### La grâce

Comme nous l'avons vu quand nous avons examiné ses pensées sur Dieu, Wesley possède quelques intuitions « classiques » sur la complète altérité et l'indépendance de Dieu par rapport au monde. Quand il s'agit de l'œuvre salvatrice de Dieu, cela signifie que toutes les actions de Dieu sont libres et sans obligation. Dieu n'est pas obligé de faire quoi que ce soit concernant le salut ; si Dieu fait une chose, quelle qu'elle soit, c'est par libre choix. Ces intuitions signifient aussi que toute interaction entre Dieu et le monde ne se produit que par l'initiative de Dieu. Ainsi, Dieu fait toujours le premier pas, et ces mouvements résultent tous des choix d'amour de Dieu et de rien d'autre. L'expression que Wesley utilise pour désigner ces « premiers mouvements » d'amour de Dieu, c'est la « grâce ».

---

[9] *NNT*, Preface à Actes. Voir aussi Sermon 17, « La circoncision du coeur », §II.4.
[10] Sermons 10 et 11.

Encore et encore, Wesley souligne que la grâce de Dieu est libre. L'humanité est complètement déchue et distante de Dieu et il n'y a rien qu'un humain puisse faire pour gagner la faveur de Dieu ou contraindre l'activité de Dieu. L'œuvre de Dieu ne nécessite aucune condition préalable et elle n'est pas une réponse à une action accomplie par les êtres humains. Étant donné que Wesley a souvent été accusé de prêcher la justification par les œuvres, son insistance sur ce point mérite d'être citée en détail.

> La grâce ou l'amour de Dieu, d'où vient notre salut, est libre en tout et libre pour tous. Tout d'abord elle est disponible librement en tous ceux à qui elle est donnée. Elle ne dépend d'aucune puissance ni d'aucun mérite de la part de l'homme ; non, en aucune façon, ni globalement ni en partie. Elle ne dépend absolument pas des bonnes œuvres ou de la droiture du bénéficiaire ; elle ne dépend en rien des actes ou du caractère de ce bénéficiaire. Elle ne dépend pas de ses efforts. Elle ne dépend pas de son bon tempérament, de ses bons souhaits, de ses bonnes intentions ; car tous ces éléments découlent de la grâce libre de Dieu. Ils ne sont que les flux, et non la fontaine. Ils sont les fruits de la grâce, et non la racine. Ils n'en sont pas la cause, mais les effets. Quel que soit le bien qui se trouve en l'homme, ou le bien fait par l'homme, Dieu est l'auteur et le moteur de la grâce. C'est pourquoi cette grâce est disponible en tous, c'est-à-dire, en aucun cas dépendante d'un quelconque pouvoir ou de quelque mérite de l'homme ; elle dépend de Dieu seul, qui nous a donné librement son propre fils et «avec qui il nous donne aussi toutes choses».[11]

Wesley est clair : Dieu est l'unique initiateur du processus de salut et ce salut est donné par la grâce uniquement. Cependant, ce passage indique aussi que l'effet de la grâce, peut-être même son objectif, est de rendre possible la réponse humaine. En d'autres termes, Wesley considère que l'œuvre de la grâce n'est pas uniquement une chose que Dieu fait pour les êtres humains — bien que ce soit certainement le cas. Il dit spécifiquement que c'est une chose que Dieu fait dans les êtres humains, une chose que Dieu fait afin que les êtres humains puissent faire quelque chose en retour. L'autre affirmation que Wesley trouve importante à propos de la grâce est qu'elle est «disponible librement pour tous», ce qui signifie que Dieu offre son activité pleine d'amour à chaque membre de la race humaine. À la différence de ceux qui prêchaient sur le salut en disant qu'il s'agissait d'une chose réservée à une poignée de privilégiés que Dieu avait choisis, Wesley revendiquait que la grâce salvatrice de Dieu n'excluait personne. Cela souligne aussi le caractère d'autonomisation de la grâce, puisque ce ne sont

---

[11]   Sermon 110, « Free Grace » [« La grâce libre »] §§2-3 (3.544-45).

pas toutes les personnes touchées par la grâce qui finissent par être sauvées. Les Calvinistes considéraient la grâce comme une œuvre de Dieu irrésistible ou écrasante, ce qui signifie qu'elle accomplit toujours ses objectifs. Pour eux, la logique était claire. S'il y a de la grâce, alors il y a le salut. Cela signifie aussi que s'il n'y a pas de salut, alors il n'y a pas de grâce. Cette absence de grâce parmi ceux qui ne sont pas sauvés s'explique par le fait qu'ils n'ont pas été choisis par Dieu pour le salut et sont donc livrés à eux-mêmes. Et la conséquence inévitable de cela, c'est l'enfer.

Wesley trouvait une telle conclusion abjecte et il soulignait une idée de la grâce considérée comme une œuvre d'autonomisation. La grâce, c'est ce qui rétablit la possibilité de se tourner à nouveau vers Dieu et d'entrer en relation avec Dieu, possibilité que l'humanité a perdue à travers le péché et la chute. Mais cela signifie qu'il peut y avoir certaines personnes — en totale contradiction avec la volonté et le désir exprimé de Dieu (2 Pierre 3.9) — qui rejettent l'offre de la grâce de Dieu. « La puissance du Seigneur est présente pour les guérir, écrit Wesley, mais [les humains] ne seront pas guéris. Ils rejettent le conseil miséricordieux de Dieu, comme l'ont fait leurs ancêtres au cou raide. Et par conséquent, ils n'ont pas d'excuse, parce que Dieu voudrait les sauver, mais ils ne seront pas sauvés. »[12]

Le salut de Dieu est une question de restauration de l'image de Dieu chez les êtres humains ; et l'idée de liberté constitue l'un des aspects de cette image. Ainsi, la grâce restaure en partie cette liberté afin que les humains soient à nouveau libres de choisir Dieu. Mais cette liberté peut aussi être utilisée — comme Adam l'a utilisée originellement — pour choisir le mal. Un tel choix est essentiellement un rejet de la grâce créatrice et re-créatrice de Dieu.

## La foi

La grâce est l'amour actif de Dieu offert aux humains de manière à les rendre capables d'aimer Dieu en retour. Bien que la grâce autorise plusieurs types de réponses différentes, comme le note Wesley dans la longue citation ci-dessus, la réponse fondamentale, celle qui fonde toutes les autres, est ce que Wesley appelle la « foi ».

Plus tôt dans sa vie, Wesley avait une vision traditionnelle de la foi considérée comme un simple assentiment à la vérité d'une proposition. Avoir la foi, c'était affirmer que l'on croyait que quelque chose était vrai. Sa mère Susanna,

---

[12] *Ibid.*, §22, (3.554).

cependant, l'a aidé à déceler au-delà de cette idée purement intellectuelle de la foi une chose plus relationnelle, une chose qui inclut la confiance. Comme il le note dans son sermon intitulé «Le salut par la foi»: «Elle [la foi] n'est pas seulement une chose relationnelle spéculative, un assentiment froid et sans vie, une suite d'idées dans la tête; mais aussi une disposition du cœur.»[13] Cela ne signifie pas que la foi n'a pas un côté intellectuel chez Wesley, mais simplement que la foi chrétienne complète doit aussi être quelque chose d'autre. Une foi purement rationnelle, sans aucune composante relationnelle, est une chose que Wesley appelle avec provocation la «foi d'un diable».

La composante intellectuelle de la foi pour Wesley était ancrée dans sa compréhension de Hébreux 11.1. Dans ce verset, il soulignait l'idée de la foi en tant que «conviction» ou «assurance», utilisant même le terme grec d'origine pour la désigner dans ses sermons.[14] La foi n'était pas ce qui nous permettait de connaître le monde spirituel d'une manière analogue à celle dont nos sens physiques nous permettent de connaître le monde physique. Cette idée de la foi en tant que «sens spirituel», comme moyen par lequel nous acquérons de la connaissance, était une idée importante — quoique quelque peu controversée — de Wesley.[15] Il existe un débat parmi les spécialistes afin de déterminer à quel point cette idée philosophique était rigoureuse, mais l'orientation de l'idée est claire. S'il y a un monde spirituel, nos sens physiques déchus n'y ont pas accès, comme nous l'avons déjà évoqué. Cependant, Dieu nous donne cet accès, parce que sans la connaissance de Dieu et de ce monde spirituel, il nous serait impossible d'entrer en relation avec Dieu.

Ceci nous amène au deuxième et plus important aspect de la foi. La foi en tant que connaissance est conçue pour servir la foi en tant que confiance. Le moyen favori de Wesley pour parler de cet aspect de la foi était d'utiliser la définition fournie par la tradition anglicane, une définition qu'il utilise tout au long de ses sermons et de ses lettres à chaque fois qu'il veut souligner le côté relationnel de la foi.

> La bonne et véritable foi chrétienne c'est (pour continuer avec les mots de notre propre Église) non seulement croire que les Saintes Écritures et les articles de notre foi sont vrais, mais aussi avoir une confiance sûre dans le fait

---

[13] Sermon 1, «Le salut par la foi» §I.4.

[14] Sermon 3, «Réveille-toi, toi qui dors!» §I.11 et Sermon 4, «Le christianisme scripturaire» §I.2, pour ne citer que deux exemples.

[15] Sermon 117, «On The Discoveries of Faith» [«Sue les découvertes de la foi»] (4.28-38) et Sermon 119, «Walking by Sight and Walking by Faith» [«Marcher par la vue et par la foi»] (4.48-59).

d'être sauvé de la damnation éternelle par Christ » — c'est la « confiance sûre »
qu'un homme a en Dieu « que par les mérites de Christ ses péchés sont pardonnés, et qu'il a retrouvé la faveur de Dieu — avec laquelle un cœur aimant
obéit à ses commandements.[16]

Pour Wesley, c'est ce type de foi qui fait qu'une personne est « non pas
presque, mais entièrement chrétienne ».[17]

La foi inclut alors une qualité intellectuelle de compréhension ainsi qu'une
qualité affective de la volonté, et en tant que telle elle représente le renouvellement de deux facettes de l'image de Dieu en nous. Une fois que nous reconnaissons que la véritable foi est toujours une foi « qui agit à travers l'amour »
(Galates 5.6), la troisième composante émerge aussi. La foi nous donne une
compréhension du monde depuis la perspective de Dieu, aligne notre volonté
avec celle de Dieu à travers la confiance et l'obéissance et dirige notre liberté
vers des choix d'amour. De plus, Wesley était très clair sur le fait que cette foi
ne pouvait être qu'un résultat de la grâce. C'était un « don de Dieu » et pas une
chose que l'on pouvait obtenir par ses propres moyens.[18]

Ce sont là les dynamiques jumelles qui conduisent la sotériologie de Wesley.
Du côté de Dieu, il y a la grâce, l'œuvre puissante de Dieu qui donne aux êtres
humains qui sont morts par leurs péchés la capacité de se tourner vers Dieu et
de vivre à nouveau. L'acceptation de sa grâce est un acte de foi, une « confiance
sûre » et délibérée. Nous allons à présent nous tourner vers une brève présentation des moyens spécifiques par lesquels œuvre la grâce de Dieu pour susciter la
réponse de foi, afin que les êtres humains puissent vivre une relation d'amour
avec Dieu, les uns avec les autres et avec le reste de l'ordre de la création de
Dieu.

### *Ordo salutis*

Dans la lignée de la tradition protestante dont il avait hérité, Wesley avait
tendance à considérer que le salut de Dieu suivait un schéma de base. Ce schéma est généralement désigné par l'expression latine *ordo salutis,* qui signifie
« ordre du salut ». Wesley expose ce schéma de base dans plusieurs écrits (nous
en explorerons un ci-dessous) et , à chaque fois, il dépeint une image cohérente.
Lorsque Dieu est à l'œuvre et que les personnes répondent, certaines choses se

---

[16] Sermon 2, « Presque chrétien » §(III).5.

[17] *Ibid.*

[18] Sermon 1, "Salvation by Faith," (1.117-130).

produisent généralement selon un certain ordre. Quelquefois, Dieu accomplit plusieurs choses simultanément, mais les détailler séparément nous aide à avoir une meilleure compréhension de la réalité plus vaste du salut. Pour Wesley, cela équivaut à la restauration de l'image de Dieu chez les êtres humains.

Toutefois, bien que Wesley ait une compréhension du schéma typique de l'œuvre de Dieu, il reconnaît aussi que parler de ces schémas permet de nous aider. Ils ne contraignent aucunement Dieu. Dieu reste indépendant et possède une liberté totale pour agir comme Dieu choisit d'agir. «Les relations de Dieu avec l'homme sont infiniment variées», écrit Wesley à l'un de ses correspondants, «et ne peuvent être confinées à aucune règle générale; dans la justification et dans la sanctification, il agit souvent d'une manière que nous ne pouvons pas expliquer.»[19]

Ainsi, l'*ordo salutis* chez Wesley n'est pas un carcan ou une feuille de route infaillible. C'est plutôt un ensemble d'attentes que nous pouvons utiliser lorsque nous coopérons avec Dieu aujourd'hui et une espérance de ce que Dieu voudra faire à l'avenir. Nous devons cependant considérer ces attentes de manière relative et croire que les voies de Dieu sont meilleures. Comme le note Wesley dans une lettre à un autre de ses correspondants, «quelquefois, il plaît à notre Seigneur de réaliser une grande délivrance de ce type en un instant. Quelquefois, il accorde la victoire par degrés. Et je crois que ce procédé est plus commun. Attendez cela et tout bon don de sa part. Comme toutes ses voies sont sages et bienveillantes!»[20]

Wesley nous donne un bref aperçu de sa vision du processus du salut, l'*ordo salutis,* dans son sermon intitulé «À la recherche de notre propre salut». Nous en ferons notre cadre général avant de l'explorer plus profondément dans le prochain chapitre. Wesley écrit:

> Le salut commence avec ce qui est généralement (et très correctement) appelé «la grâce prévenante» qui comprend le premier désir de plaire à Dieu, la première lumière concernant sa volonté, la première légère et fugace conviction d'avoir péché contre lui. Tous ces éléments impliquent une orientation vers la vie, un certain degré de salut, le commencement d'une délivrance d'un cœur aveugle, froid et plutôt insensible à Dieu et aux choses de Dieu. Le salut est réalisé par la «grâce convaincante», appelée généralement «repentance» dans les Écritures, qui apporte une plus grande mesure d'auto connaissance et une plus grande délivrance d'un cœur de pierre. Par la suite, nous expérimentons

---

[19] Letter to Miss March, May 31, 1771 (Telford 5.255).
[20] Letter to Peggy Dale, July 5, 1765 (Telford 4.307).

le véritable salut chrétien, par lequel «par la grâce» nous sommes «sauvés par la foi», composée de ces deux branches: la justification et la sanctification. Par la justification, nous sommes sauvés de la culpabilité du péché et restaurés dans la faveur de Dieu. Par la sanctification, nous sommes sauvés du pouvoir et de la racine du péché, et restaurés selon l'image de Dieu. L'expérience, ainsi que les Écritures, montrent que ce salut est à la fois instantané et graduel. Il commence au moment où nous sommes justifiés, dans l'amour saint, humble, doux et patient de Dieu et de l'homme. Il augmente graduellement à partir de ce moment, comme «une graine de moutarde» qui, au début, est la plus petite des graines, mais qui produit graduellement «de larges branches» et devient un grand arbre; jusqu'à un autre instant où le cœur est purifié de tout péché et rempli de l'amour pur de Dieu et de l'homme. Mais même cet amour augmente de plus en plus, jusqu'à ce que nous «croissions à tous égards en celui qui est le chef» «à la mesure de la stature parfaite de Christ».[21]

L'œuvre salvatrice de Dieu est la réponse de Dieu au rejet de l'humanité face à l'offre originelle de relation avec Dieu dans la création. À cause de la chute et du péché originel, il était facile — voire inévitable — pour tout être humain après Adam de suivre l'exemple d'Adam. Toute l'humanité s'est détournée de Dieu et a perdu à la fois la relation avec Dieu et la capacité même d'entrer en relation avec Dieu. Dieu doit alors commencer avec une créature brisée, dépourvue de véritable compréhension, dotée d'une volonté tournée vers elle-même, et ne possédant plus aucune réelle capacité de choisir le bien. De plus, cette créature a perdu son orientation vers la véritable bonté — la bonté de Dieu — et a donc une boussole morale déréglée. Ainsi, l'image naturelle de Dieu (la compréhension, la volonté et la liberté) et l'image morale de Dieu (l'orientation vers la bonté) ont été perdues et, sans elles, l'humanité ne peut pas entrer en relation avec Dieu. Et c'est donc là que Dieu commence à restaurer cette relation.

Étant donné que les êtres humains déchus n'ont aucune conscience du monde spirituel, Dieu doit d'abord agir de manière indépendante par rapport à eux et sans qu'ils ne le sachent. C'est la grâce qui doit «venir avant» toute possibilité de réponse (parce que ces réponses ne sont possibles que par la grâce) et c'est pourquoi nous l'appelons la «grâce prévenante». Tout comme l'image de Dieu, l'œuvre de la grâce prévenante se déroule en trois parties. Sa première tâche est de susciter la compréhension afin que les êtres humains prennent conscience de Dieu et de ce que Dieu veut pour eux. Cela s'accompagne d'une prise de conscience de leur condition déchue et brisée et de la distance qui

---

[21] Sermon 85, «On Working Out Our Own Salvation,» [«Travailler à notre salut»] §II.1 (3.203-04).

existe entre eux et ce que Dieu veut qu'ils soient. Cette œuvre de réveil est géné- ralement appelée la «conviction» chez Wesley et son principal instrument est la loi. La loi est une expression claire de la frontière qui entoure la relation de l'humanité avec Dieu et elle montre exactement comment les êtres humains ont transgressé cette relation. Si les êtres humains acceptent cette nouvelle connais- sance de Dieu, d'eux-mêmes et de ce qui est nécessaire pour une relation avec Dieu, alors celle-ci éveillera leur volonté. Libérée de son égocentrisme, la volon- té peut à présent désirer quelque chose d'autre qu'elle-même — à savoir Dieu et ce que Dieu veut. Cette compréhension renouvelée et ce désir renouvelé établis- sent un acte de liberté qui permet d'entamer une relation adéquate avec Dieu.

Le choix de se détourner de notre ancienne vie pour nous tourner vers une nouvelle vie avec Dieu est un acte de foi connu sous le nom de repentance. Au départ — étant donné le rôle de la loi dans la condamnation — cette nouvelle vie avec Dieu est généralement orientée par un désir de connaître et de faire la volonté de Dieu, dans une attitude d'obéissance. Wesley appelle ce niveau de foi la «foi d'un serviteur». C'est une étape adéquate vers Dieu et Dieu l'accepte, mais une telle orientation externe n'est pas le but ultime. Wesley s'intéresse davantage aux relations, et il comprend donc que l'étape de foi la plus mature est celle qui marque notre entrée dans une relation véritablement personnelle avec Dieu, que Wesley appelle la «foi d'un fils». Ceci, à proprement parler pour Wesley, est le moment de l'entière conversion, le moment du salut. À travers la puissance du Saint-Esprit, sur la base de l'expiation de Christ, nous sommes réintégrés dans la faveur de Dieu à travers la justification et nous commençons une nouvelle vie avec Dieu dans la régénération, la nouvelle naissance et la sanctification initiale.

Dans de nombreuses traditions protestantes, même les traditions évangé- liques, ceci est le point culminant de l'histoire du salut, le moment où le pé- cheur est rendu à Dieu et reçoit la promesse d'une nouvelle vie et du ciel. Pour Wesley, cependant, il ne s'agit que de l'introduction. Le meilleur est encore à venir. Les pécheurs convertis ne font que commencer à être en relation avec Dieu et avec les autres de manière saine, ils commencent à peine à vivre en accord avec la loi de l'amour et avec l'image de Dieu qu'ils étaient censés ex- primer à la création. La compréhension n'est pas complètement «guérie» et certaines actions et attitudes dont ils n'ont toujours pas conscience entravent les relations dans leur vie. Leur volonté a été libérée de sa servitude par rapport à l'ego, mais ils connaissent toujours des désirs égoïstes qui les incitent à agir de manières dénuées d'amour. Et bien que la culpabilité du péché ait été ôtée, il reste de nombreux aspects dans lesquels ils savent que leur humanité n'est pas à la hauteur du modèle donné par Christ, des aspects dans lesquels ils ont besoin de plus d'amour, plus de joie, plus de paix, plus de patience, d'une plus grande mesure de tous les dons qui sont manifestés par l'œuvre du Saint-Esprit dans une vie humaine. Le processus qui consiste à mourir à soi-même et devenir plus proche de l'image de Dieu est ce que Wesley appelle la sanctification. C'est là que le renouvellement complet et la rénovation complète de l'image de Dieu se produisent. Wesley a l'audace de croire que Dieu peut effectivement réaliser une telle œuvre dans une vie humaine, que la grâce sanctificatrice de Dieu peut mener un être humain à une vie entièrement remplie d'amour, une vie d'entière sanctification. C'est l'objectif ultime de la grâce de Dieu à l'œuvre chez un être humain.

Ceci n'est qu'un résumé de la compréhension qu'a Wesley de la manière dont le salut tend à se réaliser la plupart du temps, mais toutes les pièces essentielles y sont. Il nous revient à présent d'explorer cet *ordo salutis,* une tâche à laquelle nous allons nous atteler dans le prochain chapitre.

# XIII

# Les pensées de Wesley sur le salut
# Deuxième partie

Maintenant que nous avons une vision globale des pensées de Wesley sur le salut en général, nous pouvons nous intéresser de plus près aux différentes composantes de ce processus. Il est utile de voir le schéma de la même manière que Wesley lui-même, du moins tant que nous évitons de faire de ce schéma une sorte de loi, comme si toutes ces compostantes étaient toujours nécessaires ou comme si ce processus était «censé se produire» pour tous. Wesley lui-même prends toujours en considération la liberté de Dieu d'agir de la manière qu'il juge la meilleure. Ainsi, nous étudions ce schéma afin de mieux coopérer avec Dieu; il ne s'agit pas de dire à Dieu ce que Dieu «est censé faire».

Nous commencerons avec les éléments de la «pré-conversion» de l'*ordo salutis* de Wesley. Ces éléments sont les choses que Dieu accomplit pour attirer notre attention et nous aider à nous détourner de nous-mêmes et à nous tourner à nouveau vers Dieu. Nous regrouperons cette œuvre sous le titre de «grâce prévenante».

Dans la deuxième section, nous allons examiner la relation avec Dieu que nous appelons «le salut». Cela inclut, tout d'abord, l'idée de «l'entière conversion», la maturation de la foi qui passe d'une orientation externe ou objective à une réalité interne et relationnelle. Wesley appelle cela avoir la «foi d'un fils», par opposition au simple fait d'avoir la «foi d'un serviteur». Deuxièmement, il y a l'acte par lequel Dieu nous restaure dans la faveur de Dieu en nous pardonnant ces violations des limites relationnelles fixées par Dieu que nous appelons «péchés». «La justification» est le terme juridique normal que Wesley utilise ici. Troisièmement, il conviendra d'aborder le fait que Dieu nous donne à nouveau les moyens d'approfondir notre relation avec Dieu en restaurant dans sa totalité cette image morale de Dieu selon laquelle nous avons été créés. «La nouvelle naissance», «la régénération» et «la sanctification initiale» sont toutes des expressions que Wesley utilise pour parler de ce processus.

Dans la dernière section, nous allons examiner l'objectif de cette œuvre salvatrice pour les individus, que Wesley appelle normalement la «perfection chrétienne», mais qui peut aussi être appelé «entière sanctification». C'est l'état de l'amour parfait dans lequel Dieu veut que tous les êtres humains vivent. Dans notre exploration, nous verrons le talent de Wesley pour équilibrer des préoccupations qui sont souvent en tension avec la vie chrétienne. Tout ce qui concerne le salut — et la sanctification ne fait pas exception — est une œuvre de Dieu. C'est n'est pas une chose que les êtres humains font pour eux-mêmes, elle dépend donc entièrement de la grâce. Le rôle de cette grâce, cependant, est de rendre possible l'activité humaine, et non de la remplacer. Dans le fonctionnement de cette grâce, Wesley expose à la fois un optimisme profond sur ce que Dieu peut faire et une vision réaliste des obstacles auxquels nous, humains, nous faisons face lorsque nous coopérons avec l'œuvre de Dieu. Enfin, Wesley comprend que l'œuvre de Dieu se compose à la fois d'éléments progressifs, des choses qui prennent du temps, et d'éléments instantanés, des choses qui se passent en un instant. Tout ceci nous donne une vision équilibrée du salut et nous permet de mieux coopérer avec Dieu et d'encourager les autres dans leur coopération avec Dieu.

## La grâce prévenante: l'invitation au renouvellement

À cause de la chute, l'état «naturel» des êtres humains — les êtres humains considérés en dehors de toute œuvre de Dieu — est un état d'incapacité. Nous sommes coupables, c'est-à-dire privés de la faveur de Dieu, et nous sommes spirituellement morts, c'est-à-dire insensibles au royaume de Dieu. Par nos propres moyens, nous ne nous soucions que du monde physique que nous connaissons et nous avons tendance à agir de manière à garantir notre mort spirituelle tout en précipitant notre mort physique. Puisque l'image naturelle et morale de Dieu en nous est perdue ou inefficace, nous n'avons plus de boussole morale en tant qu'êtres humains. Nous n'avons aucune compréhension de Dieu, aucune volonté ni aucun désir de Dieu, et donc aucune liberté de choisir les choses de Dieu.

## La grâce prévenante en tant que faveur initiale

Le diagnostic que porte Wesley sur notre condition déchue correspond à l'opinion de Jean Calvin et des autres réformateurs protestants. Dans sa fameuse réponse à la question : « La vérité se trouve-t-elle au plus près à la fois du calvinisme et de l'antinomianisme ? » Wesley déclare : « En effet, en quelque sorte, à un cheveu près. »[1] Ce qui distingue la vision du salut selon Wesley, c'est ce que Dieu fait de cet état de péché. Le concept de grâce prévenante selon Wesley forme la première étape cruciale sur un chemin très différent de celui emprunté par Calvin.

Pour les réformateurs, Dieu commence le processus du salut avec deux mouvements. Premièrement, Dieu décide que certains parmi ceux qui sont spirituellement morts recevront la vie spirituelle ; ces derniers sont les élus que Dieu prédestine au salut. Deuxièmement, Dieu applique alors une grâce irrésistible, puissante dans leurs vies afin que leur culpabilité — mais uniquement la leur — soit expiée en Christ et que leurs cœurs soient convaincus de leur péché, ce qui les tourne inévitablement vers Dieu. Ainsi, Dieu fait preuve de miséricorde envers les élus ; mais à tous les autres, Dieu applique la justice. Dieu donnera au reste de l'humanité une grâce commune qui contrôle en grande partie la tendance naturelle de la dépravation de l'humanité, mais ceci n'est pas une grâce salvatrice et n'a d'influence sur le destin éternel de personne.[2]

Wesley, au contraire, soutient l'idée de « grâce prévenante ». Tout comme la tradition réformée de la « grâce commune », il s'agit d'une faveur imméritée de Dieu que Dieu offre à la race humaine toute entière. Cependant, à la différence de la « grâce commune », la « grâce prévenante » de Wesley est conçue pour mener à la « grâce salvatrice ». C'est la grâce donnée pour entamer le processus de restauration de la relation de l'humanité avec Dieu et pour restaurer suffisamment l'image de Dieu pour que cela soit possible. Comme nous l'avons noté dans le chapitre précédent, Wesley croit que Dieu veut sauver toute l'humanité. Puisque personne n'est capable d'effectuer un quelconque mouvement vers Dieu sans l'aide de Dieu, il fallait que Dieu offre sa grâce à tous si Dieu voulait

---

[1] *The Minutes* of the 1745 Conference, [§35] (10.153). See also his letter to Miss March April 7, 1763 (Telford 4.208). "Antinomianism" is the belief that the law is rendered completely void by the saving work of Christ, with the result that nothing that we do once we are saved—either for good or for ill—has any effect on our salvation.

[2] On the Reformed idea of "common grace" see Louis Berkhof, *Systematic Theology*, 4th ed. (Grand Rapids : Eerdmans, 1979), p. 434.

vraiment que tout le monde soit sauvé. Et selon Wesley, c'est exactement ce que Dieu a fait.

Étant donné que les êtres humains dans leur état naturel «doivent» être considérés comme coupables devant Dieu, la première partie de la grâce prévenante consiste à reconnaître que Dieu veut restaurer toute l'humanité afin qu'elle bénéficie de la faveur de Dieu. Ainsi, la grâce prévenante annule toute culpabilité associée au «péché originel». Bien qu'Adam soit le représentant légal de l'humanité et bien que cette culpabilité soit inévitablement transmise à ses enfants, Dieu décide de ne pas «engager de poursuites», pour ainsi dire. Personne aujourd'hui n'est condamné pour le péché d'Adam commis à son époque. En réponse à la question: «Comment la justice de Christ est-elle imputée à toute l'humanité ou au croyant?» Wesley répond en citant Romains 5.19 et en affirmant: «Par les mérites de Christ, tous les hommes sont libérés de la culpabilité du péché d'Adam».[3] Si nous sommes condamnés, c'est uniquement parce que nous aussi nous avons péché comme Adam l'a fait — et c'est bien ce que croit Wesley.

Pour Wesley, la venue même de Christ était un signe de la faveur de Dieu à toute l'humanité, mais cela ne suffit pas pour la sauver. Pour Wesley, le salut est une question de relation; et les relations sont à double sens. Ainsi, un acte indépendant de Dieu ne peut créer une relation mutuelle entre Dieu et l'humanité. Cependant, les êtres humains déchus et séparés de Dieu ne sont pas plus capables d'entrer en relation avec Dieu que les pierres ou les arbres. C'est pourquoi la deuxième partie de la grâce prévenante de Dieu restaure une certaine capacité à entrer en relation avec Dieu, à savoir, l'image de Dieu selon les termes de Wesley. Cette image se décline en trois parties (la compréhension, la volonté et la liberté), par conséquent, la grâce prévenante de Dieu se décline également en trois parties.

### La grâce prévenante en tant que renouvellement initial

**La compréhension.** En tant que premier signe de la faveur de Dieu et premier mouvement vers notre capacité à entrer à nouveau en relation avec Dieu, la grâce prévenante commence à renouveler notre compréhension. Les êtres humains déchus ne peuvent pas connaître Dieu et ils sont aveugles à leur propre condition déchue. Wesley fournit une description approfondie et éloquente de

---

[3] *The Minutes* of the 1744 Conference, [§22] (10.129).

cet état dans la première partie de son sermon «Réveille-toi, toi qui dors», dans lequel il décrit le pécheur en ces termes :

> Il est affecté par de nombreuses maladies, mais il se croit en parfaite santé. Solidement lié par la misère et le fer, il se croit heureux et en liberté. ... Un feu est allumé autour de lui, mais il ne le sait pas ; oui, ce feu le brûle, et pourtant il n'atteint pas son cœur ... un pécheur qui se complaît dans ses péchés, content de demeurer dans son état déchu, de vivre et de mourir sans l'image de Dieu ; il est ignorant à la fois de sa maladie et du remède à cette maladie.[4]

Ainsi, la grâce prévenante vient nous éveiller et crée en nous une prise de conscience de Dieu et de notre horrible condition. Sans cette prise de conscience, nous ne pourrions jamais nous tourner vers Dieu. Wesley appelle cette œuvre de réveil de la grâce prévenante «la conviction» ou «la repentance», une confrontation avec la vérité sur nous-mêmes — avec ses conséquences désastreuses — que seule l'œuvre du Saint-Esprit peut susciter.

**La volonté.** Cependant, connaître la vérité ne suffit pas parce que notre volonté aussi a été corrompue. Nous ne désirons plus la vérité et ne voulons plus agir en fonction de cette vérité. La grâce prévenante de Dieu doit susciter en nous un désir de Dieu, un désir qui n'existe pas à l'état naturel dans nos esprits déchus. Si Dieu ne le faisait pas, nous pourrions voir la vérité et néanmoins continuer à nous détourner d'elle. Wesley fait le lien entre ce réveil de notre volonté et notre conscience. Le fait que nous ayons tous une conscience est, pour Wesley, une démonstration de la nature et de la portée de la grâce prévenante.

> Toutes les âmes des hommes sont mortes au péché par nature, personne n'est épargné. Étant donné qu'il n'existe aucun homme qui ne soit dans un état naturel pur, aucun homme, s'il n'a pas été rempli du Saint-Esprit, n'est totalement dépourvu de la grâce de Dieu. Aucun homme vivant n'est entièrement dépourvu de ce qui est communément appelé la conscience naturelle. Mais cela n'est pas naturel, et l'expression la plus adéquate serait la grâce prévenante. ... Ainsi, aucun homme ne pèche parce qu'il n'a pas de grâce ; il pèche parce qu'il n'utilise pas la grâce qu'il possède.[5]

**La liberté.** Ce que Wesley veut dire par «utiliser la grâce», c'est y répondre. Avec une compréhension éveillée et une volonté renouvelée, nous avons alors un nouveau moment de liberté. Nous avons désormais l'opportunité de choisir Dieu. Une relation avec Dieu doit être choisie librement pour être une véritable

---

[4] Sermon 3, «Réveille-toi, toi qui dors!» §I.3 (1.143).

[5] Sermon 85, «On Working Out Our Own Salvation,» [«Travailler à notre salut»] §III.4 (3.207).

relation. Mais cela signifie aussi que Dieu peut œuvrer pour créer une prise de conscience et un désir et malgré tout, voir cette œuvre rejetée. Parce que la liberté qui nous est rendue à ce stade nous rend réellement libres, les humains peuvent fermer les yeux face à cette nouvelle connaissance et se détourner de ces nouveaux désirs que Dieu leur a donnés.

Ce moment de choix est le but ultime de la grâce prévenante et ceci illustre la nature de cette grâce qui restaure notre capacité et dont nous avons discuté dans le chapitre précédent. Dieu pourrait se contenter d'exercer sa puissance pour accomplir ses desseins. Mais Wesley considère la grâce comme un usage de l'amour de Dieu avant d'être un usage de sa puissance. Dieu agit pour obtenir une réponse personnelle, et non pour accomplir une tâche impersonnelle. Dieu restaure l'image naturelle de Dieu en nous, afin que nous puissions «réagir» à l'œuvre de Dieu. Cette «ré-action» est tout l'enjeu et Dieu prend très au sérieux le rejet de cette invitation. Selon les termes de Wesley:

> Dieu ne continue pas à agir sur l'âme sauf si l'âme réagit à Dieu. Il prévient [vient au-devant] de nous avec les bénédictions de sa bonté. Il nous aime en premier et se manifeste à nous. Pendant que nous sommes encore bien loin, il nous appelle à lui et brille sur nos cœurs. Mais si nous n'aimons pas en retour celui qui nous a aimé le premier … son Esprit n'insistera pas continuellement; il se retirera graduellement et nous laissera dans l'obscurité de nos cœurs.[6]

La grâce de Dieu est une grâce d'amour et non une grâce de puissance. Wesley n'oppose pas l'œuvre de Dieu et notre réponse, comme si le salut était une tâche qui était accomplie soit par Dieu soit par nous-mêmes. Dieu œuvre de manière à ce que nous puissions agir nous aussi, et non afin que notre action devienne inutile. «Ses influences, écrit Wesley, n'ont pas pour but de surpasser mais d'encourager nos propres efforts.»[7] L'œuvre de Dieu vient toujours en premier et les humains ne peuvent se sauver eux-mêmes. Mais l'objectif même de cette œuvre est de permettre notre action. Il s'agit, selon l'expression bien connue de Randy Maddox, d'une «grâce responsable».[8]

Si nous rejetons l'offre de relation de Dieu, Dieu peut nous accorder gracieusement de nombreuses autres chances, mais la liberté qui est restaurée en

---

[6] Sermon 19, "The Great Privilege of Those Who are Born of God," §III.3 (1.442). Wesley actually creates the word "re-act" in order to convey this idea, since no one before him seems to have used it.

[7] *NNT*, Phil 2.13.

[8] Randy Maddox, *Responsible Grace: John Wesley's Practical Theology* (Nashville: Kingswood, 1994).

nous dans ce moment de grâce n'est pas une chose permanente. Cette liberté n'est que temporaire. Tout comme la liberté de concourir dans une course d'endurance ou de jouer un morceau de piano complexe, c'est une liberté qui doit être utilisée de manière adéquate pour être maintenue. Si nous choisissons de nous centrer sur nous-mêmes quand nous avons la possibilité de choisir Dieu, nous pouvons nous retrouver à nouveau à la merci de nos propres capacités corrompues. Mais si nous coopérons avec Dieu et si nous acceptons l'invitation de Dieu à entrer en relation avec lui, nous passons à l'étape suivante de notre relation avec Dieu. L'acte qui consiste à nous détourner de nous-mêmes pour nous tourner vers Dieu s'appelle la «conversion», et cela nous mène de l'œuvre de la grâce prévenante à celle de la grâce salvatrice.

## La grâce salvatrice : conversion, justification et nouvelle naissance

Bon nombre d'héritiers évangéliques de Wesley sont habitués à concevoir le salut ou la conversion en termes spectaculaires et émotionnels. Wesley reconnaissait le rôle d'une telle conversion mais il reconnaissait aussi une place à la conversion partielle. Wesley connaissait des personnes qui s'étaient partiellement tournées vers Dieu mais qui n'entretenaient pas une véritable relation avec Dieu. Wesley désignait cet état par le terme «presque chrétien», une personne qui a la «foi d'un serviteur» mais à qui il manque la «foi d'un fils». Nous commencerons notre étude des pensées de Wesley sur la grâce salvatrice avec cette idée avant de nous tourner vers les réalités liées de la justification et de la «nouvelle naissance» et la manière dont elles nous orientent vers des œuvres de Dieu encore plus profondes.

### *La conversion : presque ou entièrement chrétien ?*

Wesley vivait dans un pays chrétien, ou du moins dans un pays profondément religieux. Les croyants étaient nombreux, même s'ils n'avaient pas une relation personnelle avec Dieu. Ils voulaient servir Dieu et Wesley n'avait aucunement l'intention de décourager de tels croyants. Cependant, il comprenait qu'il leur manquait quelque chose. Ils étaient «presque chrétiens», ceux qui — pour citer l'un des versets favoris de Wesley sur le sujet — «avaient l'apparence de la piété, mais reniaient ce qui en fait la force» (2 Timothée 3.5). Wesley décrit cet état comme le fait d'avoir la «foi d'un serviteur», une conversion partielle implique un début de compréhension et les premiers élans de volonté, mais il manque tout de même quelque chose d'essentiel :

> La foi d'un serviteur implique une preuve divine de l'invisible et du monde éternel ; oui, et une preuve du monde spirituel, dans la mesure où elle peut exister sans expérience vivante. Celui qui possède la foi d'un serviteur «craint Dieu et se détourne du mal» ou comme l'exprime St Pierre «craint Dieu et pratique la justice». Et en conséquence, quiconque atteint ce stade est dans une certaine mesure (comme l'observe l'apôtre) «accepté par lui». Ailleurs, il est décrit en ces termes: «celui qui craint Dieu et qui garde ses préceptes». Même une personne qui a progressé jusqu'à ce stade dans la religion, qui obéit à Dieu par crainte, ne doit en aucun cas être méprisée puisque «la crainte de l'Éternel est le commencement de la sagesse». Cependant, elle devrait être exhortée à ne pas s'arrêter là, à rechercher sans cesse à atteindre l'adoption des fils jusqu'à ce qu'elle obéisse par amour, ce qui est le privilège de tous les enfants de Dieu.[9]

Il n'est pas surprenant de voir que l'amour est ce qui différencie la conversion partielle de l'entière conversion. Bien que l'obéissance soit importante pour Wesley, celle-ci trouve son sens dans le contexte de l'amour. La conversion complète se définit par le passage d'une approche de Dieu externe et centrée sur les besoins à une approche interne, personnelle et relationnelle. Le but de la conviction et de la repentance n'est pas de faire dire au pécheur: «Mon Dieu, je suis désolé d'avoir commis une faute, je ferai mieux la prochaine fois» mais plutôt: «Je regrette, Père, de m'être détourné de toi; je reviens à la maison maintenant».

Dans la conclusion de son sermon intitulé «Presque chrétien», Wesley analyse la différence entre le croyant qui est «presque chrétien» et celui qui est «entièrement chrétien». Il détermine trois éléments, qui renforcent tous le caractère relationnel du salut qui est si caractéristique de sa théologie.[10] Le premier signe de la conversion complète est un amour pour Dieu. C'est l'amour est l'élément distinctif entre celui qui obéit à Dieu par crainte avec la foi d'un serviteur et celui qui obéit à Dieu dans la joie en tant qu'enfant de Dieu. Deuxièmement, à cet amour pour Dieu doit se joindre un amour pour tous autrui (le «prochain» de la parabole de Jésus du bon Samaritain). Les croyants «presque chrétiens» peuvent accomplir leurs devoirs religieux pour leur propre bénéfice, mais les croyants «entièrement chrétiens» se consacrent à aimer leur prochain tout comme Dieu se consacre à les aimer eux. Pour Wesley, cet amour n'est pas vraiment un sentiment mais plutôt une disposition active qui fait que l'on est prêt à sacrifier son propre intérêt pour le bien d'autrui. Troisièmement

---

[9] Sermon 117, "On the Discoveries of Faith," §13 (4.35).

[10] Sermon 2, «Presque chrétien» §§II.1-5.

et dernièrement, le croyant «entièrement chrétien» possède une foi active qui est une «confiance sûre». Le croyant «presque chrétien» peut se contenter d'affirmer simplement la vérité, mais le croyant «entièrement chrétien» fait toujours confiance à Dieu pour agir en fonction de cette vérité.

Après lecture de ces nobles descriptions de la conversion complète, on pourrait se demander s'il existe des personnes qui ont déjà vécu cette expérience de l'entière conversion. Wesley admet que la barre est haute, mais il présente cet état comme une trajectoire de conversion plutôt qu'un moment unique. Pour lui, la conversion est à la fois un instant et un cheminement, une crise et un processus. Être chrétien c'est, en un sens, être engagé dans un processus pour devenir un Chrétien toujours plus accompli. Comme tant d'autres relations humaines, notre relation avec Dieu est marquée par des moments uniques (comme les commémorations), mais elle est principalement vécue dans l'intervalle entre ces moments uniques. Notre relation avec Dieu est marquée par les moments où nous répondons résolument à la grâce de Dieu dans des moments de crise, mais elle est vécue comme un processus de conversion toujours plus profonde, un processus qui nous amène progressivement à nous détourner de nous-mêmes afin de nous tourner vers Dieu et vers autrui.

Lorsque nous réagissons en réponse à la grâce prévenante de Dieu, lorsque nous laissons Dieu nous convertir, nous invitons Dieu à agir encore. Selon Wesley, deux choses se passent à ce moment-là. On peut les considérer comme des concepts mais jamais comme des événements. Le premier concept est un élément externe, une chose que Dieu fait pour nous au moment de notre conversion, et Wesley, suivant en cela la tendance majoritaire de la tradition chrétienne, appelle cela la «justification». Le deuxième concept est un élément interne, une chose que Dieu fait en nous. L'expression favorite de Wesley pour identifier cela est la «nouvelle naissance», mais par souci de comparaison, nous l'appellerons la «sanctification initiale». Bien que les deux éléments soient importants, Wesley considère l'œuvre externe comme un tremplin qui mène à l'élément interne plus important.

### La grâce salvatrice : Justification et sanctification initiale

La Réforme protestante était, d'une certaine manière, un débat sur la relation entre la justification et la sanctification. Dans ce débat, les Protestants considéraient la justification — et plus précisément la justification par la foi — comme la réalité principale, alors que les Catholiques se centraient plus sur la sanctification comme étant la clé du salut. Wesley considérait que les Méthodistes se distinguaient par le fait qu'ils accordaient de la valeur aux deux concepts.

> On a fréquemment observé que peu d'auteurs étaient clairs dans leur jugement à la fois sur la justification et sur la sanctification. ... Qui a écrit avec plus de pertinence sur la justification par la foi seule que Martin Luther? Qui était plus que lui ignorant de la doctrine de la sanctification ou confus dans ses conceptions de cette doctrine? ... D'un autre côté, combien d'auteurs de l'Église catholique romaine (comme François de Sales et Juan de Castaniza en particulier) ont écrit des textes forts et inspirés sur la sanctification, sans pour autant connaître entièrement la nature de la justification. ... Mais il a plu à Dieu de donner aux Méthodistes une compréhension complète et claire de chacun de ces concepts et une compréhension de la grande différence entre les deux.[11]

C'est une perspective partiale et trop simplifiée, mais l'argument de Wesley ici va au cœur de ses préoccupations sur la grâce salvatrice, la deuxième étape — en réalité, l'étape centrale — de son *ordo salutis*. Selon Wesley, Dieu fait deux choses très différentes quand Dieu sauve une personne. Ces deux choses se produisent en même temps, et elles sont aussi connectées que les deux faces d'une même pièce. Cependant, elles n'accomplissent pas la même œuvre, et il y a une nette priorité logique entre elles.

Wesley décrit la différence entre la justification et la sanctification initiale ou nouvelle naissance comme une différence entre les réalités externes et les réalités internes. Dans son sermon, il l'explique en ces termes:

> La justification implique un changement relatif, la nouvelle naissance implique un réel changement. Dans la justification, Dieu fait quelque chose pour nous; en nous faisant naître de nouveau il réalise l'œuvre en nous. La première œuvre change l'aspect extérieur de notre relation avec Dieu, afin que d'ennemis nous devenions enfants; mais la deuxième œuvre change notre âme plus profonde, afin que de pécheurs nous devenions saints. La première nous restaure dans la faveur de Dieu, la seconde nous restaure selon l'image de Dieu. La première enlève la culpabilité, et l'autre enlève le pouvoir du péché.[12]

En toute logique, la première de ces œuvres est l'œuvre extérieure, et la priorité que Wesley accorde à la justification permet de l'identifier en tant que protestant. Notre premier problème est que nous sommes coupables devant Dieu. Même si nous ne sommes pas jugés pour le péché d'Adam, nous avons tous agi

---

[11]   Sermon 107, «On God's Vineyard,» [«La vigne de Dieu»] §I.5 (3.505).

[12]   Sermon 19, « Le grand privilège de ceux qui sont nés de Dieu » §2. Voir aussi Sermon 13, « Le peche dans les croyants» §II.1 et Sermon 43, «Le chemin du salut d'après la Bible» §I.4.

sous l'influence de notre condition déchue et nous sommes tous exposés à la désapprobation et à la défaveur de Dieu par nos propres violations des lois de Dieu. Au moment où Dieu nous aide à comprendre notre condition, nous sommes dépourvus de la faveur de Dieu et sujets à la colère de Dieu. Ainsi, avant de commencer toute relation, nous devons être pardonnés, et c'est bien de cela qu'il s'agit dans la justification. Comme le note Wesley, «la notion pleinement scripturaire de la justification est la miséricorde, le pardon des péchés».[13]

La grâce prévenante nous aide à comprendre cette offre de pardon, mais elle ne devient effective que lorsque nous avons assez confiance en Dieu pour accepter l'offre et remettre nos vies entre les mains de Dieu. Ainsi, notre justification devient réelle si et seulement si nous avons la foi. Dieu offre une relation et la relation commence, non pas avec l'accomplissement des tâches mais simplement avec des offres de confiance mutuelle. Dieu a fait le premier pas, et tout ce que nous avons à faire, c'est de répondre. Si nous désirons suivre Dieu, c'est tout ce dont nous avons besoin. Cependant, la foi est tout ce que nous pouvons posséder quand nous venons à Dieu. Nous n'apportons aucune bonne action, et nous ne pouvons prétendre gagner la miséricorde ou le pardon de Dieu. Il n'y a pas d'autre point de départ pour notre relation avec Dieu, c'est pourquoi la foi est également nécessaire à notre salut. Si nous ne désirons pas mettre notre confiance en Dieu, alors rien d'autre ne peut nous venir en aide.[14] Wesley a appris cela de sa propre expérience qui l'a mené à Aldersgate.

Le pardon que Dieu offre dans la justification, cependant, n'est que le commencement. Ce n'est pas la fin — ni le point final ni l'objectif ultime — de l'œuvre de Dieu. Dieu veut faire davantage que de déclarer non coupables les pécheurs et de s'assurer qu'ils ne finissent pas en enfer. Ainsi, au moment même où Dieu justifie ceux qui acceptent la faveur de Dieu, Dieu commence aussi le processus de leur sanctification. Il leur accorde la nouvelle naissance et continue le processus de restauration de l'image de Dieu qui avait été entamé avec les premières lueurs de la grâce prévenante.

C'est pourquoi Wesley aimait la métaphore de la nouvelle naissance. Bien que la foi soit suffisante pour la justification, elle n'est pas suffisante pour la sanctification — certaines actions sont nécessaires. La nouvelle naissance implique le commencement d'un processus de croissance et de développement, et

---

[13] Sermon 5, «La justification par la foi» §II.5.

[14] *Ibid.*, §§IV.4-6.

non simplement une fin. Il faut naître pour vivre, mais le but de la naissance n'est pas de rester nouveau-né pour toujours. Wesley l'explique d'une autre manière, avec une métaphore différente dans l'une de ses longues lettres rédigées à la manière des traités et adressée à Thomas Church. Il écrit: «Nos principales doctrines, qui incluent toutes les autres, sont au nombre de trois — la repentance, la foi et la sainteté. La première est, en quelque sorte, le porche de la religion, la suivante est la porte, la troisième est la religion elle-même.» [15]

La repentance est l'œuvre de la grâce prévenante et l'endroit où nous devons nous rendre en premier si nous voulons arriver à destination. Mais se tenir sous le porche, ce n'est pas entrer dans la maison. La foi est notre réponse confiante à la relation proposée par Dieu, et c'est ce qui nous permet de rentrer nous mettre à l'abri du froid, en échappant à la colère de Dieu et en entrant dans la présence de Dieu. Cela inclut la justification en tant que restauration de la faveur de Dieu («Oui, tu peux entrer» dit Dieu) ainsi que la nouvelle naissance. Mais ces deux événements n'ont de sens que dans la mesure où ils nous précipitent vers un nouvel endroit. Le but, la maison elle-même, le cœur même de la religion, était la sainteté, la sanctification, le renouvellement complet de l'image de Dieu qui nous permet d'entretenir une relation toujours plus profonde avec Dieu.

Wesley nous donne une idée du processus dynamique de l'expérience d'une vie spirituelle dans son sermon «La nouvelle naissance». Selon Wesley, quand une personne est née de nouveau:

> Tous ses sens spirituels sont alors «entraînés à discerner» «le bien et le mal» spirituel. En les utilisant, il croît quotidiennement dans la connaissance de Dieu, de Jésus-Christ qu'il a envoyé et de toutes les choses qui concernent son royaume intérieur. Et à présent, on peut véritablement dire qu'il vit: Dieu l'ayant stimulé par son Esprit, il est vivant en Dieu à travers Jésus-Christ. Il vit une vie que le monde ne connaît pas, une «vie» qui est «cachée avec Christ en Dieu». Dieu souffle continuellement, pour ainsi dire, sur l'âme et son âme respire Dieu. La grâce descend dans son cœur, des prières et des louanges montent vers le ciel: et par cette relation entre Dieu et l'homme, cette communion fraternelle avec le Père et le Fils, comme par une sorte de respiration spirituelle, la vie de Dieu dans l'âme est maintenue: et l'enfant de Dieu grandit jusqu'à atteindre «la pleine mesure de la stature de Christ».[16]

---

[15]   Lettre à Thomas Church, 17 juin 1746, §VI.4 (Telford 2.268).

[16] Sermon 45, «The New Birth» [«La nouvelle naissance»] §II.4.

Ainsi, bien que la nouvelle naissance soit le moment où la vie commence, elle n'est pas la vie elle-même. Dans l'esprit de Wesley, la vie et la relation avec Dieu sont indissociables de la croissance et de la ressemblance à Dieu. Tout comme la justification est un préalable nécessaire pour la nouvelle naissance, la nouvelle naissance est la condition préalable pour la sanctification, ce renouvellement continu de l'image de Dieu en nous. C'est vers cette troisième étape de l'ordo salutis de Wesley que nous nous tournons à présent.

## La grâce sanctifiante : le perfectionnement dans l'amour

L'œuvre du Saint-Esprit — la grâce sanctifiante — est le cœur du salut pour Wesley. Il décrira cette œuvre en divers termes, plus communément « sanctification », « sainteté » et « perfection chrétienne », mais ces expressions renvoient principalement à la même chose — le renouvellement plus profond et plus complet de l'image de Dieu. Wesley prend grand soin de ne pas mépriser l'œuvre de la grâce salvatrice, mais il ne pense pas que Dieu s'arrête là. Sa conception de la sanctification révèle son optimisme radical concernant la grâce, et elle montre à quel point Dieu a placé la barre haute pour Dieu dans l'œuvre de restauration de la nature véritable de l'humanité.

### *La sanctification en tant qu'œuvre de la grâce*

Dans nos réflexions sur la compréhension de la grâce sanctifiante selon Wesley, il est important de garder à l'esprit qu'il s'agit d'une œuvre de grâce avant tout. Il s'agit de ce que Dieu fait pour nous, et non de ce que nous faisons pour nous-mêmes. Nous avons déjà évoqué la sombre conception qu'avait Wesley de la capacité humaine « naturelle ». L'optimisme de Wesley concernant la grâce est ancré dans l'œuvre de Dieu et non dans son estimation de la capacité humaine. Comme mentionné ci-dessus, Dieu agit par la grâce sanctifiante afin que les être humains puissent « ré-agir », mais la priorité doit être accordée à l'œuvre de Dieu et non à la réponse de l'humanité. Autrement, la doctrine de la perfection chrétienne glisse aisément vers une sorte de perfectionnisme dans lequel les personnes se préoccupent davantage de leur propre degré de sainteté que de l'ampleur de la grâce de Dieu. Wesley considère que cette attitude est préjudiciable à la sainteté chrétienne comme tous les autres « instruments de Satan ».[17]

Nous devrions également nous rappeler que la grâce sanctifiante décrit la restauration par Dieu de notre nature originelle à la création — l'image de

---

[17] Sermon 42, « Les desseins de Satan » §§13-14.

Dieu. Il ne s'agit pas d'ajouter à une vie humaine des choses qui lui sont d'une certaine manière étrangères. En fin de compte, Dieu rendra notre destin meilleur que l'Éden mais dans cette vie, l'œuvre de Dieu consiste principalement en la restauration de ce qui a été perdu lors de la chute. Ainsi, nous ne devrions pas considérer la sanctification comme un acte de Dieu pour créer des «super-saints», un acte extraordinaire dans la vie humaine ordinaire. À cause de la chute, nous ne reconnaissons pas ces choses. Ce que nous décrivons naturellement comme «une vie humaine entière» est en réalité beaucoup moins que cela. La grâce sanctifiante de Dieu, c'est réellement Dieu qui nous aide à devenir humains à nouveau.

## *La sanctification et le langage de la perfection*

Avant de nous avancer trop loin dans la compréhension de la perfection chrétienne selon Wesley, nous devons définir clairement ce qu'il entend par «parfait». Le langage de la perfection peut facilement prêter à confusion et Wesley s'est souvent trouvé contraint de défendre ou de définir cette idée. Cependant, étant donné que la Bible utilise le mot perfection, Wesley n'était pas enclin à l'abandonner. Il a simplement tenté de mieux expliquer le concept biblique.

En règle générale, Wesley s'oppose aux incompréhensions relatives à la perfection en expliquant ce qu'elle n'est pas. Dans ces discussions, nous voyons que Wesley essaye d'être aussi réaliste concernant les capacités humaines qu'il est optimiste concernant la grâce de Dieu. Notre condition humaine est toujours limitée; ainsi donc, quel que soit l'état de perfection que nous pourrions atteindre, il ne sera jamais synonyme de performance parfaite. Dans son sermon «Sur la perfection», Wesley l'exprime en ces termes:

> Le plus haut degré de perfection que l'homme peut atteindre pendant que l'âme réside dans le corps n'exclut pas l'ignorance et l'erreur, ainsi qu'un millier d'autres infirmités. Bien souvent, de mauvaises paroles et mauvaises actions découleront nécessairement des mauvais jugements... De même, je ne peux être libéré de la tendance à commettre de telles erreurs tant que je séjourne dans un corps corruptible. Par conséquent, un millier d'infirmités seront présentes dans mon esprit jusqu'au moment où il retournera à Dieu qui l'a donné. Et en d'innombrables occasions, il échouera à faire la volonté de Dieu, tout comme Adam au paradis. C'est pourquoi, le mieux que l'homme

puisse dire du fond du cœur c'est : «À chaque instant, Seigneur, j'ai besoin du mérite de ta mort».[18]

Le fait que nous n'agirons jamais de manière parfaite nous aide aussi à comprendre que la perfection chrétienne n'est jamais une perfection «indépendante». La sainteté n'exempte jamais d'une dépendance par rapport à Christ et d'une foi en son expiation. Nous ne recevons pas la sainteté de Dieu d'une manière définitive, comme si Dieu disait : «J'en ai fini avec toi maintenant. Tu es parfait(e) : va!» Comme le note Wesley dans son œuvre intitulée *Une exposition claire et simple de la perfection chrétienne* :

> Le plus saint des hommes a toujours besoin de Christ comme son prophète, comme «lumière du monde». Car il ne donne la lumière que d'instant en instant. À l'instant où il se retire, tout n'est que ténèbres. L'homme a toujours besoin de Christ comme son roi. Car Dieu ne lui donne pas un stock de sainteté. Ainsi donc, s'il ne reçoit pas un apport à chaque instant, seule l'iniquité demeure. Il a toujours besoin de Christ comme prêtre pour l'expiation de ses choses saintes. Même la sainteté parfaite n'est acceptable aux yeux de Dieu qu'à travers Jésus-Christ.[19]

C'est la raison pour laquelle Wesley voulait éviter l'expression «perfection sans péché». Elle n'était pas complètement erronée étant donné sa définition prudente du péché, mais elle prêtait à confusion. Comme il le note dans une de ses lettres : «Perfection sans péché? Je ne soutiens pas non plus cela, puisque le terme n'est pas biblique. Une perfection qui respecte parfaitement toute la loi et qui n'a donc aucun besoin des mérites de Christ? Je ne reconnais rien de tel — je proteste aujourd'hui, et je l'ai toujours fait.»[20]

Ainsi, la perfection chrétienne ne signifie pas une connaissance parfaite, un comportement parfait ou un état dans lequel Dieu n'intervient plus en nous. Nous n'arrivons jamais à un stade où nous n'avons plus besoin de prier en disant : «pardonne-nous nos offenses». De même, nous ne grandissons jamais au point de ne plus dépendre du sang expiatoire du Christ. Mais si la perfection n'est pas cet idéal statique, alors quelle est-elle? Pour Wesley, c'est un concept dynamique, lié à la manière dont il comprend la perfection de la création originelle de Dieu et c'est un concept qui était, en fin de compte, fondé non pas sur la performance mais sur l'amour.

---

[18] Sermon 76, «On Perfection» [«Sur la perfection»], §I.3 (3.73).

[19] §25.Q9.

[20] Lettre à Penelope Maitland, 12 mai 1763 (Telford 4.213). Voir aussi *Une exposition claire et simple de la perfection chrétienne*, §19.Q6.

## La sanctification et l'amour dynamique et parfait

Comme nous l'avons vu dans les pensées de Wesley sur la création, la conception qu'avait Wesley de la perfection et de la bonté était dynamique. La perfection n'était pas vraiment «ce qui est aussi bon que possible et pour toujours» mais plutôt «ce qui est aussi bon que possible pour l'instant et qui s'améliore encore». Quel que soit l'état de perfection d'une chose créée, il est toujours possible à Dieu de la rendre encore meilleure. Wesley savait que le langage biblique de la perfection était lié à l'idée de maturité, et la maturité est toujours une cible mouvante. Un comportement mature chez un enfant de cinq ans peut être un comportement immature chez un enfant de dix ans. Même une majorité d'adultes ont conscience qu'ils ont toujours une marge de progression. C'est ainsi que Wesley veut que nous comprenions le langage de la perfection, particulièrement dans son rapport à l'œuvre de la grâce sanctifiante. Wesley résume ainsi les mauvaises compréhensions les plus courantes concernant la perfection :

> Pourtant, en définitive, nous pouvons observer qu'il n'y a, à cet égard, aucune perfection absolue sur terre. Il n'y a pas de «perfection par degrés», aucune perfection qui n'admette pas une croissance continue. Ainsi, quel que soit le degré atteint par l'homme, ou quel que soit son niveau de perfection, il a toujours besoin de «grandir dans la grâce» et de progresser quotidiennement dans la connaissance et l'amour de Dieu son sauveur.[21]

Cette vision dynamique de la perfection est liée à la compréhension de Wesley de ce qui fait qu'une chose est bonne. Une chose est bonne quand elle trouve bien sa place à l'endroit conçu pour elle et qu'elle remplit la fonction qui lui a été assignée. Ainsi, quand nous appliquons le langage de la perfection aux êtres humains, nous devons nous rappeler la raison pour laquelle les êtres humains ont été créés. Dieu a créé l'humanité à son image afin que nous puissions entrer en relation avec Dieu et avec les autres. Cette relation est le but de la vie humaine, et donc la «bonté» des êtres humains se trouve dans leur capacité à entrer en relation. La perfection se trouve donc chez ceux qui sont en relation aussi bien qu'ils le peuvent à ce moment-là. Étant donné que l'amour est la qualité fondamentale des relations personnelles, nous pourrions être tentés de dire que la perfection chrétienne signifie simplement un amour parfait. Et, bien entendu, c'est exactement ce que fait Wesley.

---

21  Sermon 40, «Perfection chrétienne», §I.9.

En de nombreuses occasions, tout au long de ses écrits, Wesley définira les concepts voisins de sanctification, sainteté et perfection chrétienne en termes d'amour ; plus précisément un amour pour Dieu qui produit toujours un amour pour le prochain également. Dans son sermon « Sur la perfection », il résume le concept ainsi :

> Quelle est donc la perfection dont est capable un homme pendant qu'il oc-
> cupe un corps corruptible ? C'est le respect de ce type de commandement :
> « Mon fils, donne-moi ton cœur ». C'est « aimer le Seigneur son Dieu de tout
> son cœur, de toute son âme, et de tout son esprit ». Voici le résumé de la per-
> fection chrétienne : tout est compris dans ce mot unique, l'amour. La première
> branche est l'amour de Dieu : et comme celui qui aime Dieu aime aussi son
> prochain, il est inséparablement lié au second « tu aimeras ton prochain
> comme toi-même ». Tu aimeras tout homme comme ta propre âme, comme
> Christ nous a aimés. « Dans ces deux commandements se trouve toute la loi et
> les prophètes ; ils contiennent la perfection chrétienne en entier. »[22]

Les êtres humains ont été créés pour des relations d'amour ; c'est la raison même pour laquelle Dieu a implanté l'image de Dieu en nous. C'est ce que nous avons perdu lors de la chute et, avec cela, tout le bonheur humain. Mais c'est l'amour que la grâce a pour but de restaurer. La priorité de l'amour dans la pensée de Wesley explique sa conviction selon laquelle le plein salut exige da-vantage que la justification. Les actes pécheurs qui nous rendent malheureux et rendent malheureux notre entourage proviennent du manque d'amour de notre nature. Se contenter de les pardonner ne règle pas le problème fondamental. Aux yeux de Wesley, Dieu ne se contente pas de combattre les symptômes de notre volonté égoïste en pardonnant constamment tous les péchés qui en dé-coulent. Dieu veut guérir complètement notre volonté malade afin qu'elle soit conduite uniquement par l'amour, par un désir pour Dieu et pour le bien de tous autour de nous. La réorientation totale de cette volonté sera alors digne d'être appelée « entière sanctification ».

## La question de « l'entière sanctification »

Il n'y a probablement aucune partie des pensées de Wesley qui ait été si pro-fondément débattue et explorée par ses héritiers théologiques que « l'entière sanctification ». Bien que Wesley lui-même n'utilisait pas très souvent l'expression « entière sanctification », (il préférait l'expression « sanctification

---

[22]   Sermon 76, « On Perfection » [« Sur la perfection »], §I.4 (3.74).

181

complète») il affirmait effectivement que l'œuvre de la sanctification est une chose que Dieu peut faire «entièrement» dans cette vie présente. Le fonctionnement de l'œuvre, cependant, n'est pas très clair. Même à son époque, Wesley était conscient du débat concernant la manière dont Dieu réalise l'œuvre sanctifiante de Dieu. Pour certains, l'œuvre de Dieu était un processus graduel qui pouvait culminer — mais pas à chaque fois — par une œuvre achevée. Pour d'autres, l'œuvre de Dieu était mieux décrite en tant que crise instantanée dans laquelle tout ce que Dieu fait est accompli en une fois. La réponse de Wesley, comme pour bon nombre de ses positions théologiques, était que les deux camps avaient raison à leur manière, et il maintenait ces deux perspectives en tension.

Pour commencer, Wesley lui-même pensait que le débat portant sur les processus et les crises existerait indéfiniment parce que les Écritures elles-mêmes ne donnent pas d'indication claire sur la question. Cela incita Wesley à se concentrer davantage sur le fait de la sanctification plutôt que de débattre sur la manière dont elle se déroule. Dans son sermon «Sur la patience», il déclare:

> Mais on peut se demander de quelle manière Dieu réalise ce changement complet, universel, dans l'âme du croyant… Le fait-Il graduellement, par degrés? Ou instantanément, en un moment? Combien de disputes sur ce thème, même parmi les enfants de Dieu! Et il en sera ainsi après tout ce qui a été dit ou ce qui pourra être dit à ce sujet… Et chacun sera d'autant plus convaincu de son opinion puisque les Écritures sont silencieuses sur le sujet… Ainsi, tout homme peut comprendre cela à sa manière, pourvu qu'il accorde la même liberté à son prochain… Permettez-moi aussi d'ajouter une chose. Que le changement soit instantané ou graduel, veillez à ne jamais avoir de repos tant que cela ne sera pas forgé dans votre propre âme, si vous désirez résider avec Dieu dans la gloire.[23]

En tant que Pasteur, Wesley est plus préoccupé par le fait que les humains expérimentent l'œuvre de Dieu que par la manière dont ils la décrivent. Il se concentre donc sur la recherche de cette œuvre complète de Dieu, quelle que soit la manière dont elle se produit. Mais ceci dit, l'opinion personnelle de Wesley — qu'il laisse ses lecteurs libres d'adopter ou de laisser de côté — est que l'œuvre de l'entière sanctification est mieux décrite comme une expérience instantanée que comme une expérience graduelle.

La principale raison pour laquelle Wesley affirme cela est que les témoignages qu'il avait entendus — et curieusement, Wesley n'y ajoute pas son

---

[23] Sermon 83, «On Patience,» [«Sur patience»], §11 (3.176-77).

propre témoignage — affirment tous que Dieu a réalisé cette plénitude de l'amour dans leurs cœurs en un instant. Une vision instantanée de la sanctification renforce aussi l'idée qu'il s'agit de l'œuvre de Dieu, et non une chose pour laquelle nous travaillons. Dans la justification, Dieu nous pardonne en un instant. Dans l'entière sanctification, Dieu remplit nos cœurs de l'amour de Dieu. Étant donné que l'œuvre de Dieu n'exige aucune condition préalable, Dieu peut la réaliser immédiatement. Wesley souligne cette simple logique en ces termes :

> 1) La perfection chrétienne est cet amour de Dieu et de notre prochain qui implique la délivrance de tout péché ; 2) qui est reçu simplement par la foi ; 3) qui est donné instantanément, en un instant ; 4) que nous devons attendre (non pas à l'heure de notre mort, mais) à tout moment — c'est maintenant le bon moment, c'est maintenant le jour de ce salut.[24]

Bien entendu, cela ne signifie pas que Dieu veut que les humains attendent passivement que Dieu les sanctifie après la justification. Tout comme la grâce prévenante engage les humains dans un processus qui aboutit à un moment de conversion, de même, la grâce sanctifiante crée un processus qui mène les humains au moment de l'entière sanctification. Ici, Wesley trouve utile l'analogie entre « mourir à soi-même » et la mort physique réelle. En réponse à la question : « Cette mort au péché et ce renouvellement dans l'amour, sont-ils graduels ou instantanés ? » Wesley répond :

> Un homme peut être en train de mourir pendant un certain temps ; pour autant, il ne meurt pas, à proprement parler, tant que son âme n'a pas été séparée de son corps. Et à cet instant, il vit la vie de l'éternité. De même, il peut être en train de mourir au péché pendant un certain temps ; et pourtant, il n'est pas « mort au péché » tant que le péché n'a pas été séparé de son âme. Et à cet instant, il vit la pleine vie de l'amour... Et pourtant, il continue à grandir dans la grâce, dans la connaissance de Christ, dans l'amour et dans l'image de Dieu ; et il en sera ainsi non seulement jusqu'à sa mort, mais aussi pendant toute l'éternité.[25]

Ce processus qui consiste à mourir à soi-même n'est pas une attente passive mais un engagement actif. La véritable question posée par l'ouvrage Une exposition claire et simple de la perfection chrétienne est la suivante : « Comment devons-nous attendre ce changement ? ». La réponse de Wesley révèle sa conscience de la manière dont Dieu fait lien entre son activité divine et la nôtre :

[24] *Une exposition claire et simple de la perfection chrétienne*, §18 (13.167).
[25] *Ibid.*, §19.Q21.

> Non pas dans une insouciante indifférence ou dans une inactivité indolente, mais dans une obéissance vigoureuse, universelle, dans une observation zélée de tous les commandements, dans la vigilance et la pénibilité, dans le renoncement à nous-mêmes et l'acceptation de notre croix au quotidien, dans la prière fervente et le jeûne et dans un strict respect de toutes les ordonnances de Dieu. Et si un homme rêve de l'atteindre d'une autre manière (oui, ou de la conserver une fois qu'elle a été atteinte, quand il l'a reçue, même dans la plus large mesure) il trompe sa propre âme. C'est vrai, nous la recevons par la simple foi. Mais Dieu ne donne pas, ne donnera pas cette foi si nous ne la recherchons pas avec toute la diligence nécessaire selon le moyen qu'il a ordonné.[26]

Ainsi donc, l'œuvre salvatrice de Dieu est un don instantané, mais Dieu tend à le donner uniquement à ceux qui s'engagent activement dans un processus de recherche et d'attente. Et c'est ce que Wesley exhorte constamment ses fidèles à faire. «Faites tout ce que vous pouvez, semble-t-il dire, et ce faisant, vous trouverez que Dieu fait lui-aussi tout ce qu'il peut».

C'est donc la vision du salut de Wesley: la grâce de Dieu restaure en nous notre capacité à aimer et à entrer en relation et restaure l'image de Dieu en nous. La grâce prévenante ouvre la porte en éveillant notre compréhension et notre volonté. Si nous choisissons de répondre à Dieu, Dieu nous restaure dans sa pleine faveur puis entame le processus par lequel Dieu nous équipe en nous accordant le caractère de Dieu de manière toujours croissante, afin que nous puissions aimer Dieu plus profondément et partager l'amour de Dieu avec notre prochain. Lorsque Dieu remplit ainsi nos cœurs de son amour, le but de Dieu est qu'il ne reste tout simplement plus de place pour quoi que ce soit d'autre. Si nous continuons avec Dieu sur ce chemin, le développement de relations encore plus profondes sera l'œuvre de toute une éternité. Cependant, si nous choisissons de refuser les offres de Dieu et que nous nous détournons de Dieu, Dieu respectera aussi ce choix. Ce dernier choix serait, bien sûr, la plus grande tragédie qui soit et Wesley exhortait constamment ses auditeurs à l'éviter, mais ce choix reste toujours possible.

Cependant, si le salut n'est qu'amour et relation, alors le salut ne peut — de par sa nature même — être quelque chose qui se produit chez des individus isolés ou qui se passe uniquement «entre moi et Dieu». L'amour implique donc une communauté et donc, pour finir notre exploration des pensées de Wesley, nous allons nous tourner vers sa compréhension de l'Église et de tous ces fac-

---

[26] *Ibid.*, §19.Q22.

teurs communautaires et sociaux qui influencent et façonnent notre vie avec Dieu.

# XIV

# Les pensées de Wesley sur l'Église

On pourrait être tenté de penser que, avec ses pensées sur la perfection chrétienne, nous avons déjà atteint l'apogée des pensées de Wesley, la plus haute expression du salut que l'on pourrait trouver dans cette vie. Il est certain que l'on évoque parfois Wesley en ces termes. De nombreux livres et sermons ont mis en avant «l'entière sanctification» individuelle comme s'il s'agissait du but ultime de Dieu. Une telle vision, cependant, laisse de côté la nature essentiellement relationnelle de l'approche de Wesley dans la compréhension du salut. Même la sanctification est un instrument dans l'esprit de Wesley, une étape sur une route qui mène ailleurs. Dieu ne sauve pas les humains uniquement dans le but qu'ils soient sanctifiés. Dieu sauve et sanctifie les humains afin qu'ils soient rendus capables d'aimer — et l'amour ne peut pas exister chez un individu isolé. Le point culminant de la doctrine de Wesley sur le salut n'est pas l'entière sanctification individuelle, c'est une communauté dans laquelle les personnes qui sont entièrement sanctifiées (quel que soit leur degré d'évolution spirituelle) expriment l'amour qu'elles ont reçu de Dieu dans leurs relations les uns avec les autres et répandent cet amour dans le monde, au-delà de la communauté. Dans l'esprit de Wesley, on ne marche pas seul sur le «chemin vers le ciel». La manière dont Dieu se connecte avec nous ne peut être séparée de la manière dont Dieu nous connecte les uns aux autres. Ceci nous amène aux pensées de Wesley sur l'Église.

Dans ce chapitre, nous explorerons quatre caractéristiques de la compréhension qu'a Wesley de l'Église et de la communauté chrétienne. Chacune de ces intuitions a profondément façonné la vie et le ministère de Wesley; et elles sont encore utiles pour la vie et le ministère aujourd'hui. Tout d'abord, nous explorerons certaines pensées de Wesley sur la nature essentiellement communautaire de la religion chrétienne, en faisant le lien entre ses pensées sur l'Église et ses pensées sur Dieu, l'humanité et le drame du salut. Dans l'esprit de Wesley, le concept de Chrétien indépendant n'existe pas.

Ensuite, nous étudierons plus profondément la nature de la communauté chrétienne. Pour Wesley, l'Église était, par essence, un groupe de croyants liés les uns aux autres par l'amour de Dieu selon l'action du Saint-Esprit. Les communautés chrétiennes sont essentiellement des communautés d'amour. Ainsi donc, la vision de l'Église que donne Wesley est intrinsèquement œcuménique, puisqu'il affirme avec force que certaines choses — comme les accords doctrinaux ou l'adoration communautaire — sont secondaires et ne devraient jamais entraver le cheminement de l'amour.

Dans un troisième temps, nous étudierons comment, dans l'esprit de Wesley, cette communauté unie dans l'amour est avant tout une communauté de but et d'action. Certes, nous n'avons pas à réaliser de bonnes actions pour commencer une relation avec Dieu — Dieu nous offre son amour par la grâce. Mais une fois qu'elle est initiée, notre relation avec Dieu ne peut s'exprimer que dans l'obéissance et dans l'action. L'amour dont parle Wesley n'est pas un sentiment, comme si l'Église était un cercle mondain dont les membres se rassemblent parce qu'ils y prennent plaisir. Au contraire, Wesley comprend l'amour comme un mot d'action. L'Église est la principale incarnation physique de l'amour de Dieu dans le monde et la mission de l'Église est de prendre part à l'activité de Dieu dans le monde. L'idée de l'Église que donne Wesley s'intéresse davantage à la fonction qu'à la forme. Toutes les formes de l'Église — ses traditions, ses modes d'adoration, ses modes d'organisation, et autres — doivent servir sa fonction, sa mission. Wesley a vécu toute sa vie et tout son ministère selon cette conviction. Il a ignoré les anciennes formes qui ne correspondaient plus à la mission et il en a créé de nouvelles — comme les réunions de classes et la prédication des laïcs — et il a vu le Saint-Esprit rendre l'Église capable de remplir sa mission dans des temps nouveaux et des circonstances nouvelles.

Enfin, nous explorerons comment la mission de l'Église inclut les personnes qui n'en font pas partie. Étant donné que l'amour de Dieu englobe toute l'humanité, l'expression que donne l'Église de cet amour doit faire de même. L'œuvre la plus évidente de l'Église est le soutien spirituel de ses membres, mais sa tâche est plus vaste. Communiquer l'amour de Dieu au monde, répondre aux besoins physiques par le ministère de la compassion et partager la Bonne Nouvelle par l'évangélisation sont autant d'aspects de la vie de l'Église.

## Le christianisme en tant que religion communautaire

La compréhension de Dieu de Wesley est fondée sur l'idée que Dieu est amour. «Ta nature et ton nom, c'est L'AMOUR» comme le dit Charles Wesley dans un hymne.[1] Dieu crée les êtres humains à l'image de Dieu afin qu'eux aussi soient capables de donner et de recevoir de l'amour. Les êtres humains perturbent leur relation d'amour avec Dieu et avec les autres en se centrant sur eux-mêmes; par conséquent, le péché représente l'antithèse de l'amour — une orientation égoïste au lieu d'une «orientation vers l'autre». Le salut de Dieu — du don gratuit de la foi et de la justification en Christ jusqu'à l'œuvre sanctifiante du Saint-Esprit — consiste uniquement à réparer les dégâts causés par le péché et à restaurer la capacité à aimer et à être en relation. Il est donc impossible que ce type de salut soit accordé à des individus isolés et Wesley est pleinement conscient de ces implications.

Faisant écho à la déclaration de Jésus à ses disciples: «vous êtes le sel de la terre» (Matthieu 5.13), Wesley fait le lien entre ses intuitions relationnelles concernant Dieu et l'humanité d'une part, et le christianisme et l'Église d'autre part. «Le christianisme est essentiellement une religion sociale, écrit Wesley, et le transformer en religion solitaire revient effectivement à le détruire».[2] Par «essentiellement», Wesley ne veut pas simplement dire «fondamentalement» mais plutôt «par essence». La nature sociale du christianisme est constitutive de cette religion et si l'on devait enlever cette caractéristique, ce qui en resterait ne pourrait être considéré comme étant le christianisme.

Wesley entreprend une explication plus complète de la nature essentiellement sociale du christianisme dans la préface qu'il écrit pour un recueil intitulé *Hymns and Sacred Poems* [Hymnes et poèmes sacrés] au début du Réveil évangélique (en 1739). Dans cette préface, il décrit ce qu'il appelle l'idéal «mystique» du christianisme, dans lequel le but ultime de la religion est la contemplation solitaire de l'être divin dans une sorte d'immobilité intérieure, sans personne aux alentours et sans aucune action orientée vers l'extérieur. Après avoir résumé cette vision, voici ce qu'il déclare:

> L'Évangile de Christ est en contradiction directe avec ceci. On n'y trouvera pas de religion solitaire. L'expression «saints solitaires» n'est pas plus cohérente avec l'Évangile que l'expression «saints adultères». L'Évangile de Christ ne

---

1    Hymne 136, «Wrestling Jacob,» [«Luttant avec Jacob»], *A Collection of Hymns for the Use of the People Called Methodists* (7.250-252).

2    Sermon 24, «Le sermon sur la montagne, IV», §I.1.

connaît aucune religion autre que la religion sociale ; aucune sainteté autre que la sainteté sociale. « La foi qui fonctionne par amour » est la longueur, la largeur, la profondeur et la hauteur de la perfection chrétienne. « Nous avons reçu ce commandement de Christ, que celui qui aime Dieu aime aussi son prochain » ; et que nous manifestions notre amour « en faisant du bien à tous les hommes, en particulier à ceux qui appartiennent à la maison de la foi ». Et, en vérité, celui qui aime ses frères non seulement en paroles, mais comme Christ l'a aimé lui-même, ne peut être que « zélé dans les bonnes œuvres ». Il sent dans son âme un désir brûlant et fébrile de se dépenser pour eux. Mon Père, dira-t-il, « a œuvré jusqu'ici, et moi aussi j'œuvre ». Et à chaque opportunité, il est, comme son maître, « en train de faire le bien ».[3]

La plus haute expression du christianisme n'est pas une sainteté intérieure qui fait briller l'âme mais un amour en action tourné vers l'extérieur, vers les autres croyants et vers le monde. Une communauté de foi n'est pas un ajout utile à notre vie spirituelle, comme si l'on pouvait y arriver seul mais qu'avec d'autres personnes, l'entreprise était simplement plus facile. Au contraire, c'est là le seul endroit où une personne peut vivre sa foi de façon concrète.

Très tôt dans sa vie, Wesley a compris que les croyants font progresser leur foi vers le salut complet grâce à leurs liens avec d'autres croyants. Nous le voyons dans le « club des saints » à Oxford et dans ses petits groupes en Géorgie, mais le processus atteint sa pleine expression dans les sociétés méthodistes. Dans Une exposition claire et simple de la perfection chrétienne, Wesley parle du besoin de soutien mutuel parmi les premiers convertis du Réveil évangélique.

> Ils voulaient « fuir la colère à venir » et s'entraider dans cette entreprise. Ils se sont donc unis « afin de prier ensemble, afin de recevoir la parole d'exhortation et de veiller les uns sur les autres dans l'amour, afin de pouvoir s'entraider dans la recherche de leur salut ». Ils s'accordaient à présent pour dire que tous ceux qui en auraient l'opportunité se réuniraient chaque vendredi et passeraient la soirée à crier vers Dieu, à la fois pour eux-mêmes et pour toute l'humanité… Au bout de quelques mois, la plus grande partie de ceux qui avaient commencé à « craindre Dieu et pratiquer la justice », mais qui n'étaient pas unis entre eux, ont vu leur esprit s'affaiblir et sont retombés dans leurs anciennes habitudes. Pendant ce temps, la plus grande partie de ceux qui étaient unis continua à « lutter pour entrer par la porte étroite » et « pour s'emparer de la vie éternelle ». Après réflexion, je ne pouvais qu'observer que c'était ainsi que se réunissaient les croyants depuis le début du christianisme.[4]

---

[3] Preface à *Hymns and Sacred Poems* (1739), §5 (Jackson 14.321-22).

[4] *Une exposition claire et simple de la perfection chrétienne*, §§7 à 10.

Dans cette association spontanée, Wesley voyait un retour aux racines du christianisme. Le Saint-Esprit incitait les personnes converties à se rassembler pour s'entraider sur le chemin du salut. Ils priaient même pour ceux qui n'avaient pas encore commencé l'aventure, puisque leurs prières ne s'adressaient pas uniquement à leurs frères mais aussi « à toute l'humanité ». Cette société était ouverte à tous ceux qui voulaient être sauvés, quelles que fussent leurs croyances à ce moment-là ou quelle que fût la manière dont ils préféraient adorer Dieu. Son objectif était le soutien mutuel dans la vie spirituelle. Dans son observation de ce groupe de novices, Wesley remarqua que la communauté était le facteur déterminant entre ceux qui persévéraient dans la foi et ceux qui l'abandonnaient.

Wesley savait que la foi était une réalité personnelle, mais il savait aussi que la foi personnelle devait avoir un contexte de relations mutuelles pour prospérer et grandir. La formation des sociétés méthodistes était une application pratique de la théologie relationnelle de Wesley, et c'était là une différence effective entre la branche wesleyenne du Réveil évangélique et les autres. George Whitefield reconnaissait ce fait. Son ministère était centré sur les conversions individuelles et non sur la formation de communautés, et cette méthode rendait ses fidèles comparables à un « château de sable », un ensemble de pièces individuelles sans aucun lien entre elles. L'attention portée par Wesley à la communauté chrétienne est, par conséquent, à la fois affaire de cohérence théologique et de pratique efficace et nous devrions nous aussi nous intéresser de près à cet aspect.

## L'Église en tant que communauté d'amour

Comme nous l'avons vu, ce qui lie les communautés de Wesley entre elles n'est pas un ensemble d'idées, mais plutôt le but commun du salut. Cependant, Wesley n'attribue pas l'unité de ces communautés à la détermination et à la force de leurs membres. Comme avec tout ce qui est lié au salut, Wesley considérait que le but commun du salut était ancré dans l'amour et la foi partagés, qui étaient des dons gracieux de Dieu. Une unité dans la foi et l'amour donnée par Dieu, voilà pour Wesley la définition essentielle de ce que signifie être une église. Dans son sermon « Sur l'Église », écrit vers la fin de sa vie comme un résumé de ses réflexions mûres sur le sujet, Wesley fait la déclaration suivante :

> Voici donc une réponse claire et qui n'accepte aucune exception à cette question « qu'est-ce que l'Église ? ». L'Église catholique ou universelle désigne toutes les personnes de l'univers que Dieu a appelées du monde afin de leur donner

> droit au caractère précédent; afin d'être «un seul corps» uni par «un seul esprit»; ayant «une seule foi, une seule espérance, un seul baptême; un seul Dieu et Père de tous, qui est au-dessus de tous, à travers tous et en tous».[5]

Utilisant les mots de Paul en Éphésiens, Wesley définit l'Église en rapport avec l'action de Dieu et l'unité chrétienne. Dieu agit pour donner la foi et susciter la repentance et la vie sainte, et ceci devient le fondement de l'Église. L'acte de Dieu consistant à appeler son peuple choisi dans le monde est dans le même temps un appel à les intégrer dans une famille unie sous la conduite de Dieu en tant que Père. C'est Dieu qui unit les croyants et fait d'eux une église, et non leur adhésion à une doctrine ou leurs pratiques communes en matière d'adoration. Wesley démontre la priorité que représente l'amour dans cette unité, plutôt que la doctrine et les formes d'adoration, par sa manière de mettre en pratique les implications œcuméniques de sa définition.

Wesley cite la définition de «l'Église» donnée par l'Église d'Angleterre: «l'Église visible de Christ est une congrégation d'hommes fidèles, dans laquelle la pure Parole de Dieu est prêchée et les sacrements sont dûment administrés».[6] Il adhère de tout cœur à la première partie de cette définition, particulièrement si l'on comprend la «congrégation d'hommes fidèles» comme faisant référence à une foi véritable, relationnelle et de confiance en Dieu. Mais quand la définition ajoute des qualifications concernant la doctrine et les pratiques, cela pose problème à Wesley. Voici ce qu'il en dit:

> Je ne m'engagerai pas à défendre l'exactitude de cette définition. Je n'ose pas exclure de l'Église catholique toutes ces congrégations dans lesquelles des doctrines non bibliques qui ne peuvent être affirmées comme étant «la pure Parole de Dieu» sont quelquefois, voire fréquemment, prêchées. Ni toutes ces congrégations dans lesquelles les sacrements ne sont pas «dûment administrés»... Je peux facilement convenir qu'elles affirment des idées fausses et des modes d'adoration superstitieux. Je n'aurai pas non plus, sur la base de ces éléments, de scrupules à les inclure dans le giron de l'Église catholique. Je ne présenterai pas d'objection non plus à les recevoir, si elles le désirent, en tant que membres de l'Église d'Angleterre.[7]

Wesley semble penser que l'œuvre de Dieu quand Dieu rassemble les humains ne dépend pas d'une doctrine adéquate ou de bonnes pratiques. Ce n'est pas que ces aspects ne sont pas importants. Wesley n'hésite pas à qualifier ces

---

[5]   Sermon 74, «Of the Church,» [«De l'Église»], §14 (3.50).

[6]   *Ibid.*, §16 (3.51).

[7]   *Ibid.*, §19 (3.52).

idées de «fausses» et certaines pratiques de «superstitieuses». L'ensemble des écrits de Wesley tout au long de sa vie démontre son souci de promouvoir les idées et pratiques qu'il jugeait bonnes, et de critiquer les mauvaises. Ces choses devaient donc être importantes pour Wesley. Mais elles ne sont tout simplement pas essentielles, en ce sens qu'il est bien plus important que les Chrétiens fassent preuve d'un amour authentique les uns pour les autres et pour le monde.

Nous pouvons voir l'intérêt de Wesley pour l'amour en tant qu'essence même de l'Église dans son insistance sur le fait que les opinions théologiques adéquates («l'orthodoxie») ne sont pas l'essence de la religion et dans ses efforts délibérés pour proposer une main de communion fraternelle au-delà des lignes de démarcations tracées par les différentes doctrines. Wesley affirmait, et ce fut l'une de ses déclarations les plus controversées: «L'orthodoxie (ou les opinions justes) n'est au mieux qu'une mince partie de la religion, si toutefois on lui accorde une part quelconque.»[8] Plus tard, défendant cette déclaration dans une lettre à l'évêque Warburton de Gloucester, Wesley déclare:

> Après avoir commencé par dire qu'il est de notre devoir de rechercher un bon jugement en toutes choses, parce que le mauvais jugement mène naturellement à de mauvaises pratiques, je le répète, une opinion juste n'est qu'une petite partie de la religion (qui, à proprement parler et directement, consiste à démontrer de bons tempéraments, de bonnes paroles et de bonnes actions) et bien souvent, celle-ci ne fait pas partie de la religion. Car elle peut être présente là où il n'y a pas de religion du tout: chez les hommes dont les vies sont les plus dissolues; oui, chez le diable lui-même.[9]

Wesley affirme que les bons jugements sont importants mais uniquement parce que les meilleurs jugements mènent à de meilleures pratiques. C'est cependant la pratique qui importe. Ce sont les activités (les paroles et les actions) par lesquelles notre amour s'exprime et la fontaine de laquelle ces activités découlent (les tempéraments) qui sont le cœur de la religion pour Wesley. Déconnectées de telles choses, les opinions justes sont sans valeur. Même le diable en possède.[10]

Du fait de cette attitude, Wesley pensait qu'il était important de rechercher l'unité avec tous ceux qui se disaient disciples de Christ, quelle que soit la ma-

---

[8]   *A Plain Account of the People Called Methodists*, §I.2 (9.254-55).

[9]   *A Letter to the Right Rev., the Lord Bishop of Gloucester*, §I.11 (11.477).

[10]  Wesley affirme que la croyance du diable est d'une parfaite orthodoxie, bien que celle-ci lui soit de peu d'utilité. Sermon 7, « Le chemin du royaume », §6.

nière dont ils compreinaient leur foi. Dans l'Église, il appelait cette priorité de foi œuvrant dans l'amour «l'esprit catholique». Le sermon qui porte ce titre est un plaidoyer qui incite les Chrétiens à s'aimer les uns les autres et à ne pas laisser les différences de doctrine ou de pratique les diviser. Il reconnaissait que ces divisions parmi les Chrétiens empêchent l'Église de fonctionner correctement en tant que communauté d'amour pour ceux qui se trouvent en son sein et en tant qu'exemple et prolongement de cet amour pour ceux qui sont à l'extérieur. Wesley affirme ici de la manière la plus claire possible la primauté de l'amour sur toute autre chose dans l'Église.

Tirant sa réplique de la rencontre entre Jéhu et Jonadab en 2 Rois 10, Wesley saisit l'idée selon laquelle si nos cœurs sont unis, alors nos mains devraient l'être également. Il est réaliste sur le fait qu'il y aura toujours des différences institutionnelles entre les Chrétiens, mais il ne veut pas que celles-ci aient le dernier mot.

> Mais bien qu'une différence d'opinions ou de modes d'adoration puisse empêcher une union externe complète, faut-il pour autant qu'elle empêche notre union dans l'affection? Bien que nous ne puissions penser de la même manière, ne pouvons-nous pas aimer de la même manière? Ne pouvons-nous être unis d'un seul cœur, bien que nous n'ayons pas tous la même opinion? Nous le pouvons sans aucun doute. Tous les enfants de Dieu peuvent ainsi s'unir malgré ces plus petites différences. Si ces dernières restent telles qu'elles sont, ils peuvent contribuer à se soutenir mutuellement dans l'amour et les bonnes œuvres.[11]

Même quand Wesley est convaincu que certaines des opinions que les croyants soutiennent sont préjudiciables pour la foi — comme c'est le cas avec certaines des croyances spécifiques du catholicisme romain — il pense tout de même que ce n'est pas une raison suffisante pour retirer la main de la communion fraternelle. Dans un mouvement plutôt remarquable pour un Anglican du dix-huitième siècle — et pour lequel il sait qu'il sera critiqué — Wesley écrit une lettre à un «Catholique romain» dans laquelle il résume le strict nécessaire de la croyance chrétienne et plaide ainsi:

> Ne sommes-nous pas d'accord jusqu'ici? Rendons grâce à Dieu pour cela et recevons cela comme un nouveau gage de son amour. Mais si Dieu nous aime toujours, nous devons aussi nous aimer les uns les autres. Nous devons, sans cette cacophonie sans fin sur les opinions, nous inciter les uns les autres à l'amour et aux bonnes œuvres. Laissons de côté les points qui nous séparent:

---

[11] Sermon 39, «L'esprit catholique», §4.

il y a assez de choses sur lesquelles nous sommes d'accord, assez pour stimuler chaque caractère chrétien et chaque action chrétienne. … Ainsi, si nous ne pouvons pas encore penser de la même manière, du moins nous pouvons aimer de la même manière. En cela nous ne pouvons que faire le bien. Car il y a un point sur lequel personne ne peut douter un seul instant — Dieu est amour et celui qui demeure dans l'amour demeure en Dieu, et Dieu en lui.[12]

L'amour de Dieu — tout d'abord accepté puis ré-exprimé — est ce qui lie entre eux les membres de l'Église. Wesley pense que bâtir toute autre fondation est inutile. Si l'Église est réellement une communauté d'intentions, et si l'amour pour lequel plaide Wesley devient effectivement présent, il poussera inévitablement l'Église à l'action.

## La mission de l'Église en tant qu'amour actif

L'un des moyens simples par lesquels les psychologues classent les personnalités consiste à distinguer entre l'orientation vers les tâches et l'orientation vers les personnes. Jusqu'à présent, l'Église de Wesley semble avoir une personnalité plutôt orientée vers les personnes et moins orientée vers les tâches, et cela s'accorde avec la perspective relationnelle de l'ensemble de sa théologie et la place importante qu'il accorde à l'amour. Cependant, comme avec tant d'autres aspects de la théologie de Wesley, Wesley réussit à combiner les choses avec une approche «inclusive», alors que d'autres personnes tentent de les séparer avec une approche «exclusive». Dans le cas de l'Église, l'accent placé sur l'amour et sur les personnes révèle une préoccupation pour la mission et l'activité. Wesley ne connaît aucun autre type d'amour que l'amour actif. Sa théologie est orientée vers autrui, mais les personnes entretiennent des relations entre elles en accomplissant des choses. De ce fait, la mission et l'activité font autant partie de l'identité de l'Église que l'amour. Wesley l'exprime ainsi:

Il est vrai que la racine de la religion se trouve dans le cœur, dans le tréfonds de l'âme; c'est l'union de l'âme avec Dieu, la vie de Dieu dans l'âme de l'homme. Mais si cette racine est réellement dans le cœur, elle ne peut que produire des branches. Et ces branches sont les multiples cas d'obéissance extérieure qui sont de la même nature que la racine et, par conséquent, ne sont pas uniquement des marques ou des signes, mais des parties importantes de la religion… Il est certain que l'amour de Dieu et de l'homme découlant de «la foi sincère» est en tout et pour tout «l'accomplissement de la loi»… Mais cela n'implique pas que l'amour puisse remplacer la foi ou les bonnes œuvres. C'est

---

[12]   Lettre à un cathoique romain, 18 juillet1749, §16 (Telford 3.12-13).

«l'accomplissement de la loi»; il ne s'agit pas de nous exempter de respecter la loi mais de nous contraindre à y obéir. C'est «l'aboutissement du commandement» étant donné que tout commandement mène à la loi et se centre sur la loi.[13]

Pour Wesley, la religion intérieure aboutit toujours à une obéissance extérieure, c'est pourquoi il déclare que certaines formes d'obéissance font autant partie de la religion que la relation avec Dieu qui les suscite. L'amour est tout, en effet, mais seulement quand il englobe toutes les bonnes œuvres, et non quand il les remplace. Si l'activité liée à l'amour est absente, nous avons toutes les raisons de douter de sa présence.

L'amour en action est donc la mission, la tâche première de l'Église. Plus spécifiquement, l'Église est censée être le contexte communautaire qui nourrit l'exercice le plus complet de l'amour, à la fois pour Dieu et pour les autres êtres humains. Son rôle est d'aider ses membres individuels à accomplir leur travail qui consister à aimer. Wesley rend ces connexions explicites dans son sermon «Sur le zèle» dans lequel il décrit la religion comme une série de cercles concentriques, le plus intérieur étant l'amour et le plus extérieur étant l'Église.

> Chez un croyant chrétien, l'amour siège sur le trône qui est érigé dans le tréfonds de l'âme; c'est-à-dire, l'amour de Dieu et de l'homme qui remplit le cœur en entier et règne sans rival. Dans un cercle près du trône, se trouvent tous les traits de caractère saints: longanimité, douceur, soumission, bonté, fidélité, tempérance — et toute autre qualité comprise dans «l'esprit qui était en Christ-Jésus». Dans un cercle extérieur se trouvent toutes les œuvres de miséricorde adressées aux âmes ou aux corps des hommes. Par ces œuvres, nous exerçons tous les traits de caractère saints, par elles nous les améliorons sans cesse. Ainsi elles sont toutes des moyens de la grâce, bien que l'on n'y fasse pas souvent allusion. À côté de ces œuvres, se trouvent celles qui sont généralement appelées les œuvres de piété: la lecture et l'écoute de la Parole, la prière publique, en famille et privée, la participation à la Sainte Cène, le jeûne ou l'abstinence. Enfin, pour que ses disciples puissent efficacement s'inciter les uns les autres à l'amour, aux traits de caractère saints et aux bonnes œuvres, notre Seigneur les a unis en une seule communauté — l'Église, dispersée partout sur la terre. Chaque congrégation chrétienne individuelle est un petit emblème de cette Église universelle. C'est cette religion que notre Seigneur a établie sur la terre, depuis la descente du Saint-Esprit au jour de la Pentecôte. C'est là le système entier, connecté du christianisme: et ainsi les multiples parties s'élèvent les unes au-dessus des autres, de ce point le plus bas, «notre ras-

---

[13]  Sermon 24, «Le sermon sur la montagne, IV», §§III.1 et 2.

semblement ensemble», vers le plus haut point, l'amour intronisé dans le cœur.[14]

Cette citation nous éclaire pour plusieurs raisons, l'une d'entre elle — qui est loin d'être insignifiante — est la claire priorité que Wesley accorde aux œuvres de miséricorde (ce que nous pourrions appeler «le ministère de la compassion») par rapport aux œuvres de piété. Nous reprendrons cet aspect crucial de la mission de l'Église dans la prochaine section. Pour l'instant, nous remarquerons que l'Église est d'une part l'expression finale de l'amour qui s'exprime par les traits de caractère saints en oeuvres de miséricorde et de piété, et d'autre part la servante de toutes ces choses. L'amour produit naturellement les traits de caractère qui suscitent à leur tour à l'activité qui engendre une communauté active. Mais le but de cette communauté est de permettre ces réalités qui lui ont donné naissance. Le Seigneur «les a unis ensemble» afin de «se stimuler plus efficacement les uns les autres» pour faire preuve d'amour et pour exprimer cet amour de façon adéquate.

Wesley continue ce sermon en exhortant ses lecteurs à être zélés pour l'Église, mais seulement s'ils désirent être plus zélés pour les œuvres de piété, encore plus zélés pour les œuvres de miséricorde, et encore plus zélés pour les traits de caractère saints et pour réserver leur «meilleur zèle» à l'amour seulement. «L'Église, écrit-il, les ordonnances, les œuvres externes de toutes sortes, oui, tous les autres traits de caractère saints, sont secondaires à l'amour, et augmentent de valeur uniquement s'ils s'en rapprochent de plus en plus.»[15] La mission de l'Église est d'être agent et promoteur de l'amour. Nous nous assemblons afin de mettre notre amour en action les uns pour les autres et de nous aider les uns les autres à aimer toujours plus. Nos œuvres de piété — nos prières publiques, nos sermons et notre participation à la Sainte Cène — sont des moyens importants par lesquels notre amour pour Dieu et pour notre prochain augmente, mais leur importance tient uniquement à cette raison. Toute autre utilisation de ces moyens revient à les détourner.

C'est sous cet angle que nous devrions lire l'ensemble de la controverse concernant l'utilisation que fait Wesley des diverses formes d'activité de l'Église. Des controverses qui apparaissaient soit parce qu'il ignorait certaines formes d'activités que d'autres trouvaient importantes (comme le système de délimita-

---

[14] Sermon 92, «On Zeal,» [«Sur zèle»] §II.5-6 (3.313-14). Wesley emprunte cette métaphore au livre *Comparative Theology* (1700) de James Garden mais l'usage qu'en fait ici Wesley lui appartient pleinement.

[15] *Ibid.*, §II.11 (3.315).

tion des paroisses), soit parce qu'il avait créé de nouvelles formes qui n'avaient aucune place dans l'ancien système (comme la prédication en plein air ou la prédication des laïcs). Tous les moyens par lesquels l'Église tentait de promouvoir des œuvres de piété ou de miséricorde devaient être évalués selon leur efficacité au service de la mission de l'Église de restauration dans l'amour. L'amour ne connaissait aucune barrière politique, en conséquence Wesley n'hésitait pas à ignorer ce type de barrières. Lorsque les portes de l'Église se refermaient sur l'amour de Dieu, Wesley prêchait en dehors de l'Église. Si les prêtres anglicans officiels n'aidaient pas vraiment les gens à apprendre à aimer Dieu et leur prochain, Wesley trouvait des personnes qui étaient prêtes à le faire — que ces personnes soient ou non titulaires de diplômes universitaires ou d'une ordination de l'Église. En ce qui concerne Wesley, la forme était subordonnée à la fonction. La mission gouvernait tout et cette mission était essentiellement fondée sur l'amour.

L'accent placé par Wesley sur l'amour, cependant, ne signifie pas que les formes d'organisation institutionnelle ou d'adoration n'étaient pas pertinentes. Souvenez-vous que Wesley était, du moins selon son propre jugement, un Anglican convaincu. Il résistait instinctivement à ces divers changements que nous avons évoqués précédemment jusqu'à ce qu'il soit convaincu que ces changements servaient réellement la mission de l'Église. Son attitude fondamentale envers les formes institutionnelles était, par conséquent, très conservatrice. Pour lui, on ne devait rien changer, jusqu'au moment où l'élément en question s'avérait inutile ou bien lorsque quelque chose de meilleur se présentait. Ainsi donc, par exemple, il ne voulait pas que ses Méthodistes se séparent institutionnellement de l'Église d'Angleterre parce que cela n'était pas nécessaire. Il encourageait ses Méthodistes à fréquenter les offices de l'Église d'Angleterre ainsi que les réunions de leur société parce que Dieu utilisait ces deux moyens pour les affermir dans l'amour.[16] Quand l'Église d'Angleterre n'ordonnait pas suffisamment de ministres pour les Américains, Wesley ne disait pas que l'ordination n'avait pas d'importance. Il se convainquait simplement (à tort ou à raison) qu'il disposait du même pouvoir d'ordonner des ministres que n'importe quel évêque anglican. Et bien qu'il considérât, par exemple, la Sainte Cène comme un moyen vers la finalité supérieure qu'est l'amour, il pensait tout de même que ce moyen était indispensable et encourageait ses fidèles à communier aussi sou-

---

[16]   Sermon 104, « On Attending the Church Service » [« Sur l'assistance au culte »] (3.464-75).

vent que possible.[17] Wesley n'était donc pas un Quaker, prêt à jeter au loin toute liturgie et tout sacrement sous prétexte que les choses spirituelles étaient plus importantes. Les moyens par lesquels l'Église remplissait sa mission de promotion de l'amour étaient importants pour lui. Simplement, ils n'étaient pas aussi importants que l'amour qu'ils avaient pour tâche de promouvoir et ils devaient être jugés selon ce critère.

Cependant, l'une des composantes de cette mission de promotion de l'amour ne pouvait pas être réalisée à l'intérieur de l'Église — quelle que soit la forme inventée — parce que cette composante concernait les personnes situées à l'extérieur de l'Église. Ainsi, nous conclurons notre étude des pensées de Wesley sur l'Église en étudiant de quelle manière l'Église était censée aimer ceux qui n'en faisaient pas encore partie.

## La mission de l'Église en tant qu'amour offert

On constate une tension intéressante dans la vision de l'Église de Wesley, une tension entre une Église qui existe en tant que contexte d'amour pour ses membres et une Église qui existe pour offrir l'amour de Dieu au monde. D'une part, Wesley se fait fréquemment l'écho de ce qui semble être pour lui une priorité biblique: ceux qui sont dans l'Église doivent prendre soin de leurs frères et sœurs dans la foi. Ainsi, par exemple, il interprétait les paroles de Jésus en Matthieu 25.40, «Toutes les fois que vous avez fait ces choses à l'un de ces plus petits de mes frères, c'est à moi que vous les avez faites.» Louis Segond, comme faisant référence aux Chrétiens et commente ainsi: «Cet encouragement est là pour aider la maison de la foi».[18] D'autre part, Wesley cherche constamment à élargir cette perspective pour inclure également les personnes qui sont hors de l'Église, c'est pourquoi il continue son commentaire sur ce même verset en disant: «Mais souvenons-nous également de faire le bien à tous les hommes.»[19]

Cet aspect est important parce que de nombreuses églises connaissent cette tension encore aujourd'hui. Certaines églises veulent se concentrer sur la formation de leurs membres en tant que disciples alors que d'autres veulent se concentrer sur les questions de «justice sociale» comme la lutte contre la pauvreté ou le maintien de la paix. Ici encore, nous voyons que Wesley essaye de maintenir ensemble les deux attitudes. Wesley permet à l'amour de commencer à

---

[17] Sermon 101, «The Duty of Constant Communion» [«Le devoir de la communion constante»] (3.427-39).

[18] *NNT*, Matt 25.40.

[19] *Ibid.*

l'intérieur de l'Église, mais l'amour doit finalement aller au-delà. L'un des versets favoris de Wesley était Galates 6.10: «Ainsi donc, pendant que nous en avons l'occasion, pratiquons le bien envers tous, et surtout envers les frères en la foi.» (traduction Louis Segond). Curieusement, Wesley cite le plus souvent la première moitié du verset. La partie que Paul ajoute «surtout envers les frères en la foi», Wesley la laisse généralement (mais pas toujours) de côté.[20]

Étant donné la vision de Wesley sur les êtres humains en tant qu'«esprits incarnés», on s'attendrait à ce que Wesley comprenne «faire le bien envers tous» sur les plans spirituel et physique. Dans sa vie et son ministère, Wesley a toujours essayé d'équilibrer ces deux aspects et il a encouragé ses Méthodistes à faire de même. Il passa sa vie à voyager et à partager l'Évangile tel qu'il le comprenait et il employa ses moyens à essayer d'aider les pauvres. Il inclut dans ces «œuvres de miséricorde» tout ce qui affecte les corps et les âmes. Il encourageait ses Méthodistes à partager l'Évangile avec leur prochain[21] ainsi qu'à pourvoir à leurs besoins physiques. Dans son sermon «Sur la visite aux malades», Wesley encourage ses Méthodistes à aider toute personne affligée de toutes les manières possibles, tout d'abord en s'enquérant de leurs besoins physiques puis — et seulement ensuite — en les aidant à se tourner vers Dieu.[22] Dans l'esprit de Wesley, le physique et le spirituel ne peuvent jamais être véritablement séparés. Ainsi, «aimer son prochain» implique toujours de rechercher le bien de son corps tout autant que le bien de son âme.

Toutefois, en gardant cet équilibre à l'esprit, nous devrions également noter que Wesley pensait qu'aimer les autres et répondre à leurs besoins physiques n'était pas simplement un moyen de répondre aux questions spirituelles plus importantes. Bien qu'il crût sans honte que les valeurs spirituelles étaient plus élevées, il ne faisait pas du manque de résultats spirituels une excuse pour ignorer les besoins physiques. Discutant ce que signifie être «le sel et la lumière» du monde pour l'Église, Wesley s'adresse aux personnes qui minimisent la valeur du ministère de la compassion. Certains disaient que ce n'était pas important parce que les besoins spirituels étaient supérieurs aux besoins physiques. D'autres étaient frustrés parce que répondre aux besoins physiques des personnes ne produit pas toujours du fruit spirituel ou n'incite pas toujours les

---

[20] One place in which Wesley gives a clear priority to the household of faith is in the use of money, exhorting his Methodists to loan money to those in the church first (Sermon 23, "Upon our Lord's Sermon on the Mount, III," §III.12 [1.528]) and to use any surplus they have first to take care of fellow believers (Sermon 50, «L'emploi de l'argent», §III.3).

[21] Sermon 66 «The Signs of the Times,» [«Signes des temps»] §II.13 (2.533).

[22] Sermon 98, «On Visiting the Sick» [«Vister les malades»], §§II.2-4 (3.390-91).

personnes à rejoindre l'Église. La réponse de Wesley à ces deux objections était directe et sans équivoque, et nous donne un bon aperçu de ses idées sur la manière dont la mission de l'Église est liée à l'œuvre de Dieu dans le monde.

> Je réponds ainsi : (1) Que ces personnes soient finalement perdues ou sauvées, vous avez expressément reçu le commandement de nourrir les affamés et de vêtir ceux qui sont nus. Si vous pouvez le faire et que vous ne le faites pas, quelle que soit leur destinée, vous, vous irez au feu éternel. (2) Bien que Dieu seul change les cœurs, il le fait généralement à travers l'homme. C'est notre devoir de nous appliquer à faire tout ce que nous pouvons (comme si nous pouvions les changer nous-mêmes) et de lui confier ensuite l'événement. (3) Dieu, en réponse à nos prières, façonne ses enfants à travers leurs interactions mutuelles, nourrissant et renforçant la totalité du « corps … [qui] tire son accroissement selon la force qui convient à chacune de ses parties ».[23]

Ainsi, notre amour pour Dieu aboutit à notre obéissance, et c'est une chose que nous faisons sans égard pour notre « réussite » ou notre « échec » dans les tâches que Dieu nous demande de réaliser. L'obéissance « qui ne donne pas de résultats » donne aussi l'opportunité de s'entraîner pour ressembler à Jésus. Un peu plus tard, Wesley continue ainsi :

> Il est très possible que ce fait soit également vrai, à savoir que vous avez tenté de faire le bien sans succès ; oui, que ceux qui semblaient réformés retombent dans le péché et que leur dernier état soit pire que le premier. Et alors ? Le serviteur est-il au-dessus de son maître ? Combien de fois a-t-il lutté pour sauver des pécheurs alors que ceux-ci refusaient d'entendre ? Ou, après l'avoir suivi pendant un moment, ils retournaient en arrière comme un chien retourne à ce qu'il a vomi. Mais il n'a pas cessé de tenter de faire le bien. Vous ne devriez pas non plus, quels que soient vos réussites ou vos échecs. Votre part, c'est de faire ce qui vous a été commandé : l'événement est entre les mains de Dieu. De cela, vous n'êtes pas responsable.[24]

Ainsi, l'Église entreprend de partager l'amour de Dieu avec le monde, que le monde réponde favorablement ou non. De cette manière, l'Église aime simplement comme Dieu aime, ce qui est normal pour une communauté qui est renouvelée à l'image de Dieu. L'Église œuvre dans le sens du royaume de Dieu mais elle n'a pas la prétention de l'établir. C'est l'œuvre de Dieu et de Dieu seul. Ce que Dieu exige de l'Église à l'œuvre dans le monde, c'est simplement une obéissance joyeuse qui découle naturellement de l'amour. Les résultats sont

---

[23] Sermon 24, « Le sermon sur la montagne, IV », §III.7.
[24] *Ibid.*, §III.8.

entièrement dans la main de Dieu. Wesley reconnaît que l'amour n'est pas toujours efficace, mais ce n'est pas une excuse pour cesser d'aimer. Nous aimons simplement parce que Dieu est amour. Nous recherchons le bien, même pour les pécheurs, parce que c'est ce que Jésus recherchait. L'amour, dans ce sens, est sa propre finalité. C'est ainsi que Dieu œuvre, et c'est ainsi que Dieu souhaite voir son Église œuvrer également.

Voilà donc la compréhension fondamentale de l'Église selon Wesley. Notre salut est une réalité communautaire parce que Dieu et les êtres humains sont des êtres communautaires et relationnels. C'est pour cette raison que Dieu rassemble ses disciples dans l'Église. Cette Église est d'abord et avant tout une famille réunie dans l'amour et non une institution unie par un accord sur la doctrine ou la pratique. Toutefois, cette famille est une famille active. Aimer est un verbe qui s'exprime à la fois par ce que nous faisons dans l'Église pour Dieu et les uns pour les autres et aussi par notre façon de nous tourner vers les personnes qui se trouvent hors de l'Église. Ainsi, à mesure que cette dynamique d'amour découle de Dieu et à travers les êtres humains, le royaume de Dieu avance. Les personnes sont renouvelées à l'image de Dieu dans la sanctification et la «volonté de Dieu est faite sur terre comme au ciel».

# Conclusion

Nous avons exploré les grandes lignes du monde de John Wesley, les événements centraux qui ont marqué sa vie et les intuitions fondamentales qui façonnaient sa pensée. Étant donné que le rôle d'une bonne introduction consiste autant à soulever les bonnes questions qu'à y répondre, nous conclurons tout en étant pleinement conscients que la tâche est loin d'être terminée. Deux trajectoires principales s'offrent aux lecteurs de Wesley à la fin de ce livre, et celles-ci ne sont en aucun cas incompatibles l'une avec l'autre. La première est une trajectoire académique, pour ceux qui souhaitent en apprendre plus sur John Wesley. La deuxième est une trajectoire pratique qui consiste à déterminer ce que nous pouvons accomplir avec tous ces éléments qui sont maintenant à notre disposition. Nous tenterons de donner au lecteur une brève orientation vers chacune de ces trajectoires.

## *Pour une étude plus approfondie*

Comme nous l'avons noté au début de cette aventure, ce livre tente simplement de présenter au lecteur les richesses de l'héritage théologique de John Wesley sous forme d'introduction. De nombreux auteurs ont exploré cet héritage avec bien plus de profondeur et de perspicacité. Maintenant que Wesley nous a été présenté, nous pouvons continuer notre cheminement avec lui de plusieurs manières différentes. Pour d'autres courtes introductions sur Wesley présentant des orientations et des perspectives différentes, les lecteurs peuvent explorer le livre de William J. Abraham intitulé «Wesley for Armchair Theologians» (Louisville, KY: Westminster-John Knox, 2005) et le livre de Jason E. Vickers intitulé «Wesley: A Guide for the Perplexed» (New York: T&T Clark, 2009).

Pour les personnes intéressées par des lectures plus biographiques, il convient de commencer avec «John Wesley: A Theological Journey» (Nashville, TN: Abingdon, 2003) de Kenneth J. Collins, «The Elusive Mr. Wesley» (Nashville, TN: Abingdon, 2003) de Richard Heitzenrater et «Reasonable Enthusiast: John Wesley and the Rise of Methodism» (Nashville, TN: Abingdon, 1993) de Henry D. Rack. L'œuvre de Martin Schmidt «John Wesley: A Theological Biography» trans. Norman P. Goldhawk [New York: Abingdon, 1963] est plus ancienne mais toujours utile.

Pour ceux qui souhaitent explorer plus profondément les pensées de Wesley — avec des livres qui révèlent différentes facettes de son œuvre et se concentrent sur différentes préoccupations — il est également possible de lire l'œuvre de Randy L. Maddox «Responsible Grace: John Wesley's Practical Theology» (Nashville, TN: Kingswood, 1996) et celle de Kenneth J. Collins «The Theology of John Wesley: Holy Love and the Shape of Grace» (Nashville, TN: Abingdon, 2007). Plus courtes mais également très utiles: l'œuvre de Theodore Runyon «The New Creation: John Wesley's Theology Today» (Nashville, TN: Abingdon, 1998) et celle de Steve Harper «The Way to Heaven: The Gospel According to John Wesley» (Grand Rapids, MI: Zondervan, 2003).

En plus de ces œuvres générales, de nombreuses monographies et des collections d'essais ont été écrites sur des aspects spécifiques de la vie et de l'héritage de Wesley. Plusieurs d'entre elles contiennent de remarquables réflexions au-delà de ce qui est proposé dans les livres mentionnés ci-dessus, mais elles sont trop nombreuses pour être citées dans cette brève conclusion. Voici une collection récente d'essais sur sa vie et son ministère que de nombreux lecteurs trouveront certainement utile: «Cambridge Companion to John Wesley» publié par Randy L. Maddox et Jason E. Vickers (New York: Cambridge Univ. Press, 2010).

## De la vision à la réalité

Comme nous l'avons vu, Wesley était un théologien intensément relationnel et pratique. Il aurait grandement été déçu d'apprendre que l'on puisse lire sa théologie et ses pensées uniquement pour les inscrire dans des livres (ou pour réciter des réponses le concernant lors d'un examen). Wesley savait que la théologie devait être vécue avec Dieu et avec autrui dans le monde. Pour «l'étape suivante», après avoir étudié la vie et les pensées de Wesley, il est bon de considérer quels effets cette vie et cette pensée peuvent produire dans nos vies et nos pensées aujourd'hui. Certes, le simple fait de commencer à appliquer les pensées de Wesley nécessiterait la rédaction d'un autre livre. Cependant, bien que nous n'ayons pas l'espace requis pour tirer toutes les conséquences de l'exemple et des réflexions de Wesley, nous pouvons en dégager quelque orientation.

Tout au long de cette présentation de la vie et des pensées de Wesley, nous avons tenté de présenter les dynamiques essentielles auxquelles il répondait et

les intuitions fondamentales qui orientaient ces réponses. En un sens, ces éléments forment le cœur du «projet théologique» de Wesley. Bien entendu, nous
pourrions simplement essayer de répéter ses paroles et dupliquer ses méthodes.
Cependant, étant donné les différences entre l'Angleterre du dix-huitième siècle
de Wesley et l'Angleterre du vingt-et-unième siècle — ou l'Amérique ou
l'Afrique ou l'Asie — cette approche n'est pas susceptible de produire les
mêmes résultats que ceux obtenus par Wesley. D'autre part, si nous essayions
d'être wesleyens aujourd'hui en intégrant ses intuitions dans nos propres cul-
tures et en nous demandant à quoi pourrait ressembler de nos jours une expression de l'Église relationnelle, communautaire, axée sur la création et orientée
par la grâce, nous pourrions découvrir des choses merveilleuses. Nos paroles
seront peut-être différentes de celles de Wesley mais celles-ci peuvent tout de
même avoir une connotation clairement wesleyenne. Si notre activité était mue
par un amour inspiré par la grâce — c'est-à-dire un amour sage et intentionnel,
qui ne se limite pas à «se sentir bien» — nous nous retrouverions probablement
à réaliser des choses très wesleyennes. Et peut-être que si nous essayions «d'être
l'Église» de manière à accepter les personnes telles qu'elles sont, tout en les
orientant vers les formidables expressions de l'image de Dieu selon laquelle elles
ont été créées, nous pourrions voir Dieu répondre à nos efforts tout comme il a
répondu à ceux de Wesley. Nous ne serons peut-être pas à l'origine d'un réveil
qui influencera de manière durable notre pays — cela dépend de Dieu — mais,
qui sait? Ce n'est pas impossible non plus. Quoi qu'il en soit, si nos efforts
fidèles ont pour but de vivre selon la grande vision de l'Évangile que Wesley
nous a aidés à contempler, il est difficile d'imaginer que nous ayons un jour à le
regretter.

# Table des matières

www.ingramcontent.com/pod-product-compliance
Lightning Source LLC
Chambersburg PA
CBHW031532040426
42445CB00010B/502